Rosalyn L. Bruyere

Das Geheimnis der Chakras

Unsere Licht- und Energiezentren

Aus dem Amerikanischen
von Hildegard Löhr, Theo Kierdorf und
Angelika Hansen

Ullstein

Besuchen Sie uns im Internet:
www.ullstein-taschenbuch.de

Ullstein Esoterik
Herausgegeben von Michael Görden

Aus dem Amerikanischen übersetzt von Hildegard Löhr, Theo Kierdorf und Angelika Hansen

Titel der Originalausgabe
WHEELS OF LIGHT
Erschienen bei Fireside, a registered Trademark of
Simon & Schuster Inc., New York

Umwelthinweis:
Dieses Buch wurde auf chlor- und säurefreiem Papier gedruckt.

Ullstein ist ein Verlag der Ullstein Buchverlage GmbH, Berlin.
1. Auflage November 2004

Die deutschsprachige Ausgabe erschien zuerst in zwei Bänden
(1990 und 1991) unter dem Titel *Chakras – Räder des Lichts* im
Synthesis Verlag Essen

Umschlaggestaltung: FranklDesign, München
Titelabbildung: Shivananda Ackermann
Druck und Bindearbeiten: Ebner & Spiegel, Ulm
Printed in Germany
ISBN 3-548-74167-3

Für alle Studenten,
die mich während meiner siebzehnjährigen
Lehrtätigkeit gefragt haben:
»Was ist eine Aura?«

Für alle meine Lehrer und Freunde,
die gesagt haben:
»Du bist in Ordnung, Kind, aber du begreifst
etwas langsam.«

Und in liebevoller Erinnerung
an Hugh Blake,
der selbst noch dann,
als er im Sterben lag,
dieses Werk unterstützte.

INHALT

TEIL I

Räder des Lichts

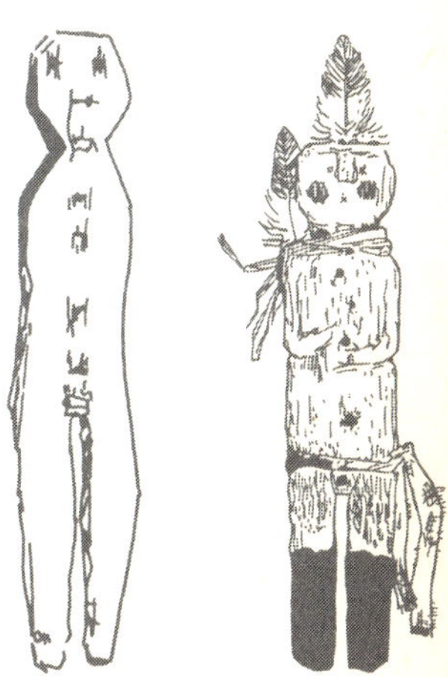

KAPITEL 1

Die antike und die moderne Mystik

In den zwanzig Jahren meiner Tätigkeit als Heilerin und Lehrerin habe ich von jedem neuen Studenten unweigerlich die Frage gehört: »Was ist eine Aura?« Seit alters her gibt es zu diesem Thema eine Unmenge von Literatur und bildlichen Darstellungen der Aura. Manchmal wurde sie als strahlendes Leuchten dargestellt, das den Körper eines Menschen umgibt, doch meistens als Lichtschein um den Kopf herum – was manche Religionen einen Heiligenschein nennen. Die meisten von uns haben schon Bilder von christlichen Heiligen gesehen und sind mit diesem Image vertraut. In der frühen chinesischen und japanischen Kunst findet man oft einen einzigen und manchmal einen dreifachen Heiligenschein um den Kopf eines Boddhisatvas oder Buddhas. Bei den Ägyptern wurde die Aura durch Flügel dargestellt, die den Körper einhüllen. In der nordamerikanischen Tradition hat die strahlende Aura des Büffels die Legende vom »Weißen Büffel« geboren. Wenn Matthäus (17:2) die Verklärung Jesu beschreibt, sagt er, daß Jesu Gesicht »leuchtete wie die Sonne« und daß »sein Gewand so strahlend weiß war wie das Licht«. Lukas (9:29) fügt hinzu, daß Jesu Gewand »glänzte«. Hier haben wir eine biblische Darstellung der Aura von Jesus Christus, die von den Aposteln Petrus, Jakobus und Johannes gesehen wurde, als ihr Meister mit ihnen kurz vor seiner Kreuzigung auf einen Berg ging.

Menschen, die Auren sehen können, beschreiben diese oft als leuchtende Strahlen, die eine Person umgeben und die in der Regel einfarbig, doch hin und wieder auch bunt sind. Wir wissen, daß die Aura bzw. das aurische Feld Teil des elektromagnetischen Feldes ist, das von aller Materie ausgestrahlt wird. Dieses Energiefeld, das normalerweise 10 bis 15 Zentimeter über den jeweiligen Körper hinausgeht, liegt jenseits unserer normalen Sehfähigkeit und wird meistens dem Bereich »übersinnlicher Phänomene« zugeordnet. Doch selbst Personen, die die Aura nicht zu sehen vermögen, können sie dennoch erfahren. Die Aura ist z. B. dafür verantwortlich, daß wir im Supermarkt nicht mit unseren Einkaufswagen aneinanderstoßen. Sie erlaubt es uns, die Gegenwart eines anderen in einem dunklen Zimmer zu spüren, und sie sorgt dafür, daß sich jemand in einem überfüllten Raum nach uns umschaut.

Daraus folgt, daß die Aura nicht nur eine Lichtreflexion ist, wie man aus den literarischen Beschreibungen und von alten Gemälden hätte meinen können. Sie ist vielmehr eine Emanation, eine leuchtende Ausstrahlung, ein Licht- und Energiefeld, das über den Körper hinausgeht und in Wechselwirkung mit unserer äußeren Umgebung tritt. Sie ist ein Energiesystem, das sowohl Körper als auch Geist gesund erhält - und beides vielleicht sogar geschaffen hat.

Die Aura selbst entsteht durch die Drehung kleiner Energiewirbel innerhalb des Körpers. Verschiedene Religionen haben diesen subtilen Energiezentren unterschiedliche Namen gegeben, doch das meistbenutzte Wort ist »Chakra«, abgeleitet von dem Sanskritbegriff »Rad des Lichts«. Diese sieben Chakras bestimmen, wer und was wir sind, was wir fühlen und wie wir denken und uns verändern. Sie zeigen, wie wir uns ausdrücken und wo unsere Kreativität liegt. Obwohl wir uns im westlichen Kulturkreis kaum dieser Energien bewußt sind, ist das Chakrasystem selbst genau das Instrument, mit dem wir dieses Bewußtsein erlangen können. Es bestimmt, wie wir das Leben erfahren, wie wir Realität erkennen und welches Verhältnis wir mit uns selbst, mit unseren Mitmenschen und der Welt im allgemeinen haben. Es ist das Leben selbst.

Während wir uns näher mit der Aura und den Chakras befassen, ist es wichtig, daß wir unsere Entdeckungsreise nicht als revolutionär, sondern vielmehr als sehr traditionell betrachten. Sowohl Chakras als auch Auren und elektromagnetische Felder sind so alt wie die Erde selbst. Darüber hinaus ist das Chakrasystem ein Teil der alten, verlorenen Mysterien. Und schließlich ist es das Chakrasystem selbst, durch das wir unseren Weg zurück zum ältesten und größten Mysterium von allen finden: zu Gott, der Einheit, dem Allgegenwärtigen.

Den größten Teil meiner Kenntnisse über das Chakrasystem habe ich durch meine zwanzigjährige Erfahrung als Heilerin und Auraleserin gewonnen. Wenn ich als junge Frau mit übersinnlicher Begabung die Aura eines Menschen betrachtete, stellte ich manchmal fest, daß manche Bereiche dunkler waren als andere oder daß das aurische Feld »Löcher« aufwies. Im Laufe der Zeit lernte ich, daß diese Löcher Anzeichen waren für kommende oder bereits existierende Krankheiten. Wenn ich »Energie« in einen Körper strömen ließ, konnte ich sehen, wie der Körper Energie benutzt, und seinen Gesundheitszustand erkennen. Ich schaute Menschen beim Denken zu und beobachtete, wie sie fühlten. Ich sah, daß diese »Muster« mit ihrer Krankheit in Verbindung standen, woraus ich lernte, daß wir zwar Informationen in unserem Körper bzw. Chakrasystem unterdrücken, jedoch nicht eliminieren können. Wir können die jeweilige Information allerdings durch die Art, wie wir uns geben oder denken, verändern. Selbst wenn wir unser Verhalten nur minimal modifizieren, bringt dies Veränderungen in jedem anderen Aspekt unseres Lebens mit sich. Nachdem ich diese Tatsache erkannt hatte, begann ich, die Aura eines Menschen als eine Reflexion seines Gesundheits- und Seelenzustandes zu betrachten.

Schon als Kind konnte ich Auren sehen. Obwohl manche Leute diese Art der übersinnlichen Wahrnehmung als ein spirituelles Geschenk bezeichnen, ist sie seit Generationen in unserer Familie anzutreffen und war nie als »Geschenk« betrachtet worden. Es war vielmehr ein »Wissen«, daß es den Familienmitgliedern erlaubte, einander in Zeiten bevorstehender Not zu helfen.

Ich wurde von meiner Großmutter und Urgroßmutter aufgezogen. Sie hieß Nana, und sie zeigte mir, wie man die Auren der Pflanzen sehen kann, obwohl sie diesen Begriff nie benutzte. Vielmehr sagte sie: »Siehst du das Licht? Welche Farbe hat es? Siehst du, daß das Licht auf der Pflanze stärker wird?« Sie erklärte mir, daß Ableger einer Pflanze, deren Licht zunehmend war, Wurzeln schlagen würden, doch daß diejenigen Pflanzen, deren Licht im Abnehmen begriffen war, eingehen würden. Dann ließ sie mich meine eigenen Erfahrungen machen, indem ich Ableger von verschiedenen Pflanzen - manche mit strahlender, andere mit abnehmender Aura - nahm, um damit selbst die Wahrheit ihrer Behauptung nachprüfen zu können. Auf diese sehr praktische Art lehrte mich Nana, das aurische Feld und Energie zu »sehen« und zu erkennen, daß »voll von Licht« zu sein identisch war mit »voll von Leben«.

Als ich sechs Jahre alt war, starb Mickey, Nanas Ehemann. Doch sie fuhr fort, mit ihm zu kommunizieren. Nanas Fähigkeit, Licht um Pflanzen sehen zu können, war von den weniger übersinnlich begabten Mitgliedern meiner Familie als harmlose Schrulle bezeichnet worden. Doch als Nana ihnen immer öfter erzählte, was Mickey ihr »sagte«, begannen sie, sich Sorgen zu machen. Ihre Konversationen mit dem Toten wurden bald als Anzeichen einer zunehmenden geistigen Verwirrung angesehen, und aus Angst, meine Urgroßmutter könnte einen Nervenzusammenbruch erleiden, wies die Familie sie in ein Sanatorium ein, wo sie mit Elektroschocks behandelt wurde. Als sie nach Hause zurückkam, sprach sie nicht länger mit Mickey, noch ging sie mit mir in den Garten, um Pflanzen zu betrachten. Da ich sah, was mit Nana geschehen war, und ich nicht das gleiche Schicksal erleiden wollte, beschloß ich damals - ich war gerade sieben -, ab sofort kein Licht mehr um Pflanzen herum zu sehen. Und so war es.

Anfang Zwanzig heiratete ich und hatte Kinder, die irgendwann anfingen, von den »bunten Umrissen« von Leuten zu sprechen. Ihre Fähigkeit, Auren zu sehen, erweckte meine eigene Begabung wieder zum Leben. Um sie verantwortlich erziehen zu können, sah ich mich gezwungen, Lehrer zu finden, die uns dabei helfen konnten, diese Erfahrungen in einen sinnvollen Zusammenhang zu bringen. Meine Studien verhalfen mir nicht nur, diese Erfahrungen zu verstehen, sondern zeigten mir auch deren praktische Anwendungsmöglichkeiten. Ich lernte einfache Heilungstechniken, die ich manchmal bei meinen Freunden ausprobierte. Es war nicht meine Absicht gewesen, Heilerin zu werden; doch als die Menschen, die ich »behandelte«, sich danach besser fühlten und anderen davon erzählten, mußte ich feststellen, daß ich genau das geworden war.

Ich erklärte den Leuten, die zu mir kamen, was eine Aura war und wie ich ihre Krankheit sehen konnte, und so bekam ich langsam auch eine Reputation als Auraleserin. Eines Tages rief mich eine Frau an, Emilie Conrad Dáoud, die sich als Heilerin vorstellte. Sie fragte, ob sie einen ihrer Patienten zu mir bringen könnte, und bat mich, ihr zu sagen, was ich in dessen Aura sehen würde, während sie mit ihm arbeitete. Ich war nicht im geringsten auf das vorbereitet, was daraufhin passierte. Während ich Handauflegen praktizierte, um meinen Patienten zu helfen, arbeitete Emilie sehr intensiv mit Gesang und Tanz. Nachdem die »Behandlung« beendet war, berichtete ich ihr, was ich in der Aura des Patienten gesehen hatte. Sie gab dann diese Information an Dr. Valerie Hunt weiter, die zu jener Zeit die Leiterin der Forschungsabteilung für Kinesiologie an der Universität von Californien in Los Angeles (UCLA) war. Dr. Hunt war mit ähnlichen Forschungen beschäftigt wie wir, doch unter dem Gesichtspunkt der Kinesiologie. Schließlich wurde ich gebeten, mit den beiden zusammenzuarbeiten.

Frau Dr. Hunt hatte ein Stipendium zur Erforschung der »Strukturellen Integration« erhalten (im alltäglichen Sprachgebrauch gewöhnlich als Rolfing bezeichnet), und diese Aufgabenstellung wurde Bestandteil unserer Untersuchungen.

Im Verlaufe dieses Projektes (von nun an »Rolf-Studie«[1] genannt) gelang es uns, die Frequenzen des menschlichen Energiefeldes zu messen, und wir stellten fest, daß diese Frequenzen mit denen sichtbaren Lichtes übereinstimmten. Daraus schlossen wir, daß das, was die Wissenschaft als menschliches Energiefeld oder geistiges Umfeld bezeichnete und was Religionen als aurisches Feld beschrieben hatten, ein- und dasselbe waren. Darüber hinaus erbrachten unsere Forschungen den Beweis, daß

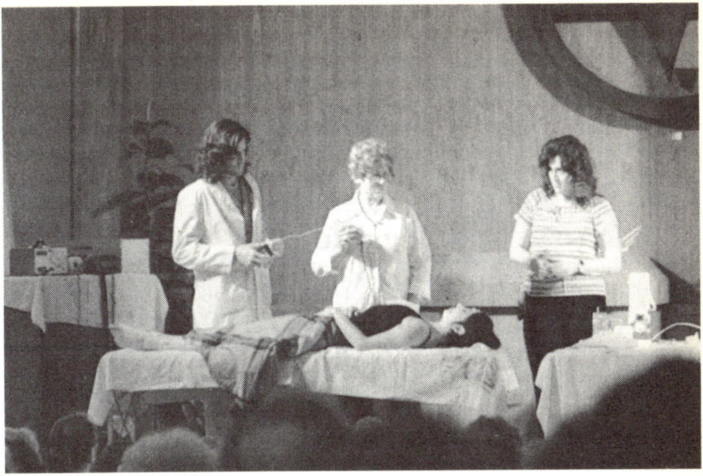

Abb. 1 Untersuchungen im Rahmen der Rolf-Studie während einer Konferenz, in deren Verlauf Laborforschungen nachgestellt wurden. Von links nach rechts: der Assistent von Dr. Hunt, Dr. Valerie Hunt, Rosalyn Bruyere. Emilie Conrad Dáoud liegt auf dem Tisch.

dieses große elektromagnetische Feld von den kleineren, inneren Energiewirbeln erzeugt wurde, die ich bereits erwähnt habe: den Chakras, der Quelle der menschlichen Aura.

Ungefähr zur gleichen Zeit kamen auch andere Wissenschaftler zu der Überzeugung, daß der Geist sich nicht im Gehirn befindet, sondern ein Energiefeld in und um den Körper darstellt. Neue Techniken wie Kirlianfotografie und Biofeedback wiesen auch auf diese Möglichkeit hin. Wilder Penfields Buch *The Mystery of the Mind*[2], Karl Pribrams *Languages of the Brain*[3], Dr. Robert Beckers Werk *The Body Electric*[4], W. A. Tillers Arbeit[5] und die Forschungen von Frau Dr. Hunt[6] zeigen die Verbindung zwischen den Chakras, der Aura und dem Geist[7]. Ähnliche und in manchen Fällen gründlichere Forschungen wurden seit den zwanziger Jahren in der damaligen Sowjetunion durchgeführt[8].

Die Untersuchungen, die wir gemeinsam an der Universität von Kalifornien in Los Angeles durchführten, waren in mehr als einer Hinsicht von großer Bedeutung. Vermutlich war dies der erste Versuch, eine elektrische Manifestation bzw. das Phänomen magnetischer Felder, die mit dem Heilungsprozeß in Verbindung stehen, zu untersuchen. Bis dahin war das Handauflegen als ein psychologischer und nicht als ein energetischer Prozeß verstanden worden. Unsere Untersuchung war ein wichtiger Versuch, die natürlichen Frequenzbereiche des Körpers mit denen der geistigen Welt in Beziehung zu setzen.

Ich erkannte im Verlauf unserer Forschungen, daß ich bei der Betrachtung einer Aura einen Aspekt des Geistes sah, der die physischen, emotionalen, spirituellen und intellektuellen Gegebenheiten des Betreffenden widerspiegelte. Wenn die Aura eine Indikation für das Wohlbefinden eines Menschen ist, heißt das, daß seine Gesundheit von der Art und Weise beeinflußt wird, wie er lebt. Daraus folgt, daß körperliche Aktivität, optimale Ernährung, Meditation, sonstige spirituelle Praktiken und die Art, wie wir denken, fühlen oder nicht fühlen wichtige Faktoren sind, die alle einen Einfluß darauf haben, wie gesund - oder krank - wir sind.

Gesundheit gilt in der Regel als die Abwesenheit von Krankheit, doch ist dies eine unzureichende Definition. Gesundheit beinhaltet viel mehr als die Freiheit von Krankheiten. Zu einer umfassenden Definition von Gesundheit gehören Vitalität, gesunde Empfindungen, die Fähigkeit, klar denken und argumentieren zu können, und die Bereitschaft zu Veränderungen. Darüber hinaus sind Verantwortungsgefühl, schöpferischer Selbstausdruck, intuitives Verstehen und ein vitales, spirituelles Leben essentiell, wenn wir gesund und »ganz« sein wollen. Bei der Bergpredigt sagt Jesus zu den Versammelten: »Ihr seid das Licht der Welt« (Matthäus 5:14) und fordert sie auf, ihr Licht scheinen zu lassen (Matthäus 5:16). Das Licht, das jeder von uns ausstrahlt - die Art und Qualität von Licht, das von den Chakras erzeugt wird und die Farben unserer Aura reflektiert -, ist eine Reflexion unseres Gesundheitszustandes und der Kondition unserer Ganzheit. Daher bin ich zu der Überzeugung gelangt, daß unsere Definition von Gesundheit »voller Licht« werden muß.

Aufgrund des Aufsehens, das unsere Untersuchung erregte, erwarb ich mir ein recht hohes Ansehen in wissenschaftlichen Kreisen, das eigentlich meiner relativ kurzen Praxis und Erfahrung nicht entsprach. Nicht lange danach erhielt ich die Gelegenheit, die Ergebnisse unserer Forschung im Rahmen der Rolf-Studie in der Praxis anzuwenden und noch mehr darüber zu lernen. Und zwar dieses Mal von der indianischen Kultur, als ich gebeten wurde, einen der Stammesälteren, David Monongya, zu heilen. Er war in Los Angeles, um Aufmerksamkeit auf den Tagebau im Big-Mountain-Gebiet in Arizona zu lenken, wo es ernsthafte Konflikte wegen der Hopi-Navajo-Stammesgebiete gab.

Großvater David litt an grauem Star. Ich legte meine Hände auf seinen Körper und dann mit einer schnellen Bewegung auf seinen Kopf und bedeckte seine Augen. Er schien genau zu wissen, was ich tat. Als ich das Gefühl hatte, tatsächlich so etwas wie Heilung bewirkt zu haben, sagte er: »Oh, ich sehe jetzt viel besser. Bitte setz dich zu mir.« Natürlich hatte ich ihn nicht von seinem Katarakt heilen können, sondern in gewisser Weise erhielt ich schließlich eine Heilung von ihm. Er rief ein paar andere Leute im Haus zusammen, und wir hörten ihm fünf Stunden lang zu, während er über die Prophezeiungen der Hopi sprach (siehe Anhang II). Ich war tief beeindruckt von den Ähnlichkeiten zwischen der Geschichte der Apokalypse in der Bibel und den Vorhersagen der Hopi über die »Endzeit«.

Ich begann, verschiedene Kulturen mit unterschiedlichen religiösen Traditionen miteinander zu vergleichen, um weitere Ähnlichkeiten in ihren Lehren und heiligen Mysterien zu finden. Je mehr ich damit beschäftigt war, desto öfter fand ich bei den einzelnen Kulturen Referenzen zum Chakrasystem. Kurz nach meiner Begegnung mit David Monongya fuhr ich nach Israel. Dort stellte ich fest, daß das Chakrasystem, so wie ich es kannte und verstand, eine andere Bedeutung hatte, sobald ich mich nicht mehr in meiner eigenen Kultur und im Einzugsgebiet meines kulturellen Erbes befand. Ich stellte fest, daß das Licht - die Aura - und die Bedeutung der aurischen Farben oft von Kultur zu Kultur verschieden waren. Die Menschen der westlichen Welt neigen dazu, in Gelb zu denken, in Blau tagzuträumen, sich in Grün zu verändern und in Rot wütend zu werden. Zwar gibt es Ausnahmen, doch dies ist die Regel. Hingegen bin ich 600 Meilen weit den Nil entlanggereist und habe in den Auren der dort lebenden Mohammedaner nie Blau oder Gelb gesehen; außerdem schien die Auraform ihrer Gedankenprozesse stark denen der amerikanischen Ureinwohner zu ähneln, die ich beobachtet hatte. In Israel sah ich dann wieder gelbe Aurafelder, was mich zu der Annahme brachte, daß Israelis eher wie Europäer und Amerikaner »denken«. Ich fing an zu begreifen, warum die Israelis und Araber so große Verständigungsschwierigkeiten haben und warum auf unserem Kontinent die Indianer und die nach Amerika eingewanderten Rassen einander so schlecht verstehen. Diese Entdeckungen führten bei mir zu der Frage, ob die Praktiken verschiedener Religionen und vor allem die Gebetshaltungen die Farben der Aura verändern. Insbesondere fragte ich mich, ob Denken vielleicht etwas anderes war als jene Logik, wie wir sie im Westen kennen und so hoch schätzen.

Im Laufe meiner Untersuchungen kam ich zu folgendem Schluß: Wenn das Denken einer ganzen Kultur von einer bestimmten Chakra-

Abb. 2 Mit Edelsteinen besetzte Figurine aus dem Wurzelholz der amerikanischen Pappel. Gefunden 1951 in einer prähistorischen Ruine in der Nähe von Lupton, Arizona. Die Lage der Edelsteine entspricht den Chakrazentren.

Abb. 3 Puppe. Auf dieser Zeichnung werden alle sieben Chakras durch die Lage von Steinen, Korallen und Muschelschalen angedeutet, die in die Puppe eingelassen sind. Am obersten Punkt des Kopfes befindet sich ein Stein, der allerdings kaum zu sehen ist. Nach Dr. Orville McKinley, einem Navajo-Arzt, werden Puppen dieser Art benutzt, um jungen Medizinmännern und -frauen beizubringen, wie man den Gesundheitszustand eines Patienten feststellt, indem man seine Aura abtastet.

farbe dominiert wird, so ist es wahrscheinlich, daß die betreffende Kultur die Realität durch dieses Chakra verarbeitet. Mit anderen Worten: Da jedem Chakra eine bestimmte »Sichtweise« zu eigen ist, neigt jede Kultur dazu, die Wirklichkeit durch die Augen ihres dominierenden Chakras zu sehen. Da jedes Chakra in direkter Beziehung zu einer bestimmten Körpergegend des Menschen steht, folgt daraus, daß bestimmte Körperhaltungen die Dominanz einer oder zweier Farben fördern, während sie andere unterdrücken. Ein Moslem beispielsweise kniet beim Beten auf einem Gebetsteppich und verbeugt sich darauf. Er legt seine Stirn - sein »drittes Auge« - auf einen Punkt, der im Teppichmuster markiert ist. Diese Haltung lenkt die Konzentration auf den Nabel- und Stirnbereich, was zur Folge hat, daß das zweite (orangefarbene) und das sechste (purpurfarbene) Chakra dominieren.

Wenn ein Chakra in einer bestimmten Kultur dominiert, so »färbt« dieses Chakra die Wertvorstellungen, das Denken und die Vorurteile dieser Gesellschaft. Das wiederum hat oft geistige Eingleisigkeit oder Dogmatismus zur Folge. Solch eine eingeschränkte Sichtweise prägt häufig die Charakteristik einer Kultur und den Verlauf einer ganzen Epoche.

Soweit mir bekannt ist, sind die amerikanischen Ureinwohner das einzige Volk, dessen Beziehung zum Chakrasystem nicht dogmatisiert worden ist. Sie bezeichnen kein Chakra als gut oder schlecht, richtig oder falsch, heiß oder kalt, mehr oder weniger wichtig. Es ist ihnen die längste Zeit erspart geblieben, ihre Weltsicht der des Christentums, des Judentums, des Islam, Hinduismus oder Buddhismus anpassen zu müssen. Während sich in all diesen Religionen Priesterschaften entwickelt haben, die im Laufe der Jahrhunderte die verschiedensten Ideen vertreten und wieder verworfen haben, gehen die Indianer von der Ansicht aus, daß jedes einzelne Chakra gut, sinnvoll und wichtig ist. Diese Menschen, die nach ihren eigenen Angaben seit mehr als 15 000 Jahren auf dem amerikanischen Kontinent leben, haben seit Jahrtausenden mit dem körpereigenen Energiesystem gearbeitet und eine Tradition von Praktiken, Ritualen und Zeremonien aufrechterhalten, mit denen sie die Chakrazentren beeinflussen können.[9]

Die Traditionen und das Verhalten dieser Menschen haben mich stark beeinflußt. Da ich sah, welchen Effekt sie auch auf Nicht-Indianer haben können, erlernte ich ihre Methoden und Zeremonien, um sie in meine Arbeit zu integrieren. Ich bin nicht der Ansicht, daß diese Praktiken unvereinbar mit religiösen Ansichten sind, sondern sie tragen meiner Meinung nach eher zu einem besseren Verständnis von Religion bei. Genau wie die Indianer glaube auch ich, daß das Energiefeld der Erde selbst durch unsere Körper fließt, und daher ist es natürlich für mich, so wie ein Indianer zu beten. Das Praktizieren von Religion mit Hilfe von Pflanzen, Kräutern und Tieren in meiner Umgebung verbindet mich mit der Natur und fördert mein ökologisches Verantwortungsgefühl. Und ich empfinde die Einfachheit, die darin liegt, als »religiöses« Verhalten in seiner vollkommensten Weise.

Je mehr ich mich mit der Kultur der amerikanischen Ureinwohner sowie mit den Traditionen der Ägypter und Griechen beschäftigte, mit der indischen Philosophie und den Religionen des Fernen Ostens, desto klarer wurde mir der potentielle Wert des Chakrasystems im Hinblick darauf, das Leben und die Energie sowie die symbolische Beziehung zwischen beiden zu verstehen. Als junge Lehrerin auf diesem Gebiet habe ich mich immer wieder bemüht, ein brauchbares Lehrbuch zu dieser Thematik zu finden, jedoch ohne Erfolg. Die wenigen erhältlichen Bücher zu diesem Thema stellten jeweils eine ganz bestimmte Idee und Theorie dar, und in der Regel widersprachen diese verschiedenen Theorien einander. Mit dem vorliegenden Buch habe ich versucht, eine Quelle zu schaffen, in der diese unterschiedlichen Anschauungen aufgezeigt und das Wissen von Jahrtausenden mit der modernen, wissenschaftlichen Denkweise in Einklang gebracht werden. Dabei mußte ich feststellen, daß dieses Material weder einen Anfang noch ein Ende hat; es ist eine progressive Arbeit, in Evolution begriffen, so wie es die menschliche Rasse auch ist.

Ich schreibe dieses Lehrbuch hauptsächlich für die Menschen im westlichen Kulturkreis, und unter diesen wiederum in erster Linie für solche, die sich zu Heilern ausbilden lassen wollen. Diejenigen, die das Chakrasystem studieren, werden dieses System im Laufe der Zeit immer besser verstehen und dann auf ihre eigene, individuelle Weise in der Lage sein, ihr durch eigene Erfahrungen erlangtes Wissen dem, was sie aus diesem Buch gelernt haben, hinzuzufügen. Dieses Buch ist lediglich als ein Fundament zu verstehen, auf dem mit Sicherheit ein größeres Bauwerk errichtet werden kann.

Ich hoffe, daß diejenigen, die dieses Buch lesen, genau wie ich Unterstützung und Bestätigung für diverse Aspekte ihres eigenen Lebens finden werden. Mein Studium des Chakrasystems hat es mir ermöglicht, viele Elemente meines eigenen Selbst zu entwickeln, ohne daß ich eines für ein anderes hätte opfern müssen. Ich durfte die Freuden der Mutterschaft genießen, ein Predigeramt ausfüllen sowie mich der Kunst und der Ingenieurarbeit widmen. Es ist mir möglich gewesen, mit ganzem Herzen und ohne Konflikt meiner Vision gemäß zu leben, das Spirituelle in der Wissenschaft und die Wissenschaft im Spirituellen zu suchen.

Bei der Suche nach der Wissenschaft im Spirituellen bin ich zweifellos durch meine frühe wissenschaftliche Tätigkeit beeinflußt worden. Ich habe soviel empirisches Material zusammengetragen, wie ich finden konnte, doch fand das Chakrasystem im Bereich der Wissenschaft bis vor kurzem keinerlei Erwähnung oder gar Bestätigung. Dennoch haben sich seit Anbeginn der Zeit diese mächtigen Energiezentren gedreht, haben ihre symbolische Realität geschaffen und dokumentiert.

Im Altertum, bevor Wissenschaft und Religion getrennt und zu zwei antagonistischen Lagern wurden, war das Wissen um die Chakras integraler Bestandteil des täglichen Lebens. Sie waren nicht nur ein Aspekt spiritueller Tradition und Praktiken, sondern stellten darüber hinaus als Spiegelung der Naturgesetze des Makrokosmos die Wurzeln der antiken Wissenschaften dar. Die Menschen des Altertums – die Ägypter, Chinesen, Hindus, Griechen und die Ureinwohner des amerikanischen und australischen Kontinents – kannten diese Phänomene, wenn sie auch andere Namen dafür gehabt haben mögen. Zudem versuchten diese Völker, ihr Wissen durch Lehrsysteme sowie heilige Zeremonien zu erhalten und zu übermitteln[10]. Während dieser Zeremonien lernte der Betreffende, wie er körperliche Funktionen verlangsamen und vorübergehend zum Stillstand bringen konnte, wodurch er die Gegenwart, Realität und Macht der Chakras erfuhr und die Kraft spürte, die durch sie hindurchfloß. Als das dunkle Zeitalter begann, wurden sowohl die wissenschaftlichen als auch religiösen Traditionen in die Abgeschiedenheit dunkler Räume und Geheimzimmer verbannt.

Während eine antike Zivilisation nach der anderen überwältigt wurde - die ägyptische, chinesische, griechische und römische -, setzten die Eroberer riesige Büchereien in Brand, in deren Flammen unwiederbringliche Schätze antiken esoterischen Wissens vernichtet wurden. Es ist kein Zufall, daß die folgenden Jahrhunderte das »dunkle Zeitalter« genannt wurden. Als das Licht endlich wieder zu scheinen begann, standen Wissenschaft und Religion einander feindlich gegenüber, und das vorher weit verbreitete Wissen um das Chakrasystem war zu einem esoterischen Geheimnis geworden.

Dieses Mysterium war jedoch von einigen Eingeweihten[11] bewahrt und auch während des dunklen Zeitalters auserwählten Initianden weitergegeben worden. In den Vereinigten Staaten haben die Indianer diese Ideen von Generation zu Generation mündlich weitergegeben, so daß sie nie ganz verlorengingen. Darüber hinaus haben fast alle antiken Kulturen vorausgesagt, daß es irgendwann eine Zeit geben wird, in der dieses »verlorene« Wissen wiederentdeckt wird:

> »Das, was ein Geheimnis ist, wird dann keines mehr sein; das, was heute verschleiert ist, wird enthüllt sein; das, was im Verborgenen gehütet wurde, wird ans Tageslicht kommen, und alle Menschen werden die Wahrheit erkennen, und die gemeinsame Freude wird groß sein.«[12]

Die vorhergesagte Zukunft hat begonnen. In dem jetzt anbrechenden neuen Zeitalter werden die alten Mysterien noch einmal für alle Augen, die sehen wollen, enthüllt.

Es hat Tausende von Jahren gebraucht, doch innerhalb unseres Jahrhunderts allein haben Wissenschaftler und Suchende gleichermaßen wieder begonnen, die Naturgesetze und die Gesetze Gottes als Reflexionen der gleichen Wahrheit zu verstehen. Diese Sichtweise hat es ermöglicht, wissenschaftliche Untersuchungen in bezug auf die Natur der Chakras und der Aura durchzuführen und die Beziehung zwischen diesen beiden Energiesystemen und dem Verstand darzulegen.

Das »Geheimnis« der Chakras

Wie wir festgestellt haben, besteht die Aura bzw. das elektromagnetische Feld, das von jeder Materie ausgeht, entweder aus einer oder mehreren Farben: Rot, Orange, Gelb, Grün, Blau, Violett und Weiß, in verschiedenen Zusammensetzungen und Schattierungen. Alle Farben strahlen ein schimmerndes Leuchten aus, das aus der lebensspendenden Energie resultiert, aus der die Aura besteht.

Diese aurischen Farben stehen in einem besonderen Zusammenhang mit den einzelnen Chakras. Meine Erfahrungen deuten darauf hin, daß jedes Chakra vier deutlich unterscheidbare Charakteristika aufweist, welche die Aura funktionell beeinflussen: Farbe, Größe und Form, Rotation oder Bewegung und Intensität (die eine Funktion der »Offenheit« und damit der Energiemenge darstellt, die von dem betreffenden Chakra produziert wird; obwohl ein Chakra in Wirklichkeit weder »offen« noch »zu« sein kann, werden diese Begriffe oft in Diskussionen zum Thema Chakras benutzt, um die Energie zu beschreiben, die von einem bestimmten Chakra zu einer bestimmten Zeit freigesetzt wird). Aus diesen Charakteristika setzt sich die Aura zusammen. Indem ein Chakra sich dreht, produziert es sein eigenes elektromagnetisches Feld, das sich mit den Feldern der anderen Chakras verbindet, um gemeinsam mit ihnen die Aura zu bilden. Die von einem bestimmten Chakra (oder einer Chakragruppe) produzierte Energiemenge entscheidet über die Farbe, die das aurische Feld am stärksten prägt. Daher ist bei einem Menschen, der sich in einem hochemotionalen Zustand befindet, wobei das zweite Chakra dominiert, die Aura in erster Linie orange, während bei jemandem, der sich in einem kreativen Zustand befindet (der das fünfte Chakra aktiviert), die Aura in der Regel fast nur Blau aufweist.

Das aurische Feld steht außerdem in Beziehung zu unserem Geist. Wenn wir von Geist sprechen, denken wir meistens sofort an das Gehirn. In letzter Zeit jedoch haben die Wissenschaftler die Behauptung aufgestellt, daß der Geist seinen Sitz *nicht* im Gehirn hat[13]. Vor allen Dingen scheinen Gedanken und Erinnerungsvermögen überall im Körper zu existieren, wobei die Erinnerung hauptsächlich im Bindegewebe des Körpers gespeichert wird[14]. Darüber hinaus können die Gedanken selbst als eine Form von Energie bezeichnet werden[15].

Obwohl in der wissenschaftlichen Terminologie der Begriff »Energie« ausschließlich als »die Fähigkeit zur Aktivität« bezeichnet wird, benutze ich dieses Wort im Verlauf meines Buches, um die verschiedenen Frequenzen und die Stärke der Schwingungen innerhalb eines dynamischen elektromagnetischen Feldes zu beschreiben, wobei es sich entweder um *potentielle* oder *kinetische* Energie handelt.

Kinetische Energie befindet sich in Bewegung innerhalb eines *statischen* oder *dynamischen* elektromagnetischen Feldes. Ein solches Feld wird als statisch bezeichnet, solange die Intensität des elektrischen oder des magnetischen Feldes nicht variiert. Ein normales dynamisches, elektromagnetisches Feld besteht aus Schwingungen einer bestimmten Frequenz bzw. Wellenlänge; ein komplexeres Feld kann mehrere Frequenzen aufweisen. In einem dynamischen Feld bestimmt die Stärke der Schwingungen die Intensität des Feldes oder die Energie, die das Feld beinhaltet. Die Frequenz und Wellenlänge bestimmen die Farbe der »Propagation« (mit diesem Begriff wird die Ausdehnung und Übertragung von Schallwellen oder elektromagnetischer Strahlen durch Luft oder Wasser beschrieben). Wenn wir uns also auf die Energie beziehen, die sich durch die Chakras und durch den ganzen Körper bewegt, gehen wir davon aus, daß diese Energie von beweglichen elektromagnetischen Feldern getragen wird. Wenn wir von der »Farbe der Energie« oder von ihrer »Frequenz« sprechen, meinen wir damit die Farbe der Energie des jeweiligen Chakras, wie sie von der Wellenlänge der elektromagnetischen Strahlung bestimmt wird, die an dieser Stelle ausgestrahlt wird und die von Personen mit übersinnlichen Fähigkeiten wahrgenommen werden kann.

Die Summe der potentiellen und kinetischen Energie in der Aura ist immer konstant. Das Gesetz der Erhaltung bestimmt, daß Energie weder kreiert noch zerstört werden kann. Daher kann sie weder von einem elektromagnetischen Feld abgezogen oder ihm zugefügt werden, ohne daß eine entsprechende Veränderung innerhalb des Feldes eintritt. Ein *Gedanke* kann daher sowohl als ein potentielles als auch *statisches* Muster des elektromagnetischen Feldes bezeichnet werden. Indem Gedanken sich von einem statischen zu einem *dynamischen* Feld verändern, gibt es dem Denkenden während des Denkprozesses Energie und zieht sie ihm gleichzeitig ab. Wenn der Prozeß beendet ist, wird der daraus resultierende Gedanke (eine Erinnerung) als statisches elektromagnetisches Muster im aurischen Feld gespeichert. Es ist offensichtlich, daß der Geist, die Aura und das elektromagnetische Chakrasystem untrennbar miteinander in Beziehung stehen.

Vielleicht ist die Geschichte – wie die Weisen der Vergangenheit und die meisten östlichen Religionen schon immer geglaubt haben – nicht linear, sondern zyklisch. Sogar Pythagoras und Plato, die beide Eingeweihte von Mysterienschulen waren, vertraten sowohl diesen Gesichtspunkt als auch den der zyklischen Evolution der Menschheit[16].

Wenn diese Sichtweise tatsächlich zutreffend ist, dann ist das Wissen der Antike und die Denkweise der heutigen Wissenschaft im Zeit-Raum-Kontinuum nicht so weit voneinander entfernt, wie wir lange geglaubt haben. Fritjof Capra sagt dazu:

> »In den Konzepten und Ideen im Bereich der Physik ist in den ersten drei Dekaden dieses Jahrhunderts eine dramatische Veränderung eingetreten. Während diese Ideen in unseren heutigen Theorien über die Natur der Materie noch weiter ausgearbeitet werden, haben sie bereits unsere Weltsicht auf profunde Weise vom mechanistischen Denken eines Descartes und Newton zu einer holistischen, ökologischen Sichtweise verändert... Es überrascht mich nicht, daß die neuen Erkenntnisse über unsere Realität den Anschauungen der Mystiker aller Zeitalter und Traditionen sehr ähnlich sind, insbesondere denen der spirituellen Traditionen Indiens. Noch vor einigen Jahren war ich erstaunt über die faszinierenden Parallelen zwischen der modernen Physik und östlichem Mystizismus. Diese Parallelen können mittlerweile auch im Bereich der Biologie, Psychologie und anderer Wissenschaften festgestellt werden. Wir können heute mit gerechtfertigtem Vertrauen sagen, daß das alte Wissen des Ostens den zuverlässigsten philosophischen Hintergrund für unsere modernen wissenschaftlichen Theorien liefert.«[17]

Astrologisch gesehen, ist das Zeitalter des Wassermanns die Zeit des wieder einfachen Menschen[18]. Als vor langer Zeit angekündigt wurde, daß in diesem Wassermann-Zeitalter alle »verlorenen« Mysterien der Antike und ihre Bedeutung dem einfachen Menschen zugänglich gemacht werden würden, wurde damit ein Samen der Hoffnung für die Zukunft unseres Planeten gelegt. Und heute ist die Zeit der Ernte gekommen.

Es ist von großer Bedeutung, daß einer der letzten beiden Planeten, die in diesem Jahrhundert entdeckt wurden – Uranus, auch der »unberechenbare Revolutionär« genannt –, nicht zuerst von einem Wissenschaftler gesehen wurde, der von einem hochgelegenen Observatorium aus den Sternenhimmel studierte, sondern von einem einfachen, neugierigen Sternengucker, der den Himmel durch sein hauseigenes Teleskop betrachtete[19]. Esoterisches Wissen, daß in den Flammen beim Brand der großen Bibliothek von Alexandria verlorengegangen war, wird heute in den Labors der modernen Wissenschaft wiederentdeckt. Dinge, die vor 5000 Jahren in Ägypten ein nur wenigen Auserwählten zugängliches Geheimnis waren, werden heute den Kindern in ihrer ersten Physikstunde beigebracht.

»Die geheimen Mysterien der Menschen«, prophezeiten die Hopi vor tausend Jahren, »sollen bekannt werden, wenn die Söhne des Weißen Mannes Perlen und lange Haare tragen werden. Die Wahrheit dieser Heiligen Dinge werden enthüllt, wenn der Adler auf dem Mond gelandet ist.«[20] Jeder von uns, der sich an die sechziger Jahre erinnert und an die NASA-Flüge zum Mond, weiß, daß diese Ereignisse bereits eingetreten sind.

Wenn die Ideen und Gedanken, die in diesem Buch enthalten sind, schwierig erscheinen und eine Herausforderung darstellen, ist es hilfreich, sich daran zu erinnern, daß andere vor uns ähnlichen Herausforderungen begegneten. Ich halte es für äußerst wichtig, wenn wir einen Teil unserer Zeit und Energie darauf verwenden würden, darüber nachzudenken, was die Wiederentdeckung dieser Ideen sowohl für uns persönlich als auch für die Welt im allgemeinen bedeuten könnte. Diese alten, wiederauferstandenen Mysterien bieten sehr wahrscheinlich die Art von Weisheit, die wir brauchen, um uns aus der Dunkelheit, den Ängsten und Krankheiten einer nuklearen Welt in ein neues Zeitalter voller Hoffnung, Verständnis, Gesundheit und Licht zu führen. Das Überleben der menschlichen Rasse mag von der Fähigkeit jedes einzelnen von uns abhängen, neue Arten des Denkens und Seins zu entwickeln und sowohl einen traditionellen als auch revolutionären Weg zu beschreiten.

Ich hoffe von ganzem Herzen, daß Sie dieses Buch mit einem Gefühl von Entdeckerfreude lesen, wie ein Abenteuer, das Sie in Ihre eigenen, persönlichen, unentdeckten Bereiche führt. Außerdem hoffe ich, daß Sie am Ende der Reise feststellen, daß Sie gesünder an Leib und Seele geworden sind, weil es Ihnen stärker möglich ist, die Ganzheit Ihres Seins mit Liebe und Verständnis zu akzeptieren.

Lassen Sie uns nun damit beginnen, einige dieser alten, heiligen Mysterien zu enthüllen.

KAPITEL 2

Räder der Kraft

Die Legende vom Regenbogenkrieger

Im Stamm der Hopi auf der Second Chance Mesa *(Zweite-Chance-Mesa)* gab es vor langer Zeit einen großen Medizinmann, von dem behauptet wurde, er könne den Regenbogen hinter dem Regenbogen sehen. Man sagte, daß er die Zukunft sehen konnte, vor allen Dingen die Zukunft seines Volkes. Er war der letzte, der auf »die alte Art sehen« konnte, wie sie es nannten. Er versuchte, seine Art des Sehens an seinen Sohn weiterzugeben. Doch bevor ihm das möglich war, brach ein großer Krieg aus. Der junge Mann zog in den Krieg und wurde ein Held. Doch kam er bitter und mit gebrochenem Herzen zurück von dem Kampf, den er für die Nation geführt hatte, die ihn zwar zum Kämpfen brauchte, doch ihm in Friedenszeiten nur Verachtung entgegenbrachte. Immer mehr wandte er sich von den traditionellen Wegen seines Volkes ab. Er lehnte die Heilungszeremonie ab, die sein gebrochenes Herz hätte genesen lassen können, und fand statt dessen Vergessen im Alkohol.

Er wurde sogar bitter gegenüber seinem eigenen Vater, da dieser vorausgesehen hatte, daß sein Sohn in den Augen des weißen Mannes nicht lange ein Held bleiben würde. Er entschied, daß die Sichtweise seines Vaters nutzlos war, wenn alles, was dieser sehen konnte, Enttäuschung war und er nicht sah, wie er die Dinge, die ihn enttäuschten, hätte verändern können. Also versuchte der Sohn nie wieder, die Sichtweise seines Vaters zu erlangen.

Der Vater erklärte sich die Alkoholsucht seines Sohnes damit, daß der Junge die Schrecken eines sinnlosen Krieges gesehen hatte und deswegen nie mehr sehen wollte. Er trank, um nicht sehen zu müssen.

Die Zeit verging, und der Medizinmann begann, von einem jungen Krieger zu träumen, dem er sein Wissen weitergeben konnte. Doch obwohl er fortfuhr, junge Männer die Kunst des Regenbogensehens zu lehren, konnte niemand von ihnen je den Regenbogen hinter dem Regenbogen sehen; keiner verstand wirklich, wovon der Medizinmann sprach. Nichtsdestotrotz hielten seine Leute Legenden und Geschichten über ihn am Leben, worin von einem Medizinmann die Rede war, der den Regenbogen hinter dem Regenbogen sehen konnte und der die Wege des Regenbogens so gut kannte, daß er in die Seele eines Menschen schauen konnte und wußte, wie sie geführt werden mußte.

Als der Sohn Mitte Vierzig war, immer noch recht jung und immer noch Alkoholiker, starb sein Vater. Bald danach verließ der Sohn Second Chance Mesa, »fand« Gott, wurde ein wiedergeborener Christ, lernte eine Christin kennen, heiratete sie und bekam einen Sohn. Als dieser zu einem Jugendlichen herangewachsen war, wandte er sich vom Christentum ab. Er war ein Halbblut und machte sich auf, den Weg seines Vaters und Großvaters wiederzufinden.

Seine Suche führte ihn nach Second Chance Mesa. Dort entdeckte er sein Volk, traf seine Verwandten und fand die Lehrlinge, die mit seinem Großvater gearbeitet hatten. Er beschloß, von ihnen zu lernen, und seine Lehrzeit betrug acht Jahre.

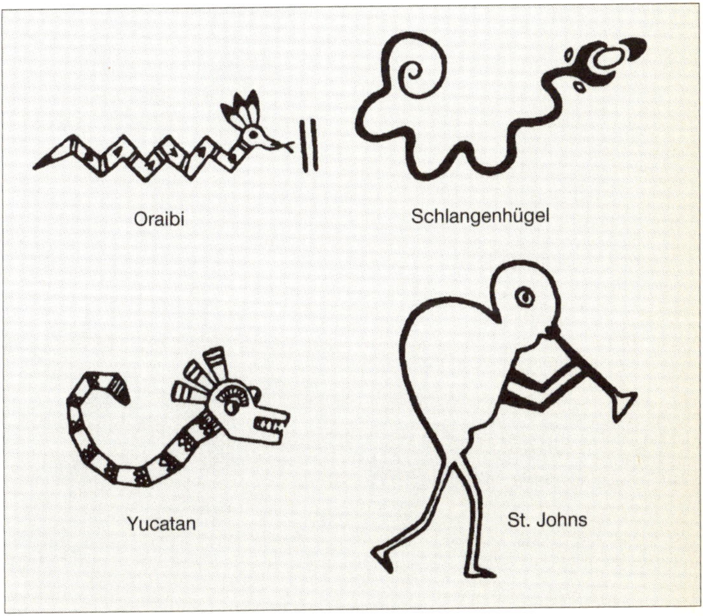

Abb. 4 Der Schlangenclan. Die Schlangenzeichnungen findet man überall auf dem amerikanischen Kontinent. Sie sind die Signatur des Schlangenclans der Hopi. Der bucklige Flötenspieler ist das Symbol des Flötenclans in St. Johns.

Als die Zeit für sein Vision Quest *(Bitten um eine Vision)* gekommen war, nahm ihn einer der Medizinmänner, die sein Großvater ausgebildet hatte und der Haupt-Medizinmann des Stammes geworden war, auf einen Spaziergang mit und fragte: »Weißt du, wer dein Großvater war?«

»Mein Vater hat mir gesagt, daß er ein verrückter alter Mann gewesen ist«, antwortete der Junge.

Als der Medizinmann dies hörte, begann er, ihm die Geschichte des großen Medizinmannes zu erzählen, der die Regenbogen hinter den Regenbogen sehen konnte.

Second Chance Mesa ist ein eigenartiger Ort mit unberechenbaren Wetterverhältnissen, ungewöhnlichen Lichteffekten und Tieren, die immer nur von einer Person gesehen werden. Diesen geheimnisvollen Ort wählt der Medizinmann für das Vision Quest des jungen Kriegers aus. (Bei den Indianern Nordamerikas ist ein Vision Quest ein essentieller Teil der Initiation vom Jugendlichen zum Erwachsenen. Der junge

Abb. 5 Sturm über der Mesa.

Mensch wird auf eine einsame Wache geschickt, bei der er fastet und betet, um die Natur und Präsenz seines Schutzgeistes kennenzulernen. Oft erscheint dieser ihm in einem Traum, meistens in Tierform, wo der Suchende instruiert und auf eine visionäre Reise mitgenommen wird. Nachdem er diese Zeichen und Visionen erhalten hat, kehrt der junge Krieger heim, berichtet von seinem Erfolg und geht zu einem Schamanen oder Medizinmann, der ihm bei der Interpretation seiner Vision hilft.) Der Junge kam am frühen Morgen auf der Mesa an, und drei Tage und Nächte lang fastete er, betete und wartete auf eine Vision.

Am Nachmittag des dritten Tages kam ein furchtbarer Sturm auf. Unmittelbar davor flog ein wunderschöner Adler herbei, der sich schon den ganzen Tag immer wieder in der Nähe des jungen Mannes aufgehalten hatte, und krächzte etwas, das wie eine Warnung klang: »Jetzt ist es soweit; dies ist deine Prüfung.« Dann war er verschwunden.

Die Sonne ging unter, obwohl der junge Krieger dies nicht sehen konnte, weil der Himmel so schwarz von Wolken war. Der Sturm heulte die ganze Nacht. Es kostete den Jungen all seine Kraft, dem niederprasselnden Regen und dem starken Wind standzuhalten. Er war hungrig, völlig durchgefroren und zitterte am ganzen Körper. Da er während der vorangegangenen 72 Stunden in derselben Gebetshaltung zugebracht hatte, schmerzten ihn alle Glieder, bis er fast nichts mehr fühlen konnte. Doch er blieb an derselben Stelle sitzen und betete ohne Unterlaß. Und wartete. Irgendwann kurz vor Sonnenaufgang ließ der Sturm nach.

Als die Sonne am Horizont erschien, lösten sich die Wolken auf. Die ganze Mesa war in ein herrliches Licht getaucht. Dieses Licht hatte eine besondere Qualität, und der junge Mann war sich nicht sicher, ob er wachte oder träumte. Er schaute über das Tal zu seinen Füßen. Dann sah er den Regenbogen, der sich über das Tal erhob und dessen beide Enden er klar erkennen konnte. Er betrachtete ihn mit dem Herzen und den Augen eines Kindes, so als hätte er noch nie einen Regenbogen gesehen.

Er hob seinen Blick zum Himmel und suchte den Adler. Im nächsten Moment erschien er, flog einen großen Bogen über die Stelle, an der er saß, und krächzte laut. Dann flog er unter dem Regenbogen hindurch und über ihn hinweg. Das war der Moment, wo der junge Krieger den zweiten Regenbogen sah, der sich über dem ersten befand, nur getrennt durch eine goldene Schicht. Der Adler flog immer höher und durchquerte eine zweite Goldschicht, die einen weiteren Regenbogen enthüllte. Der große Vogel setzte seinen Höhenflug fort, durch eine weitere goldene Schicht, hinter der ein dritter Regenbogen sichtbar wurde, noch höher hinauf, bis sich den Augen des jungen Mannes noch ein vierter Regenbogen darbot. Begeistert schaute er sich um und sah, daß auch die

Büsche und Gräser auf der Mesa von kleinen Regenbögen umgeben waren. Ein Hase lief an ihm vorbei, und auch er hatte einen Regenbogen um sich herum. In diesem Augenblick erkannte der junge Mann, daß er während der Nacht die Medizin seines Großvaters bekommen hatte.

Abb. 6 Regenbogen über der Mesa.

Stolz und dankbar hob er sein Messer auf und ging den Weg hinunter zur Hütte seines Medizinmannes. Dann erzählte er ihm, was geschehen war. Er berichtete von dem krächzenden Adler und dem schrecklichen Sturm, der wie aus dem Nichts erschienen war und die ganze Nacht gewütet hatte. Schließlich erzählte der junge Krieger dem Medizinmann von den schönen Regenbögen. »Ich sehe einen Regenbogen um dich herum«, sagte er. »Glaubst du, daß sind dieselben, die mein Großvater gesehen hat?« Der Medizinmann saß eine Weile still da. Dann schaute er den jungen Mann an und sagte: »Ich weiß es nicht. Niemand hat je so gesehen wie dein Großvater.«

Räder der Kraft

Medizingeschichten haben nichts mit Ärzten oder Krankenhäusern zu tun, obwohl sie sich in gewisser Weise mit »Heilung« befassen. »Medizin« in diesem Sinne bezieht sich auf das Heilige und Spirituelle. Medizingeschichten kann man mit den Parabeln von Jesus vergleichen, indem auch ihre Thematik den Zuhörer mit seiner eigenen inneren Weisheit in Verbindung bringen soll. Diese Weisheit wird bei den Indianern »Macht« oder »Kraft« genannt. Wenn jemand solch eine Macht oder Kraft hat, ist es ihm möglich, in größerer Harmonie mit der Erde zu leben.

Wenn wir auf Medizinart denken und leben, wenn wir mit unserem Herzen beten oder heilige Geschichten und Parabeln hören und uns dadurch an den Kontext des angesprochenen Wissens erinnern, beginnen wir, Teile unseres eigenen Wesens miteinander zu verbinden und unsere eigene Kraft wiederzuentdecken. Wenn wir dies tun, warten wir in der Stille unserer Seele auf eine innere Botschaft, so wie der junge Krieger auf der Mesa. Wir warten darauf, daß sich die heilige Weisheit oder Kraft offenbart. In einer solchen inneren Stille kann es sein, daß wir unser Chakrasystem zu fühlen beginnen, die feinen, subtilen Energien in unserem Körper.

Doch was wissen wir, wenn wir diese Energien spüren? Mit anderen Worten: welches Wissen, welche Kraft, welche Weisheit erlangen wir, wenn wir unsere Chakras und Aura zu fühlen beginnen? Und wie können wir dieses Wissen zum Wohle der gesamten Menschheit einsetzen?

Als der junge Krieger zum ersten Mal den »Regenbogen hinter dem Regenbogen« sah, war er überglücklich, denn er hatte eine wichtige Stufe spiritueller Aufmerksamkeit erreicht. Als er jedoch zu seinem Medizinmann zurückging, der einverstanden gewesen war, sein Vision Quest geistig zu begleiten, und ihm von seiner Vision erzählte, mußte er feststellen, daß der alte Mann nie eine solche Erfahrung hatte und ihn deshalb nicht verstehen konnte. Die Folklore fast aller Kulturen weltweit unterscheidet das, was lebt oder Leben gibt, von dem, was nicht lebt, indem sie von dem »Regenbogen« oder »Licht« eines Dinges oder Lebewesens spricht. Der Medizinmann wußte in seinem tiefsten Inneren, daß jedes Lebewesen einen Regenbogen oder eine Aura besitzt. Doch trotz seiner ernsthaften Versuche, dieses Licht zu sehen, war es ihm nicht möglich. Daraus folgt, daß er als Mentor des jungen Kriegers nur von einem historischen, nicht jedoch einem erfahrenen Wissen um dieses Licht, diese Regenbögen ausgehen konnte.

Der Regenbogen-Krieger hätte mit der persönlichen Freude, die er ob seiner Erfahrung empfand, zufrieden sein, seine Weiterentwicklung an diesem Punkt stoppen können. Statt dessen entschied er sich, seiner Vision zu folgen und mit der Bereitschaft zum Dienst am Nächsten und Hingabe dem Weg seines Großvaters zu folgen. Er beschloß, ein treuer und zuverlässiger Diener seines Stammes zu werden. Darüber hinaus begann er, die Unterschiede in den Regenbogen-Mustern um jedes Lebewesen zu studieren und zu verstehen. Wenn wir bereit sind, von der Legende in die Realität überzugehen, von der Tradition zur wirklichen Erfahrung dieser Regenbogen-Muster - der Chakra-Energien -, dann müssen auch wir uns entschließen, nach ihnen zu suchen, sie zu erspüren. Haben wir sie erst einmal gesehen, sollten wir nach ihrem Sinn suchen. Wir müssen einerseits ihre historischen Wurzeln entdecken, andererseits den Weg dieser Energien bis in die moderne Wissenschaft verfolgen.

Chakras und ihre traditionellen Komponenten

Räder des Lichts

Chakra ist ein Begriff aus dem Sanskrit. Seine wörtliche Übersetzung bedeutet »Rad des Lichts«. Während die meisten Traditionen von sieben Hauptchakras sprechen[21], erwähnen einige weniger Zentren. Die tibetische Literatur zum Beispiel identifiziert nur sechs Chakras[22]. Jedoch wird im allgemeinen davon ausgegangen, daß wir eines von sieben Chakras meinen, wenn wir von den Energiezentren des Körpers sprechen. Unter Hinzunahme der beiden höheren Chakras, die außerhalb des Körpers bestehen - dem *Atman* und dem *Brahman* - gibt es also insgesamt neun Chakras.

Jedes der traditionellen sieben Chakras hat jeweils eine physische, emotionale, kreative und geistige Komponente. Daneben hat jedes

Chakra seinen eigenen Zweck bzw. seinen besonderen Gesichtspunkt, der auf dem Bereich des Bewußtseins beruht, den es beeinflußt. Dieser Bereich des Bewußtseins ist ein weiterer, wichtiger Aspekt des Chakras. Sowohl die Yogis in der Antike wie auch die alten Ägypter und Griechen nannten diese Komponente einen *Körper*. Dieser Körper wiederum ist ein weiterer Bereich existierenden oder potentiellen Bewußtseins.

Der spezifische Körper oder Zweck bzw. Gesichtspunkt jedes einzelnen Chakras diktiert eine bestimmte Einstellung gegenüber der Realität. Oder um es anders auszudrücken: jedes Chakra hat einen »Detektiv«. Es hat eine Absicht, eine eigene Intelligenz; es hat ein Ziel. Wir könnten, wenn wir wollten, alles Leben ausschließlich von einer physischen Perspektive aus betrachten - unserem ersten Chakra -, so wie es beispielsweise Ramses der Große getan hat. Der legendäre Herrscher von Ägypten und Vater von 144 Kindern ließ riesige Tempel und Statuen bauen, und sein Ziel war es, die Hethiter zu erobern. Er war extrem machtorientiert, und nichts und niemand konnte ihn davon abhalten, seine Wünsche zu materialisieren. Hier handelt es sich eindeutig um einen Menschen mit Betonung seines ersten Chakras, wie überhaupt bei den meisten Personen, die die Geschichte unseres Planeten entscheidend mitgeformt haben. Leider sind viele dieser Männer und Frauen als dominante, gefürchtete und grausame Individuen in unsere Geschichtsbücher eingegangen, berüchtigt für ihre Eroberungen, Ambitionen, ihren Machtmißbrauch und ihren unstillbaren Drang, ihre Kraft und sexuelle bzw. politische Potenz zum Nachteil ihrer Untertanen unter Beweis zu stellen. Dies sind Qualitäten, die mit dem ersten Chakra assoziiert werden, dessen Gesichtspunkt darin besteht, am Leben zu bleiben, unabhängig von den Mitteln und Konsequenzen.

Abb. 7 Ramses der Große. Granitstatue.

Sekundärchakras

Zuweilen sprechen sowohl die alten als auch die modernen mystischen Lehrer von Sekundärchakras. Außer den Hauptchakras gibt es im ganzen Körper verteilt 122 kleinere Sekundärchakras. Obwohl sich dieses Buch hauptsächlich mit den sieben Hauptchakras beschäftigt, ist es wichtig zu wissen, daß alle Chakras die gleichen Eigenschaften aufweisen. Ein Auraleser sieht sie als Energiewirbel, wobei die der Sekundärchakras kleiner sind als die der Primärchakras. Und während die Primärchakras in der

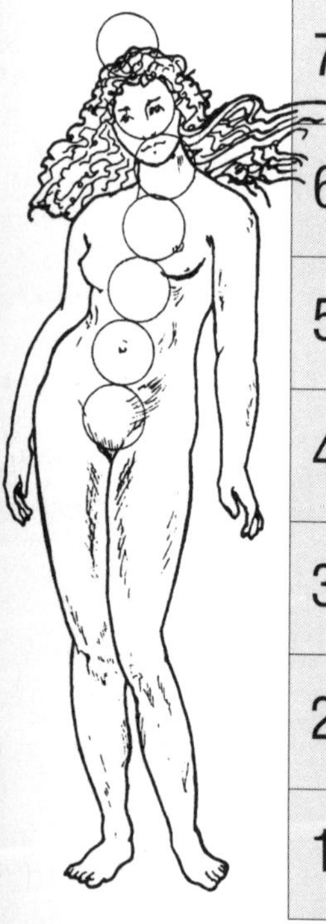

	Farbe	Körper	Drüse	Tier
7	Weiß	ketherisch	Hypophyse (Hirnanhangdrüse)	Kachina 
6	Purpur	himmlisch	Epiphyse (Zirbeldrüse)	Archetypen, alle lebenden und toten Geister
5	Blau	ätherisch	Schilddrüse	Mensch & Hierophant
4	Grün	astral	Thymus	Säugetier (Vierbeiner) 
3	Gelb	mental	Nebenniere oder Milz	Vogel 
2	Orange	emotional	Peyersche Flecken (oder Lymphdrüsen)	Wassertiere 
1	Rot	physisch	Keimdrüsen	Schlange 

Tab. 1 Chakras und ihre Komponenten.

üblichen Darstellungsweise entlang der Wirbelsäule liegen (siehe Abbildung 24), befinden sich die Sekundärchakras hauptsächlich an den Gelenken des Körpers - z. B. an den Hüften, Schultern, Ellbogen, Handgelenken und Händen. Wo immer ein Knochen einen anderen berührt oder sich ein Nervengeflecht befindet, gibt es ein Sekundärchakra. Folglich sind diese Chakras Energiezentren, die mit einem Nervengeflecht, einem Knochen oder einem Gelenk in Verbindung stehen.

Obwohl es sich bei ihnen nicht um Hauptenergiezentren handelt, sind auch diese Sekundärchakras wichtig, und die Fehlfunktion eines kleine-

Element	Edelstein	Funktion	Menschen
Magnetum	Diamant	Freisetzung, Hingabe	Propheten, Gurus, Heilige
Radium	Alexandrit	Inspiration, Einsicht	Geistlehrer, spirituelle Freunde
Äther	Lapislazuli, Saphir	Ausdruck	religiöse Führer, göttliche Herrscher, Papst, Dalai Lama, Karmapa
Erde	Smaragd	zweites Gefühl (gewöhnlich konträr zum ersten Gefühl)	Herzchakra-Lehrer, Jesus, Yogananda, Mutter Teresa
Luft	Topas, Peridot	Meinung	Freunde, Klassenkameraden, Intellektuelle, Politiker
Wasser	Aquamarin	Gefühl	diejenigen, die uns Gefühle schenken, Kinder, Partner
Feuer	Rubin	ursprüngliche Idee	enge Verwandte, Eltern, Großeltern

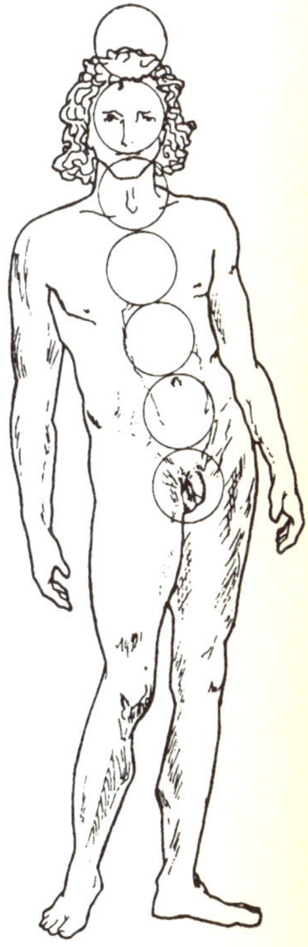

ren Chakras kann die Effektivität des gesamten Chakrasystems negativ beeinflussen. Die Hüften beispielsweise sind wichtig, weil sie die Beine mit dem übrigen Körper verbinden. Ein großer Teil unseres Bindegewebes (das hauptsächlich für die Beförderung elektromagnetischer Energie zuständig ist) befindet sich in unseren Beinen und Pobacken, die zusammen ungefähr 38 Prozent unseres Körpers ausmachen. Wenn wir aus irgendeinem Grund an einem Punkt unterhalb der Hüften »abgeschnitten« sind, so können uns 38 Prozent unseres Körpers, die die inneren Organe nähren sollten, nicht ausreichend mit der zum täglichen Leben notwendigen Vitalenergie versorgen – jener Lebenskraft, die von den Indern *Prana* genannt wird. Aufgrund unserer Denkweise kreieren wir Menschen in der westlichen Welt in unseren Chakras und Auren ein Muster, durch das wir unsere Beine vom Rest unseres Körpers »abschneiden«. Von der Aura her betrachtet, leben wir die meiste Zeit über in unserem Kopf und schenken den niederen Bereichen unseres Körpers nicht genügend Aufmerksamkeit. Wir haben die Neigung, uns selbst als

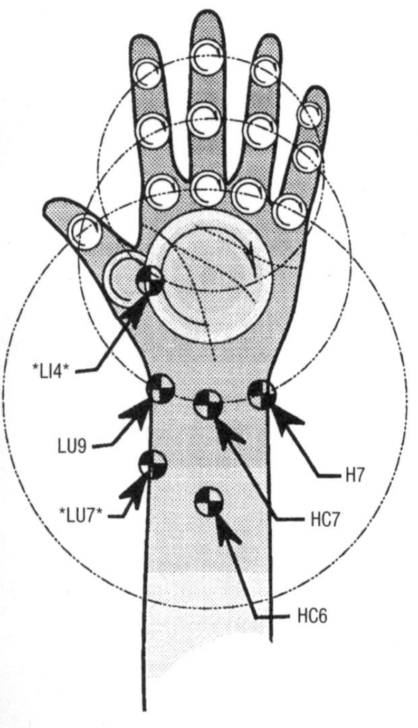

Abb. 8 Die Chakras in den Händen. Auch in den Händen befinden sich zahlreiche Chakras, und es ist interessant, in welcher Beziehung sie zueinander stehen. Die Meridiane werden wie folgt bezeichnet:

LI = Dickdarm (Large Intestine)
LU = Lunge
H = Herz
HC = Herzbeutel (Pericardium – Heart Constrictor)

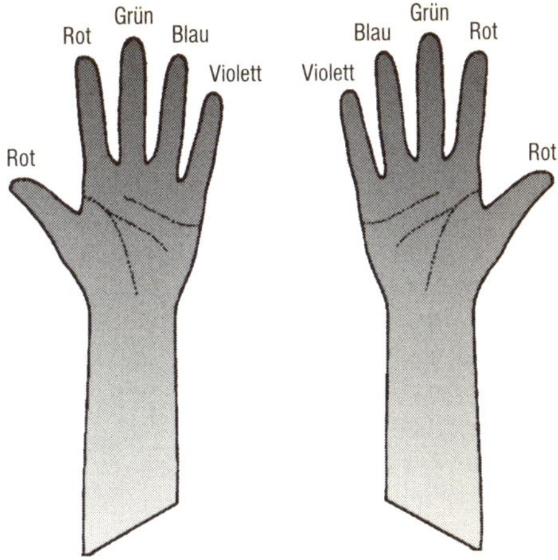

Abb. 9 Farben, die von den einzelnen Fingern ausgehen. Die Energie, die von den einzelnen Fingern ausgeht, entspricht jeweils einer spezifischen Farbe, so wie sie auf der Abbildung dargestellt wird.

Intellektuelle zu betrachten und das Gefühl zu hegen, »über allem zu stehen«. Schon dieser Ausdruck weist auf unsere losgelöste Art des Denkens hin. Das hat zur Folge, daß wir im energetischen Bereich den unteren Bereich unseres Körpers vom oberen trennen und somit einen wichtigen Teil von uns selbst »abschneiden«. Wenn wir erkennen, wieviel physische und spirituelle Kraft in unseren Beinen und Oberschenkeln sitzt, wird uns klar, wie schwerwiegend dieses Problem der »Abschneidung« tatsächlich ist.

Auch die Hände weisen Sekundärchakras auf. Sie werden mit dem zweiten Trigramm des Körpers in Verbindung gebracht (den drei oberen Primärchakras), weil unsere Arme und Hände durch die Schulter mit dem übrigen Körper verbunden sind. Hände erfüllen nicht nur eine physische Funktion, sondern sie sind auch Ausdrucksmittel. Sie drücken aus, was wir tun, und oft auch, wie wir denken. Weil es im Bereich der Hände infolge der diversen Gelenke, die sie enthalten, viele Chakras gibt, strahlt jeder Finger eine andere Farbe und demzufolge auch eine andere Frequenz aus: Rot, Blau, Violett und Grün. Traditionell strahlen Daumen und Zeigefinger Rot aus; die Mittelfinger Grün; die Ringfinger Blau und die kleinen Finger Violett. Dieses Muster weist jedoch Variationen auf, die von der Energie der betreffenden Person abhängig ist und davon, wie energetisch offen derjenige ist von der Brust aufwärts. Auch können physische Probleme, wie beispielsweise ein steifer Nacken, Auswirkungen auf die Farbe der Finger haben.

Die sieben Chakra-Körper[23]

Das erste Chakra ist der Bewußtseinsbereich des *physischen Körpers;* alle körperlichen Empfindungen einschließlich Lust, Schmerz und Wut gehen von diesem Zentrum aus. Zudem werden alle Bedürfnisse, die das Überleben sichern, und der Selbsterhaltungstrieb von diesem Chakra beeinflußt. Das zweite Chakra ist der *emotionale Körper* bzw. der emotionale Bereich; alle Emotionen befinden sich unter der Herrschaft des zweiten Chakras und werden hier verarbeitet. Das dritte Zentrum ist der *mentale* bzw. *intellektuelle Körper;* Gedanken, Meinungen und Urteile haben hier ihren Ursprung und werden von diesem Chakra kontrolliert.

Während die unteren drei Chakras - der physische, emotionale und mentale Körper - keiner besonderen Erklärung bedürfen und in ihrer kulturellen Funktion klar zu verstehen sind, erfordern die oberen Chakras eine ausführliche Erläuterung. Das vierte Chakra - das Herzzentrum - entspricht dem *Astralkörper* oder der Astralebene; dies ist die erste Ebene jenseits der dreidimensionalen Wirklichkeit und die Erfahrungsebene, die sich unmittelbar über der physischen, emotionalen und mentalen Ebene befindet. Der Astralbereich ist die Bewußtseinsebene, die eine Brücke schlägt zwischen der Dimension der Materie und derjenigen des Geistes. Es wird angenommen, daß es diese Ebene ist, in die wir uns im Schlaf begeben. Die Astralebene ist die Welt des Traumes. Außerdem repräsentiert sie die Ebene des Bewußtseins, in der *Transformation* möglich wird und wo sich uns der Bereich des *Transpersonalen* eröffnet.

Das fünfte Chakra ist der *Ätherkörper,* der erste Körper im spirituellen Bereich, und als solcher ist er der Beginn der göttlichen Fähigkeiten des Menschen. Der Ätherkörper ist vor allem die »Blaupause« des physischen Körpers. Anders ausgedrückt: Der Ätherkörper ist der vollendete Körper, der »Lichtkörper«, der unserer physischen Form zugrunde liegt. Er ist die geistige Grundlage oder Matrix für unser physisches Sein, ein perfektes Hologramm unseres Lebens und unserer Lebenskraft. Die ätherische »Substanz« gilt als die Kraft, die das Universum zusammenhält. Wenn etwas *ist* - im physischen, emotionalen, mentalen oder spirituellen Bereich -, so hat es eine ätherische Natur. (Obwohl der ätherische Körper der spirituellen Ebene von einigen Sehern als blaues Licht beschrieben wird, das manchmal außerhalb, manchmal innerhalb des physischen Körpers existiert. Eine Erklärung für das Phänomen von »Phantom-Extremitäten« oder die Erfahrung von physischen Empfindungen im Bereich eines fehlenden Gliedes besteht in der Annahme, daß der ätherische Körper - die unverletzte Matrix - empfunden wird.) Weil das Ätherische die Vorlage für die gesamte physische Wirklichkeit darstellt, liegen auch die

Bedeutung der Zeit (insbesondere im Sinne der Kenntnis des besten Zeitpunktes für eine bestimmte Handlung) und die Macht der Rede und des Selbstausdrucks in der Herrschaft dieses Chakras. Da das Ätherische vollkommen ist, sind unsere Vorstellungen von Gerechtigkeit, Wahrheit und Perfektion alle in diesem Körper bzw. dieser Bewußtseinsebene eingelagert. Der Ätherkörper ist wie ein perfekter Doppelgänger; er repräsentiert unser gesamtes und höchstes Potential[24].

Das sechste Chakra, oft als das »dritte Auge« bezeichnet, ist der *himmlische Körper* und ebenso wie der Ätherkörper ein spiritueller Bereich. Er ist der Körper, der unsere individuelle Zukunft umfaßt und uns Zutritt zu ihr verschafft. Der Begriff »himmlisch« stammt aus einer Zeit, in der man glaubte, die Zukunft existierte im Weltraum und daß eines Tages jeder von uns nach seinem Tod ein »Stern« werden und wir somit zu dem göttlichen, himmlischen Licht zurückkehren würden, von dem wir gekommen waren. Dies konnte jedoch nach damaliger Auffassung erst dann eintreten, wenn der Mensch genügend Licht (Erleuchtung) gesammelt hatte, um einen Teil des Himmels zu erleuchten[25].

Der himmlische Körper ist das Reich des Lichts; und da er mit der Erleuchtung in Verbindung gebracht wird, beeinflußt er alles, was wir durch das Licht zu »sehen« vermögen. Mit anderen Worten: Der himmlische Körper ermöglicht es uns, buchstäblich »das Licht zu sehen«. Er ist die Ebene des »Sehens« in all seinen Manifestationen: Hellsehen, Visualisieren, Einblicke, Vorhersehen, Inspiration, übersinnliche Phänomene und schließlich physische Manifestation selbst (von Gedanken, Träumen, Angst oder anderen Gefühlen in die physische Realität).

Das siebte Zentrum - das Kronenchakra - ist der *ketherische Körper.* Kether ist ein hebräisches Wort und bedeutet »Krone«[26]. Der ketherische Körper kontrolliert und beeinflußt den Bereich des Bewußtseins, der als der Geist oder die *geistige Ebene* bezeichnet wird. Innerhalb dieses Körpers existiert unser spirituelles Leben. Der ketherische Körper ist der Ort unseres Verschmelzens mit Gott, der Einheit, dem Ganzen.

Viele Funktionen und Energierhythmen des menschlichen Körpers werden von Hormonen kontrolliert, die vom endokrinen System produziert werden. Es wird heute angenommen, daß Energie diese biochemischen Reaktionen verändern oder vervollständigen kann. Da die überlieferte Literatur die Chakras in erster Linie als Emanationen von Energie bezeichnet (die sich in verschiedenen Farben manifestiert), sind sich Heiler in der Regel darüber einig, daß ein Wissen über die Funktionen des endokrinen Systems uns zu einem Verständnis der tatsächlichen Beziehung von Farbe und Licht der Chakras und somit der endokrinen Ausscheidungen und Produktion von Hormonen führen kann.

Viele Funktionen und Rhythmen des menschlichen Körpers werden durch Hormone gesteuert. Diese chemischen Botenstoffe werden von den wichtigsten endokrinen Drüsen produziert, die hier abgebildet sind. Weil die Hormone unmittelbar in den Blutkreislauf fließen statt durch besondere Kanäle oder Gänge, werden die endokrinen Drüsen auch als Drüsen ohne Ausführungsgang (bzw. als innersekretorische Drüsen) bezeichnet.

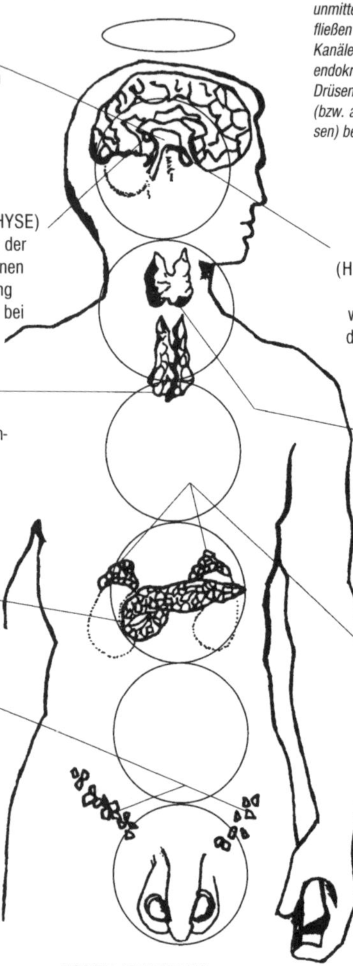

Abb. 10 Die Chakras im Verhältnis zum endokrinen System des Mannes.

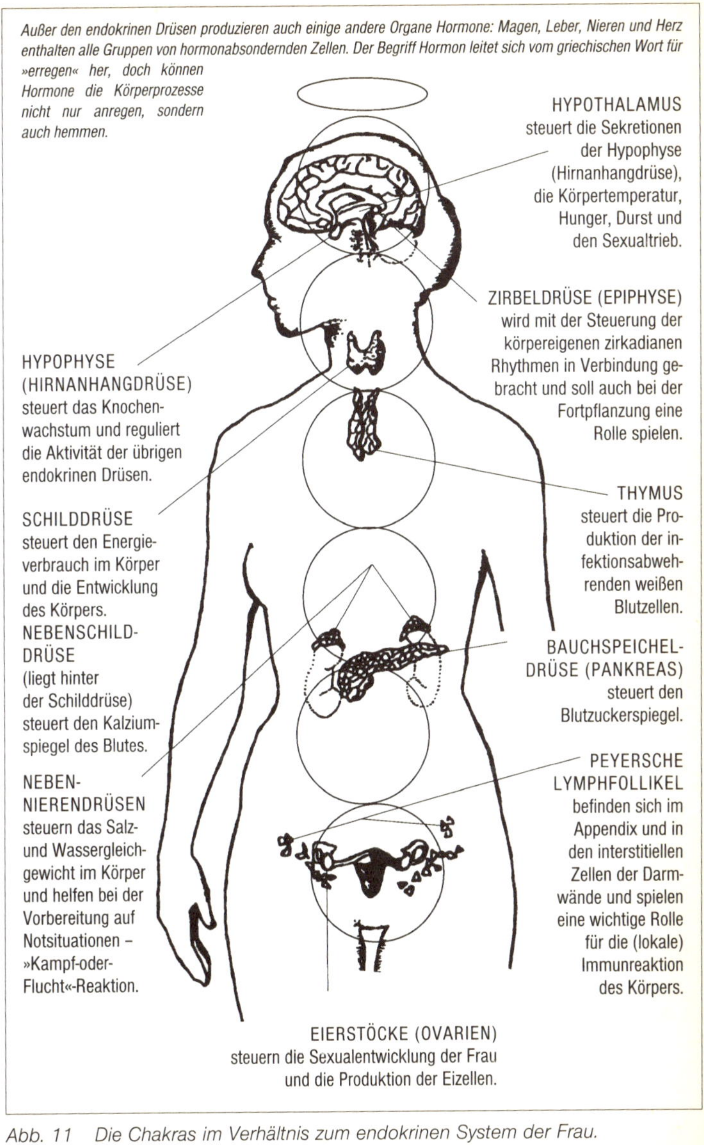

Abb. 11 Die Chakras im Verhältnis zum endokrinen System der Frau.

Wegen der Beziehung zwischen den Chakras und endokrinen Drüsen des Körpers geschieht Heilen durch Energie in Beziehung zu und Kooperation mit diesen biochemischen Boten.

Da die diversen Drüsensekretionen direkt ins Blut gehen, kann die Anwendung subtiler Energien zweifellos diese Sekretionen stimulieren oder verändern. Es ist möglich, daß es zudem eine Verbindung gibt zwischen der Art und Menge von Hormonen im Blut und dem Auftauchen einiger der neu entdeckten Neurotransmitter, die vom Gehirn produziert werden.

Der Körper als Mikrokosmos

Das Konzept des menschlichen Körpers als einer symbolischen Repräsentation von etwas Größerem ist keineswegs neu.

In der ägyptischen Kultur kann diese Idee über fünf- oder sechstausend Jahre bis in den ältesten noch existierenden Text - das *Totenbuch der Ägypter* - zurückverfolgt werden. (Es besteht aus ca. 2000 Papyrusrollen, die aus der Zeit der Pyramiden und davor stammen und in verschiedenen Gräbern gefunden worden sind, um die Verstorbenen auf ihrem weiteren Weg zu führen.)[27] Im chinesischen Taoismus, wie aus seinen körperlichen Disziplinen und Meditationsprozessen ersichtlich ist, werden Körper und Geist in ähnlicher Weise betrachtet wie bei den alten Ägyptern. Es gilt als bewiesen, daß es zwischen Ägyptern, Tibetern und Chinesen bereits 800 vor Christus Kommunikation gegeben hat[28]. Das meiste dieser Symbolik kam entweder aus der Religion jener Zeit oder existierte neben ihr. Die Grundlehre jeder Religion besteht darin, daß die Seele eine geistige Energie bzw. eine Lebenskraft ist, die nur vorübergehend in einem physischen Körper residiert, der ihr als Vehikel dient.

Im modernen Denken erscheint dieses Konzept als die Theorie des Mikrokosmos/Makrokosmos, derzufolge alles, was in der äußeren Welt existiert, auch in der inneren zu finden ist: Das Individuum ist ein Mikrokosmos der Menschheit, das Atom ein Mikrokosmos des Universums[29]. Diese Idee kann von den alten Philosophien der Hindus, Ägypter, Griechen und Römer zu denen der Kabbalisten, Alchemisten und Freimaurer bis in die moderne Wissenschaft zurückverfolgt werden. Die Annahme, daß die innere und äußere Welt Repräsentationen voneinander sind, legt nahe, daß bei näherer Betrachtung der alten Idee der Chakras und ihrer entsprechenden Körper (des physischen, emotionalen, mentalen, astralen usw.) eine spezifische Beziehung zwischen den Chakras und den verschiedenen Organen des Körpers aufgezeigt werden kann. In den folgenden Kapiteln dieses Buches werden wir untersuchen, wie die Organe Ver-

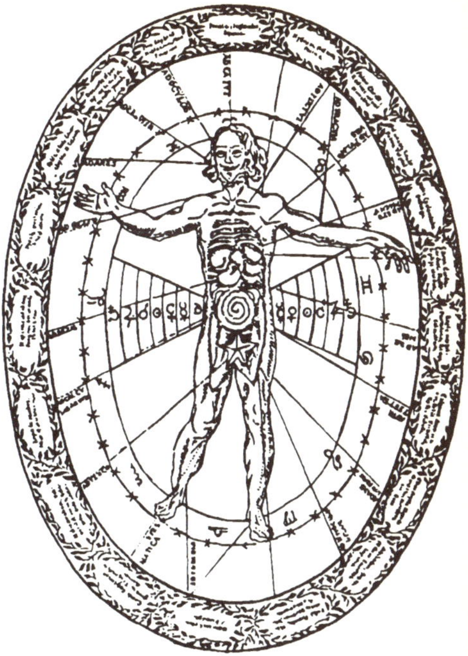

Abb. 12 Der Körper als Mikrokosmos. Am Rande dieser Zeichnung sind die Namen von Tieren, mineralischen und pflanzlichen Substanzen vermerkt. Ihre Beziehung zu den einzelnen Körperteilen ist durch Linien angedeutet. Die Wörter auf den Linien zeigen an, welcher Körperteil, welches Organ oder welche Krankheit mit der entsprechenden Pflanze oder Substanz geheilt werden kann.

änderungen der Chakra-Energie widerspiegeln, insbesondere derjenigen Chakras, zu denen sie aufgrund ihrer Frequenz in Beziehung stehen.

Den Chakras zugeordnete Tiere und Elemente

Die Ontogenese rekapituliert die Phytogenese. Diese wissenschaftliche Theorie, den meisten von uns aus der Schulzeit bekannt, geht davon aus, daß die Evolution einer Spezies sich in der Evolution des Individuums wiederholt. Daher hat jeder von uns als Embryo innerhalb der neun Monate im Uterus alle Entwicklungsstadien durchlaufen, die der drei Milliarden Jahre langen Evolution der menschlichen Rasse vom Einzeller bis zum vielzelligen Organismus entsprechen.

Theoretisch ist der Mensch, während er sich auf sein Verschmelzen mit Gott zubewegt, weiter entwickelt als die niederen Stufen der Schöpfung. Dennoch hat die Wissenschaft eindeutig festgestellt, daß der menschliche Fötus in der Gebärmutter zunächst ein Schlangenstadium

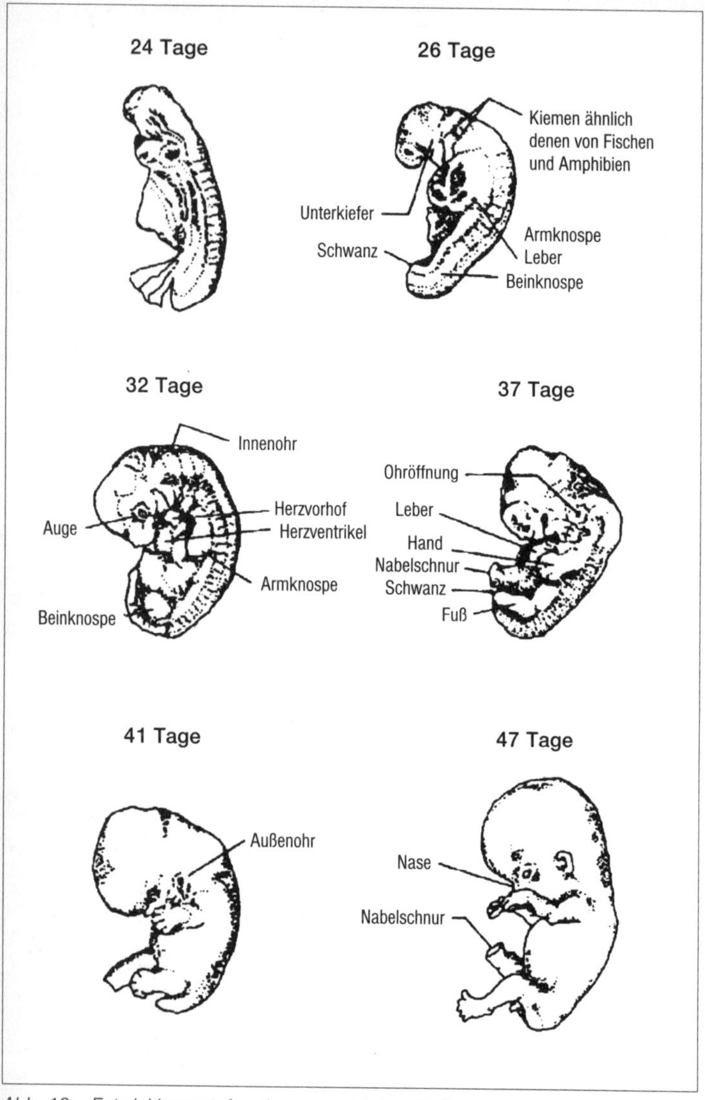

Abb. 13 Entwicklungsstufen des menschlichen Embryos. Man beachte die Kiemen (26 Tage) und den Schwanz (37 Tage).

durchläuft, dann ein Fischstadium, in dem er Kiemen hat, bis schließlich die Lungen gebildet werden und er sich zu einer höheren Lebensform entwickelt. Dieser evolutionäre Zyklus spiegelt sich in der metyphysischen Lehre wider.

Schon vor 15 000 Jahren war diese zyklische Entwicklung den Indianern Nordamerikas bekannt und wurde von ihnen in ihrem Chakrasystem symbolisiert. (Eine ähnliche Symbolik entwickelten die Ägypter vor fast 50 000 Jahren[30].) Nach der indianischen Lehre werden die niederen Chakras mit tierischen Formen in Verbindung gebracht. Das erste Chakra wird durch eine Schlange dargestellt, das zweite durch einen Fisch, das dritte durch einen Vogel, das vierte durch ein Säugetier und das fünfte durch den Menschen selbst. Das sechste Chakra führt den Menschen einen Schritt weiter in den Bereich des Kollektiven und Spirituellen, denn in der indianischen Tradition steht es mit allen Geistern, den lebenden wie den toten, in Verbindung. Das siebte Chakra schließlich wird von der *Kachina* dargestellt, dem lebendigen Symbol des Universellen Geistes, der alle belebte Materie verkörpert.

Es war der ägyptische Priester und Geschichtsschreiber Tahuti (Thoth) - besser bekannt durch Mythen und Legenden unter seinem griechischen Namen *Hermes* - der vor ca. 50 000 Jahren erstmals eine Zuordnung der Elemente zu den Chakras vorgenommen haben soll.

Nach der Hermetischen Tradition[31] sind die den Chakras entsprechenden Elemente - wenn wir uns vom ersten bis zum siebten Zentrum bewegen - der Reihe nach Feuer, Wasser, Luft, Erde, Äther, Radium und

Abb. 14 Die Antilopen- und die Eulen-Kachina. Kachinas sind Geister der unsichtbaren Lebenskraft, die man anrufen kann, damit sie ihre wohltätigen Kräfte manifestieren, um dem Menschen auf seiner Reise durch die Evolution beizustehen.

Abb. 15 Tahuti-Thoth, der Ibisköpfige. Von einem Kalkstein-Basrelief. Abydos, Tempel des Seti, XIX. Dynastie.

Magnetum. Bei näherer Untersuchung der einzelnen Chakras werden wir feststellen, daß die jeweilige besondere Sichtweise eines Chakras aus seiner Elementarnatur erwächst. Mit anderen Worten: Das Element, welches das jeweilige Zentrum repräsentiert, spiegelt die spezielle Sichtweise des betreffenden Chakras wider. Zum Beispiel ist das Leben aus der Sicht des ersten Chakras wie Feuer. Das zweite sieht es als Wasser, das dritte als Luft und so fort. Jedes Chakra hat eine seiner Elementarnatur entsprechende Sichtweise.

Diese Unterscheidung anhand der Elemente ist von Bedeutung, wenn wir das Chakrasystem als eine Möglichkeit betrachten, mit deren Hilfe wir auf unsere äußere und innere Welt Einfluß nehmen können. Das *Feuer* des ersten Chakras ruft den Funken des *Konzepts* ins Leben. Die folgenden Elemente spielen eine Rolle in der schrittweisen Verwirklichung dieses Konzepts. Auf Feuer folgt *Wasser*, denn wenn wir unsere Gefühle in bezug auf das Konzept übergehen, wenn das Feuer sich mit Luft verbindet (Gedanken oder Meinung), wird sich Sauerstoff (Urteil oder Meinung) mit der Flamme verbinden und es noch stärker entfachen. Das zweite Chakra repräsentiert Wasser, damit wir das Feuer löschen können, falls es außer Kontrolle gerät. Wenn uns das nicht gelingt und die Flamme durch den Sauerstoff angefacht wird, haben wir noch die

Abb. 16 Eine griechische Skulptur von Hermes dem Hundsköpfigen.

Abb. 17 *Die jungfräuliche Geburt. Die Göttin Nut (der Himmel) verschluckt und gebiert die Sonne. 1.–4. Jahrhundert n. Chr. Tempel der Hathor. Denderah, Ägypten.*

Möglichkeit, sie mit *Erde* (einem zweiten Gefühl) zu erstikken. Diese Möglichkeit bleibt uns, wenn es uns nicht gelingt, das Konzept durch das Chakrasystem zu befördern, *ohne* in der Lage zu sein, es auf jeder Stufe in seine nächste, angemessene Form zu *verwandeln* - von einem physischen Gewahrsein des Konzeptes zu einem Gefühl, einem Gedanken oder einer Meinung und schließlich zu einem zweiten Gefühl darüber. Das Herzchakra ermöglicht uns dieses zweite Gefühl in bezug auf das ursprüngliche Konzept; es erlaubt uns zu entscheiden, ob das Konzept realisiert werden sollte oder nicht. Diese Umwandlung von Daten durch jedes Chakra ist ein angemessener Transformationsprozeß: Der ursprüngliche Funke, der mittlerweile zu einer Flamme herangewachsen ist, kann nun in *Äther, Radium und Magnetum* umgewandelt werden. (*Magnetum* mit seinem Anteil an Magnetkraft - neben anderen Bestandteilen - ist bis heute der Wissenschaft unbekannt. Doch wird dieses Element in der *Hermetica* erwähnt, und man kann davon ausgehen, daß es den Alchemisten der Antike und des Mittelalters bekannt war.) Die Flamme verwandelt sich dann zu Gas und wird schließlich zu reiner Energie - zu dem, was sie auch ganz zu Anfang war. Die besondere Natur der Chakra-Elemente ermöglicht es uns demnach, das Konzept, den Energiefluß entweder in jedem der Chakras anzuhalten oder aber in höchst effizienter Weise einen Mechanismus in Gang zu setzen, durch den jedes Chakra Daten so umzuwandeln vermag, daß wir unsere äußere und innere Welt verarbeiten und gestalten können.

Religiöse Aspekte der Chakras

Die wichtigsten Religionen der Welt betonen alle jeweils ein anderes Chakra bzw. eine Kombination von Chakras. Diese jeweilige Präferenz zeigt sich deutlich in der Gebetsübung, im Ritual und in den festgelegten Werten einer Religionsgruppe. Der Judaismus beispielsweise betont das dritte Chakra - den Intellekt -, während bei der Gebetshaltung des Islam die Stirn - das sechste Chakra - den Boden berührt, was auf einen völlig anderen Schwerpunkt hindeutet. Das Christentum wiederum betont die Liebe, vor allem die Liebe und das »Herz« Jesu.

Letztlich zentriert sich wahrscheinlich die gesamte Entwicklung einer Kultur um einen bestimmten Bewußtseinsbereich, der oft als »Gottheit«, »Gott« oder als »der einzig wahre Weg« bezeichnet wird. Es ist so, als würden religiöse Führer eine Gruppe von Menschen vor sich sehen, deren Stärken und Schwächen, und sich dann eine Meinung darüber bilden, welches Chakra bzw. welche mit einem bestimmten Chakra assoziierten Werte in der betreffenden Kultur fehlen. Wir brauchen Gott nicht für das, was wir haben, sondern für das, was uns fehlt. Das, was uns fehlt, ist das, wohin wir uns entwickeln wollen und müssen.

Abb. 18 Annie Besant

Abb. 19 Charles Leadbeater

Wahrscheinlich werden wir nie erfahren, ob die religiösen Führer in der Geschichte der Menschheit tatsächlich so vorgegangen sind, wie ich es soeben dargestellt habe, denn die meisten den jeweiligen Führern zugeschriebenen Worte sind apokryph. Fest steht nur:

> Alle mächtigen Initiatoren haben in einem Augenblick ihres Lebens die Leuchtkraft der zentralen Wahrheit gesehen. Doch das Licht, das sie daraus geschöpft haben, wurde entsprechend ihrer Begabung, ihrer Mission, ihrer jeweiligen Zeit und ihres individuellen Standortes verändert und gefärbt[32].

Historische Perspektiven

Die Geschichte der Chakras im Westen: Die Theorie der Theosophen

Historisch gesehen ist die Idee der Chakra-Energien im Westen bereits in den Ritualen der alten griechischen Mysterienschule von Eleusis und Delphi zu finden sowie in den Praktiken der frühchristlichen Mystiker und der Hermetiker. Aber erst um die Jahrhundertwende tauchte diese Idee erneut in der westlichen Mystik auf. Die frühen britischen Theosophen - Alice Baileys Gruppe und die Arkanaschule - reisten nach Indien, »wurden erleuchtet«, kehrten nach England zurück und schrieben über die Chakras. Außerdem trugen auch Rev. Charles Leadbeater und Annie Besant ihren Teil zur Literatur über die Chakras bei[33].

Diese Theosophen zogen ihre eigenen Schlüsse aus dem, was sie über die Chakras gelernt hatten und was sie über Spiritualität wußten. Ob ihre Aussagen relevant sind oder nicht, sei dahingestellt.

Sie glaubten, daß höhere *Schwingungen* oder *Frequenzen* auf die oberen Chakras begrenzt seien und die niederen Schwingungen auf die unteren. Diese Idee führte zu einer Teilung des Körpers in zwei Hälften, so daß die niederen Energien die »schlechten Kräfte« waren und die höheren Energien die »guten«. Es sollte uns eigentlich nicht überraschen, daß eine Gruppe der englischen viktorianischen Oberschicht zu der Überzeugung kam, daß alles Emotionale schlecht sei. Dadurch verstärkten sie lediglich eine Position, die sie ohnehin schon lange innehatten, und während ihres Indienaufenthaltes taten sie im Grunde nichts anderes, als Bestätigung für die Richtigkeit ihrer Sichtweise zu sammeln. Interessanterweise gilt in der indischen Überlieferung der Bereich des Emotionalen keineswegs als schlecht. Schlecht ist lediglich der Mißbrauch des Emotionalen und der daraus resultierende Verlust des physischen und seelischen Gleichgewichts, was sich in den verschiedensten Krankheiten äußert.

Die zwei Welten der Chakras

Obgleich die Chakras in den überlieferten Quellen nicht in »schlechte« oder »gute« Chakras getrennt werden, gibt es doch eine grundlegende Unterteilung zwischen den unteren und oberen Zentren. Sie repräsentieren jeweils eine andere, dreidimensionale Welt. Die dreidimensionale Welt der unteren drei Chakras (das erste, zweite und dritte) ist die Menschenwelt, während die der oberen drei Chakras (das fünfte, sechste und siebte) der Bereich Gottes ist. Das vierte Chakra in der Mitte fungiert als Verbindung zwischen diesen zwei Welten. Diese Tatsache wird noch deutlicher werden, wenn wir jedes Chakra einzeln untersuchen und feststellen, daß in jedem von uns ein ständiger Kampf zwischen den Bedürfnissen der niederen Chakras und den Erwartungen der höheren stattfindet. Dies bedeutet jedoch nicht, daß die niederen Chakras »schlecht« sind und die oberen »gut«. Ich hoffe, daß es mir im Verlaufe des vorliegenden Buches gelingt, diese falsche Vorstellung aufzulösen. In Wirklichkeit hat auch das unterste Chakra - das erste - einige hohe Frequenzen, die zwar noch im Bereich der Farbe Rot liegen, doch in einem höheren Schwingungsbereich, und sehr machtvoll sind. Es sind die niederen Frequenzen, von denen wir uns lösen wollen, nicht die niederen Chakras.

KAPITEL 3

Was ist eine Aura?

Das Aurafeld: Feld des Lebens

Die erste moderne Beschreibung der Chakra-Energien oder dessen, was wir als Aura oder Aurafeld bezeichnen, wurde von Sir Isaac Newton 1729 in seiner zweiten Schrift über Licht und Farben festgehalten. In dieser Abhandlung spricht Newton von einem »elektromagnetischen« Licht, einem »subtilen, vibrierenden, elektrischen und elastischen Medium«, das erregbar sei *und* Phänomene wie Ablehnung, Anziehung, Erregung und Bewegung zeigte. Newton nahm in dieser Schrift in vielerlei Hinsicht die Theorien vorweg, die von Michael Faraday und James Clerk Maxwell hundert Jahre später entwickelt wurden[34].

Doch erst in diesem Jahrhundert wurde die elektrische Natur des Körpers als wissenschaftliche Tatsache anerkannt. Seit Anfang der dreißiger Jahre verbrachte Dr. Harold Saxton Burr mehr als vierzig Jahre mit der Erforschung der elektrodynamischen bzw. »L-Felder« (das »L« steht für »Leben«). Diese L-Felder wurden bei Menschen, Tieren, Bäumen, Pflanzen, Samenkörnern, Eiern und sogar bei einer der primitivsten Lebensformen, dem Schleimpilz, festgestellt und gemessen[35]. Burr entwickelte die Theorie, daß das L-Feld für die Fähigkeit des Körpers verantwortlich ist, Zellen zu regenerieren, die genauso funktionieren wie diejenigen, die sie ersetzen. Er benutzt den Vergleich mit einer Gelierform: »Wenn eine Köchin eine Gelierform vor sich hat, weiß sie genau, welche Form das Gelee annehmen wird, das sie in diese Form gießt.« Auf die gleiche Weise dient »das elektrodynamische Feld des Körpers als Matrix oder Gußform, welche die Art und Anordnung jedes Materials bewahrt, das in diese Form hineingegossen wird, egal wie oft dieses Material ausgewechselt wird«. Darüber hinaus kann dieses »unsichtbare« und »nicht fühlbare« Feld »die zukünftige Form oder Anordnung der Dinge offenbaren, die es formen wird«.[36] Mit anderen Worten: Eine Abnormität des elektromagnetischen Feldes kann »davor warnen, daß irgend etwas im Körper *aus der Form* geraten ist, manchmal noch vor dem Auftreten tatsächlicher Symptome«.[37] Ein Heiler kann diese elektrodynamischen Inkonsistenzen durch Sehen und Berührung erkennen; auf jeden Fall lassen sie sich durch Meßgeräte feststellen, beispielsweise durch Biofeedback-Geräte. (Biofeedback ist eine Technik des Selbsttrainings mit der Hilfe von elektronischen Instrumenten. Der Zweck dieses Selbsttrainings ist die Erlangung der Kontrolle über und Fähigkeit zur Veränderung unwillkürlicher körperlicher Funktionen, wie zum Beispiel den Blutdruck und Herzschlag. Auch im Bereich bestimmter Emotionen, wie Depression oder Angstzuständen, können mit der Biofeedback-Methode erstaunliche Veränderungen erzielt werden.) Aufgrund einer solchen Vorwarnung ist es möglich, Präventivmaßnahmen zu ergreifen - sowohl durch spezifische medizinische und psychologische Arten der Behandlung als auch durch ein wiederhergestelltes Gleichgewicht der Energien durch verschiedene Arten »übersinnlichen« Heilens.

Im Laufe der letzten zwanzig Jahre haben die Forschungsarbeiten des New Yorker Orthopäden und Chirurgen Robert O. Becker und seiner Kollegen einwandfrei die Beziehung zwischen Regeneration und elektrischen

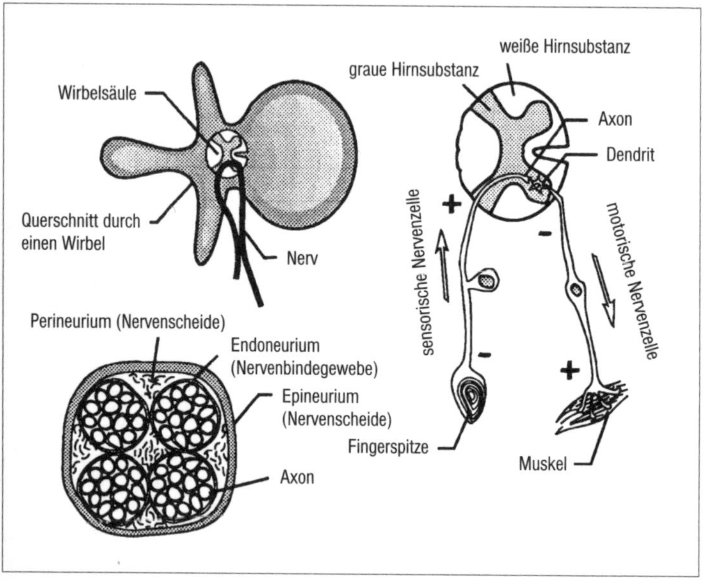

Abb. 20 Fluß der Energie durch die perineuralen Zellen. In der unteren linken Ecke der Abbildung ist ein Querschnitt der Nervenbündel zu sehen.

Strömungen bei Lebewesen nachgewiesen. Der Fluß der Elektronen (der elektrische Strom) durch die perineuralen Zellen des Nervensystems (Zellen, die Nervenfaserbündel aufweisen, die von einer ausgedehnten Schicht Bindegewebe umgeben sind) und das daraus resultierende magnetische Feld beeinflussen die Fähigkeit eines Organismus, Schäden innerhalb des Körpers wahrzunehmen und zu bewerten; dieser Strom elektromagnetischer Energie schafft außerdem in den Zellen die erforderlichen Voraussetzungen, um gesunde Zellen gesund zu erhalten und in geschädigten Zellen einen Heilungsprozeß einzuleiten[38]. Genau diese perineurale Struktur ist auch der Korridor, den Heiler benutzen, wenn sie zum Zwecke der Heilung Energie in den Körper eines Patienten fließen lassen. Sowohl das L-Feld als auch die Regenerationsforschung von Becker haben wissenschaftliches Licht auf die elektromagnetische Natur des menschlichen Körpers und damit auch auf die grundlegende elektromagnetische Natur der Chakra-Energien des Aurafeldes geworfen.

Das Aurafeld ist eine Metapher für das Leben. Mit anderen Worten: Das Energiefeld oder die individuelle Aura, die den Körper eines Menschen umgibt - und die durch die Chakras kreiert und kontrolliert wird -, reflektiert die Art, wie ein Mensch sein Leben tatsächlich lebt; es spiegelt den Fluß seines Lebens wider. Daher ist das Aurafeld mehr als nur ein Symbol für das Leben: Die Aura *ist* Leben.

Schwingung, Farbe und harmonikale Oberwellen (Klang) der Aura

Unsere *Aura* bzw. unser *elektromagnetisches Feld* entsteht durch die Rotation der Chakras. (Eine detaillierte, wissenschaftliche Erklärung elektromagnetischer Strahlung und ihres Spektrums finden Sie im Anhang III.) Während es rotiert, produziert jedes Chakra sein eigenes elektromagnetisches Feld. Dieses Feld verbindet sich dann mit denen anderer Chakras und produziert mit ihnen die Aura. Das Aurafeld eines Menschen manifestiert sich durch eine Kombination der Energien dreier Chakras. Im allgemeinen handelt es sich dabei um das erste, dritte und fünfte Zentrum, die dem physischen, intellektuellen und ätherischen Körper entsprechen. Die Kombination dieser drei Chakras erzeugt das *primäre Aurafeld* (die innere Schale der Aura), die man spüren kann, wenn man mit der Hand über den Körper eines Menschen streicht. Jemand, der sensibel genug ist, kann auch das *sekundäre Aurafeld* (die äußere Schale) fühlen. Dieses sekundäre Aurafeld entsteht durch die Interaktion aller sieben Chakras.

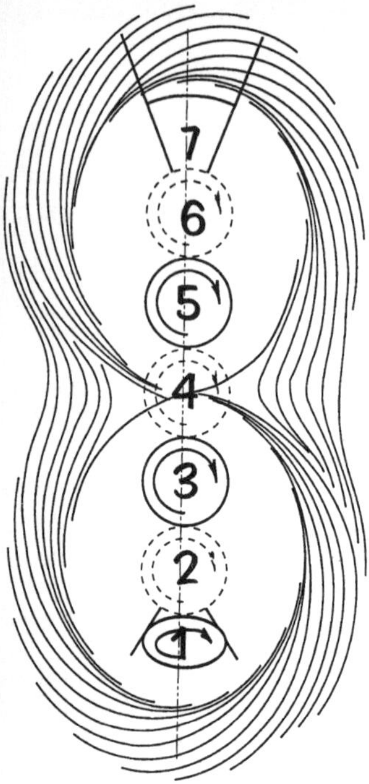

Abb. 21 Die Erzeugung des primären Aurafeldes. Eine Kombination von Energien der Chakras 1, 3 und 5 erzeugt die innere Hülle der Aura.

Die Drehung der einzelnen Chakras erzeugt Energie, deren Frequenz ausschlaggebend ist für die Farbe des jeweiligen Chakras. Die Menge bzw. die Intensität der von einem Chakra oder einer Gruppe von Chakras erzeugten Energie bestimmt, welche Farbe in der Aura vorherrscht.

Schwingung, Farbe und *Klang* stehen in einer Wechselbeziehung zueinander und stellen eine Möglichkeit dar, die *Frequenz* der Energie im Aurafeld zu ermitteln oder zu steuern. Wenn ein Heiler Energie auf einen Patienten überträgt, spürt er häufig eine Schwingung in seinen eigenen Muskeln, während der Patient eine ähnliche Vibration in seinem Körper spürt. Diese Schwingungen stehen in direkter Beziehung zur Farbe der übertragenen Energie. Auf diese Weise kann der Heiler die Farbe der Energie, die auf den Klienten übertragen wird, kinästhetisch spüren (und sie dadurch erkennen, ohne sie zu »sehen«). Einige Heiler sind in der Lage, den Klang der übermittelten Farbe zu hören (»Hellhören« entsprechend dem »Hellsehen«). Auf diese Weise können sie erkennen, welche Farbenenergie sie auf den Klienten übertragen. Abgesehen vom »Fühlen« und »Hören« der Farbe ist es Hellsehern außerdem möglich, Energien und Aurafelder zu sehen. Als Erklärung sei erwähnt: Wenn hier von der Farbe einer Energie gesprochen wird, so ist damit nicht nur das sichtbare Lichtspektrum gemeint, sondern auch die für das menschliche Auge normalerweise nicht sichtbaren Frequenzbereiche: Röntgen- und Gammastrahlen, ultraviolette Strahlen, Infrarotstrahlen und Mikrowellen gehören allesamt zu dieser Kategorie der Energiefarben. Wenn Hellseher das Aurafeld sehen, so »lesen« sie einen oder mehrere dieser Frequenzbereiche (siehe Anhang III, Abbildung 103).

Das Aurafeld besteht aus verschiedenen Farbschichten, die manchmal als *harmonikale Oberwellen* bezeichnet werden. Mit anderen Worten: Für Menschen, die Auren sehen können, erscheint sie zum einen in Form eines Farbmusters in unmittelbarer Körpernähe sowie eines weiteren Farbmusters in etwas größerem Abstand zum Körper usw. Es verhält sich damit in etwa so wie mit dem Regenbogen jenseits des Regenbogens, den der junge Krieger auf der Mesa sehen lernte.

Die jeweilige Farbe der einzelnen Chakras ist ihrerseits aus verschiedenen Frequenzbereichen innerhalb des Bereichs dieser Farbe zusammengesetzt. Da Farbe, Schwingung und Klang in gleicher Weise zur Bestimmung einer Frequenz dienen, könnte ein Vergleich aus der Musik zum Verständnis der harmonikalen Oberwellen beitragen. Man spricht in der Musik von Obertönen und meint damit über dem eigentlichen Grundton liegende Schwingungen, die auftreten, wenn man auf einem Instrument einen Ton erklingen läßt. Beispielsweise ist der erste Oberton des mittleren Klavier-C das eine Oktave darüber liegende C; der nächste Oberton ist die Quinte über dem C der Oktave; der nächsthöhere Oberton ist die Terz über jener Quinte, worauf wieder eine Quinte folgt usw.

Wenn auf dem Klavier ein Ton angeschlagen wird, setzt sich die dem Ton entsprechende Klangwelle in Bewegung. Die Resonanz dieser ersten Welle versetzt ihrerseits andere, mathematisch gleichwertige Töne in

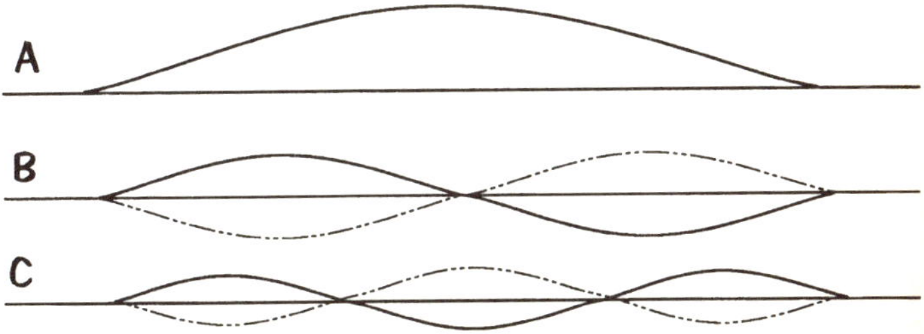

Abb. 22 Die Obertöne einer schwingenden Saite.
A: Schwingung einer freischwingenden Saite (die Grundfrequenz).
B: Wenn die Saite so abgedämpft wird, daß sie in zwei Abschnitte von gleicher Länge geteilt wird, verdoppelt sich die Grundfrequenz, wodurch der erste Oberton entsteht.
C: Wird die Saite so abgedämpft, daß drei Abschnitte von gleicher Länge entstehen, so verdoppelt sich die Grundfrequenz noch einmal, wodurch der zweite Oberton entsteht.

Schwingung. Wenn wir eine Klaviertaste langsam herunterdrücken und festhalten, ohne daß ein Klang entsteht, und anschließend die Taste anschlagen, die eine Oktave darunter liegt, so wird der Ton der nicht angeschlagenen Taste zum Klingen gebracht. Die heruntergedrückte Taste ist der erste Oberton der unteren, den man auch als *Grundton* bezeichnet. Der zweite Ton schwingt, weil seine natürliche Frequenz (im Schwingungszyklus pro Sekunde gemessen) durch eine Komplementärfrequenz im ursprünglich angeschlagenen Ton in Bewegung gesetzt wird. Dieses Phänomen wird als *harmonische* oder *sympathische Schwingung* (Oberton) bezeichnet. Die Schwingungsfrequenz jedes Obertons (auch hier gemessen in Schwingungszyklen pro Sekunde) ist ein Vielfaches des Grundtons.

Die von Frau Dr. Hunt an der Universität von Kalifornien durchgeführten Untersuchungen setzen Klang mit Farbe in Beziehung; Schwingung und Farbe stehen in einer direkten Korrelation zueinander. Darüber hinaus ist es uns mit den uns zur Verfügung stehenden Apparaturen gelungen, bis heute sieben harmonikale Oberwellen bzw. variierende Frequenzbereiche von Klang, Schwingung und Farbe jedes Chakras zu messen. (Es ist möglich, daß es noch wesentlich mehr Oberwellen gibt.[39])

Die Frequenzen der sichtbaren Farbe und der Aurafarbe stehen in einer Obertonbeziehung zueinander; Aurafarben können niedere oder höhere Oberschwingungen sichtbarer Farben sein. Nehmen wir das Beispiel einer Frau, die eine rote Bluse trägt. Die rote Bluse reflektiert die normal sichtbare Farbe Rot, die in diesem Zusammenhang nichts weiter als ein Farbton ist, ein Pigment. Wenn wir die Farbe Rot jedoch in der *Aura* der Frau sehen, könnte diese Farbe entweder auf Schmerz oder Wut hindeuten. Diese beiden Rottöne in der Aura sehen zwar gleich aus, sind es aber nicht. Die unteren zwei oder drei Oberschwingungen der Farbe Rot weisen auf Schmerz im physischen Körper hin. In den höheren Oberschwingungen existiert zwar der gleiche Antrieb oder die gleiche Handlung, die Schmerz in einem Menschen verursachen können, doch handelt es sich hier nicht um den Schmerz selbst. Zumindest handelt es sich nicht um körperlichen, sondern eher um einen existentiellen Schmerz. Es kann aber auch sein, daß durch diese Rottöne Wut oder Zorn ausgedrückt wird.

Je langsamer die von unserem Körper vermittelten Frequenzen oder Oberschwingungen werden, um so stärker beziehen sie sich auf den Bereich des Physischen. Beschleunigen sich die Frequenzen dieser Energie, so befinden wir uns in einem spirituelleren, weniger physischen Bereich. Es besteht ein Kontinuum von den niedrigen zu den hohen Frequenzen, und in der Esoterik versuchen wir, die feineren, höheren Frequenzen (Schwingungen) zu übermitteln und aufrechtzuerhalten.

Energie: Die Grundkomponente des Körpers

Das einzige, was unseren Körper beeinflußt, ist die Art der Energie, der er ausgesetzt ist. Wenn wir den Körper als Energie verstehen und alles, was den Körper beeinflußt, entsprechend einem Energiemodell betrachten, beginnen wir, die Beziehung zwischen Chemikalien und Körper, Licht und Körper, Klang und Körper sowie auch die Beziehung zwischen uns selbst und anderen zu begreifen. Dieses Modell hilft uns, den Körper nicht mehr nur als einen einfachen Verbrennungsmotor zu betrachten, der lediglich Nahrung und Wasser braucht, um seine Funktion erfüllen zu können. Damit gelangen wir zu einem subtileren Verständnis des elektrochemischen Energie-Produktions- oder -Reduktionswertes nicht nur der Nahrungsaufnahme, sondern aller Dinge, die wir in uns aufnehmen. Wir werden ebenso beeinflußt durch Luftverschmutzung, Lärmbelästigung oder »kommunikative Verschmutzung«. Sind wir lange genug negativen Energien ausgesetzt, so kann sich dies schädlich auf unsere Gesundheit auswirken, sowohl auf unsere physische als auch auf unsere emotionale, mentale und spirituelle Gesundheit. Gifte beispielsweise verändern die Beziehung der Neuronen im Körper und legen große Bereiche des Nervensystems lahm. Pestizide verursachen Schäden und Mutationen im Körper, indem sie den Prozeß der Übermittlung genetischen Materials und dadurch die DNS-Steuerung des Körpers verändern. Wenn wir also Nahrung zu uns nehmen, die mit Pestiziden behandelt worden ist, wird die Ge-

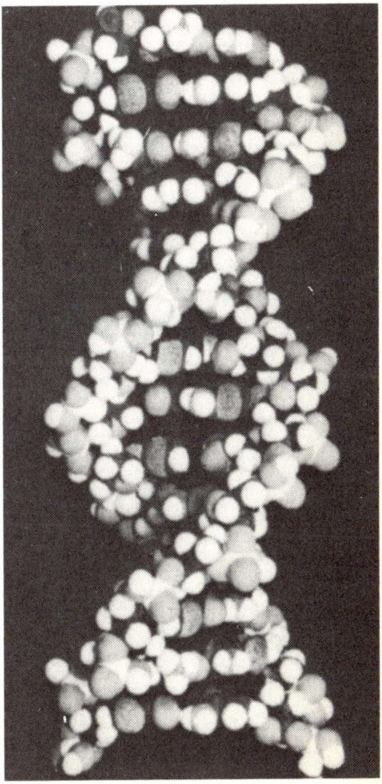

Abb. 23 DNS-Molekül. Modell aus Bällen und Stäben. Beachten Sie, wie die DNS-Spirale dem aufwärts gerichteten Fluß der Energie durch das Chakrasystem entspricht.

fahr, daß wir mutierte Zellen produzieren, größer, als wenn wir derart verseuchte Nahrung meiden. Überdies ist die Gefahr für die uns nachfolgenden Generationen sogar noch größer.

Wenn wir untersuchen, wie die Energien der Chakras im Aurafeld interagieren und wie sie sich auf die Körperprozesse auswirken, lernen wir zu begreifen, wie diese Energien das Wachstum und die Funktion jedes Körperteils beeinflussen.

Es gab einmal eine Zeit, in der man glaubte, einen bestimmten Teil des Körpers zu verlieren bedeute, daß der Körper die Funktion dieses Teils nie mehr erfüllen könnte. Während der fünfziger und sechziger Jahre pflegte man Patienten, deren Gallenblase operativ entfernt worden war, zu sagen, sie würden nie mehr normal essen können. Dennoch gibt es heute weltweit viele Menschen, die zwar keine Gallenblase mehr haben, die aber trotzdem normal essen und ihre Nahrung verdauen. Wie ist das möglich? Das liegt daran, daß diese Menschen im Bereich der Gallenblase soviel Energie haben, daß ihr Körper auch mit weniger Gallenflüssigkeit noch in der Lage ist, die Nahrung in verwertbare Bestandteile zu zerlegen. Folglich können diese Menschen weiterhin Nahrung verdauen. Anders ausgedrückt bedeutet dies, daß das Organ selbst weniger wichtig ist als die Energie, aus der es besteht. Nicht das Organ, nicht die Zelle, sondern Energie ist die grundlegende Komponente des Körpers.

Die identische Natur der Chakras

In der Literatur über die Chakras[40] wird immer wieder darauf hingewiesen, daß die Chakras »offen« sein müssen. Ein Chakra kann jedoch in Wirklichkeit weder geöffnet noch geschlossen werden. Dennoch werden diese Begriffe häufig benutzt, um darauf hinzuweisen, daß ein bestimmtes Chakra zu einer bestimmten Zeit eine größere oder geringere Menge Energie produziert. Wenn man von einem »blockierten« Chakra spricht, so bedeutet dies, daß der Energiefluß in diesem Chakra eingeschränkt ist. In jedem Fall jedoch ist ein Chakra immer da, immer in Bewegung. Es dreht sich unaufhaltsam, wie es sich aufgrund seiner jeweiligen Sicht der Wirklichkeit drehen will.

Wie bereits erwähnt, ist jedem Chakra eine besondere Sichtweise eigen. Nach der hermetischen Tradition - »wie oben, so unten« - sind jedoch alle Chakras wesensmäßig identisch. Unsere Forschungen[41] haben gezeigt, daß sie alle gleich groß sind und mehr oder weniger die gleiche Form haben. Und am wichtigsten: Jedes Chakra besitzt, wenn nicht die

Essenz, so doch eine Matrix bzw. ein Netzwerk, das es auch anderen Chakras ermöglicht zu existieren. Dem ersten Chakra zum Beispiel ist es relativ gleichgültig, ob es noch andere Chakras gibt. Der Bewußtseinszustand, der diesem Chakra entspricht, ist Zufriedenheit damit, an und für sich zu sein. Es gibt jedoch ein Netzwerk, welches das »andere« (die Sicht des zweiten Chakras) berücksichtigt, das in ihm enthalten ist. Einfach ausgedrückt ist jedes Chakra zwar einzigartig, vermag jedoch potentiell mit jedem anderen Chakra zu interagieren; jedes Zentrum hat sowohl seine eigene Sicht als auch die Struktur für eine Sichtweise, die sich von der seinen deutlich unterscheidet.

Die Bedeutung dieses Netzwerkes bei der Behandlung von Krankheiten besteht darin, daß es keine Rolle spielt, auf welches Chakra sich ein Heiler bei seinem Klienten konzentriert; die Krankheit wird in jedem Fall geheilt, wenn der Heiler das betreffende Chakra lange genug mit Energie versorgt, da alle anderen Chakras sich im Laufe des Heilungsprozesses mit dem behandelten sofort in Einklang bringen. Wenn ich gefragt werde: »Was geschieht, wenn ein Heiler so unsensibel ist, daß er das dritte Chakra behandelt, obwohl das Problem eigentlich beim ersten Chakra liegt?«, lautet meine Antwort: »Die Heilung kann trotzdem wirksam sein. Denn wenn man sich auf das dritte Chakra konzentriert, wird das erste ebenfalls gezwungen, seine Funktion zu erfüllen.«

Die Lage der Chakras

Die sieben Hauptchakras liegen entlang einer Zentralachse, die parallel zur Wirbelsäule des physischen Körpers verläuft (siehe Abbildung 24). Traditionell wird jedem Chakra ein bestimmter Platz auf dieser Achse zugeschrieben.

Das erste Chakra befindet sich demnach zwischen dem unteren Ende der Wirbelsäule und dem Schambein. Das zweite Chakra liegt hinter und unmittelbar unterhalb des Nabels. Das dritte Chakra liegt in dem umgekehrten V, das der Brustkorb an seinem unteren Ende bildet. Bei den meisten Menschen in der westlichen Hemisphäre ist das dritte Zentrum etwas zu weit nach links verschoben, so daß es näher an der Bauchspeicheldrüse liegt als im Zentrum des Körpers. Das vierte oder Herz-Chakra liegt in der Mitte der Brust; das fünfte befindet sich am Kehlkopf. Das sechste Chakra, das auch als drittes Auge bezeichnet wird, hat seinen Sitz zwischen den Augenbrauen; und das siebte, das nach oben gerichtete Kronenchakra, liegt am Scheitel des Kopfes. Die ersten drei Chakras werden oft als die »niederen Chakras« oder die »niederen Zentren«

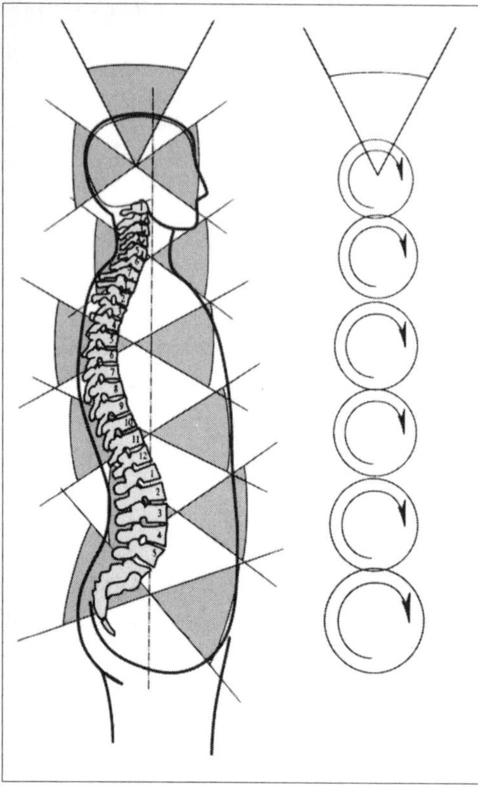

Abb. 24 Lage der Chakras im Verhältnis zur Wirbelsäule und zur Vorderseite des Körpers.

bezeichnet, während das vierte Chakra »Punkt des Übergangs« oder »transformierendes Zentrum« und die drei darüberliegenden Chakras die »oberen Chakras« oder »oberen Zentren« genannt werden.

Der aufwärts gerichtete Energiefluß durch die Chakras

Wenn ein Stimulus in den Körper eintritt, wird er im ersten Chakra registriert. Die Reaktion besteht in einer Veränderung des elektromagnetischen Feldes des ersten Chakras, die einen Energiestrom in das zweite initiiert, der von da aus in das dritte fließt und dann ins Herzchakra. Bei vielen von uns ist das Herzchakra das Zentrum, an dem dieser Energiestrom aus dem Aurafeld absorbiert oder abgeleitet wird. Das Herzchakra ist außerdem einer der Bereiche im Körper, in dem am häufigsten Verspannungen auftreten; auch Nacken- und Schulterprobleme beginnen meistens auf der Rückseite des Herzchakras. Wenn die Energie jedoch nicht abgeleitet und absorbiert wird, sobald sie in das Herzzentrum eintritt, kann sie dann durch das fünfte in das sechste und schließlich aus dem siebten bzw. dem Kronenchakra austreten.

Dieser Prozeß des Fließens der Energie von einem Chakra ins nächste ist sehr wichtig. Die Quelle der Energie, die sich durch den ganzen Körper bewegt, liegt im Magnetfeld der Erde, das durch das elektromagnetische Feld des betreffenden Körpers beeinflußt und modifiziert wird. Andere philosophische Sichtweisen behaupten, daß die Quelle dieser Energie das Universum ist. Meiner eigenen Erfahrung nach ist jedoch das Magnetfeld der Erde die wichtigste Kraftquelle, die durch unser Chakrasystem strömt und dabei entweder zu unserem Wohl oder zu unserem Schaden verarbeitet wird.

Wenn Energie durch die Füße in unseren Körper eintritt und aufwärts zum ersten Chakra fließt, so bewegt sie sich von den Oberschenkeln zum Steißbein, wobei die Energie in einem Winkel abwärts und vorwärts gedreht wird (siehe Abbildung 25).

Somit ist das erste Chakra in Wirklichkeit nicht nach vorne gerichtet, sondern wir sitzen praktisch drauf. Ebensowenig ist es dem Kronenchakra vergleichbar, das parallel zur Erdoberfläche und senkrecht zu den anderen fünf

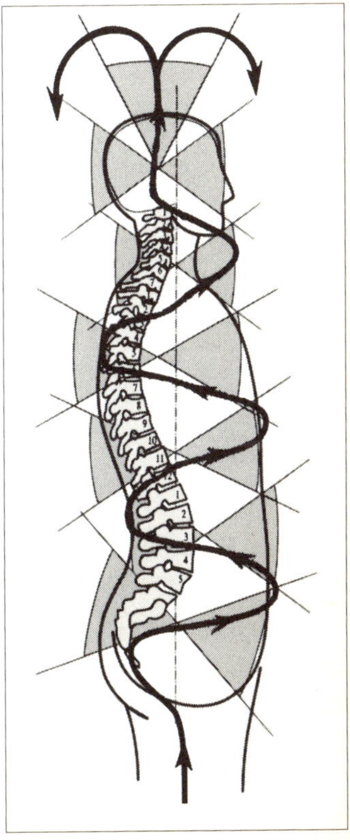

Abb. 25 Aufwärtsfluß der Energie durch die Chakras.

Chakras steht. Bei der Meditation werden wir immer dazu angehalten, die Wirbelsäule flexibel, doch gerade zu halten, weil wir uns in dieser Haltung frei bewegen und den richtigen Winkel des ersten Chakras lokalisieren können.

Wenn Energie das erste Chakra verläßt, wird sie in das zweite hineingezogen, bei dem sie unterhalb des Nabels eintritt. (Die meisten von uns haben an dieser Stelle eine kleine Fettrolle.) Danach bewegt sie sich in einer Kurve zur Taille weiter. Auf diese Weise verläuft der Winkel des Energiestromes auf der Vorderseite in einem flachen, auf der Rückseite in einem hohen Bogen.

Als nächstes fließt die Energie an der Wirbelsäule entlang aufwärts und aus der Rückseite der Nebennierenrinde, wo das dritte Chakra sie nach vorne zieht. An dieser Stelle bewegt sich bei den meisten Menschen in der westlichen Welt die Energie nach links auf die Bauchspeicheldrüse zu; von dort fließt sie dann aus dem Körper heraus. Das Herzchakra muß dann um so härter arbeiten, um die Energie wieder in den Körper hineinzuziehen. Ein Großteil der Schwierigkeiten, die unsere Kultur bei der »Öffnung« des Herzchakras hat, ist das Resultat des Kraftverlustes auf dem Weg von der linken Körperseite zum Herzen. Wenn die Energie direkt den Körper hinauffließen könnte, wie es eigentlich der Fall sein sollte, wäre das Herzchakra wesentlich besser in der Lage, diese Energie zu sammeln und wieder nach innen zu ziehen.

Wenn die Energie das Herzchakra wieder verläßt, tritt sie durch den hinteren Teil des Zentrums aus, prallt von der Wirbelsäule ab, richtet sich wieder nach vorne und wird dann in die Thymusdrüse hineingezogen. Danach fließt sie aufwärts in den Kehlkopf, wo sie sich in Form von Sprache manifestieren kann.

Daraufhin fließt die Energie weiter in das sechste Chakra, das auch als das dritte Auge bezeichnet wird. Von alters her haftet diesem Zentrum etwas »Geheimnisvolles« an. Fast jeder wird mir zustimmen, daß am physischen Sehen nichts besonders Geheimnisvolles ist: Die Augen sehen. Für einige Menschen mag jedoch übersinnliches Sehen etwas Mysteriöses sein, was es jedoch nicht ist. Das dritte Auge sieht ebenfalls; es ermöglicht uns verschiedene Arten der Wahrnehmung. Es erlaubt uns, übersinnlich zu sehen. Es sollte uns außerdem ermöglichen, das zu sehen, *was tatsächlich ist*, und nicht nur das, was unserer individuellen, begrenzten Sichtweise entspricht. Wir neigen dazu, das zu »sehen« oder »aufzunehmen«, was sich in unserem Energiefluß befindet, was von unserem eigenen Energiefeld gespiegelt wird, was »auf unserem Weg liegt«. Oft ist es uns nicht möglich, das ganze Bild zu erkennen; wir konzentrieren uns lieber auf individuelle statt auf universelle Probleme. Auf diese Weise sehen wir durch ein »dunkles Glas« (1. Korinther, 13:12). Das dritte Auge erlaubt uns eine klarere, umfassendere Sicht der Wirklichkeit.

Nachdem der Energiefluß in das dritte Auge eingetreten ist, berührt er die Hypophyse (Hirnanhangdrüse), wird von der Zirbeldrüse reflektiert und strömt durch den obersten Punkt des Schädels (das Kronenchakra) aus (siehe Abbildung 25). Dieses Muster gilt, wenn der Energie gestattet wird, hochzufließen und auszutreten. Wenn man sich jedoch entscheidet, etwas mit dieser Kraft anzufangen, wird der Energiestrom von der Zirbeldrüse reflektiert, bevor er die Hirnanhangdrüse erreicht, wonach er durch das dritte Auge austritt, wo er sich dann manifestieren kann. (Die alten Ägypter symbolisierten diese Bewegung in ihren Darstellungen einer angriffsbereiten Kobra. Dieses Bild wurde auf verschiedenen ägyptischen Tempelreliefs gefunden, wie zum Beispiel im Tempel Sethos I. in Abydos.)

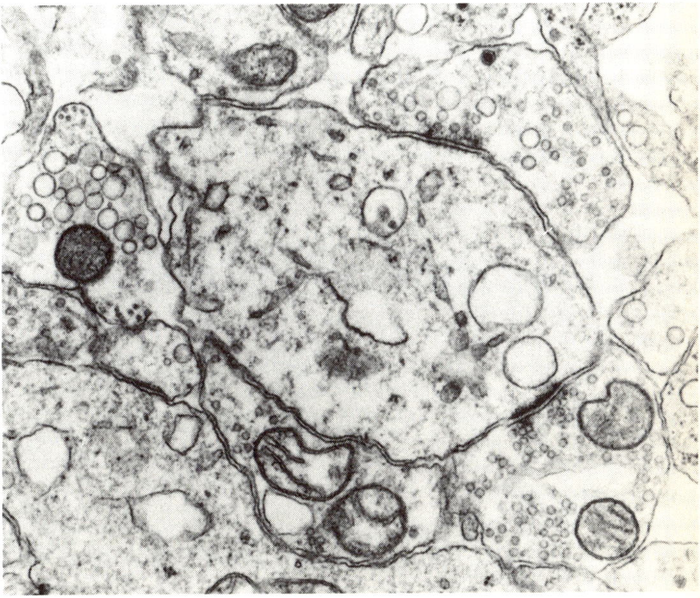

Abb. 26 Synapse. Zwei Axone, die an einem Dendriten enden. Der Dendrit ist die große Zelle in der Mitte, die von Axonen umgeben ist. Synaptische Bläschen (Vesikel) enthalten Neurotransmitter.

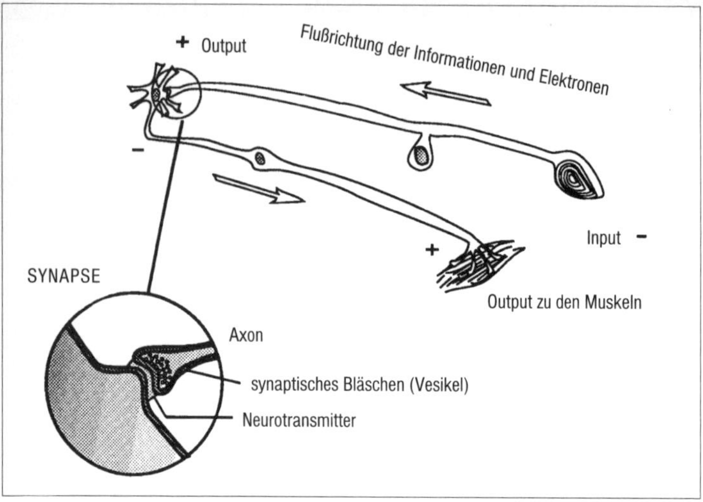

Abb. 27 Die Funktion einer Synapse. Das Axon ist der Ausgangspunkt, an dem die synaptischen Bläschen ständig bereit sind, mit Hilfe der Neurotransmitter Information zu einer Empfangsstelle zu leiten, die zu einem anderen Axon, einer Zelle oder einem Dendriten gehören kann. Neurotransmitter können Reaktionen im Nervensystem sowohl hemmen als auch auslösen.

Das siebte Chakra wird oft als Diamantlotus oder als tausendblättriger Lotus bezeichnet[42]. Es ist eine Stelle, an der sich viele Synapsen im Gehirn befinden. (Synapsen stellen die Verbindung zwischen Nervenzellen - Neuronen - her. Die Anzahl der Synapsen innerhalb des Gehirns und Rückenmarks beeinflußt direkt unsere Fähigkeit, Gefühlseindrücke und Erinnerungen zu integrieren und zu modifizieren, damit eine erwünschte Reaktion eintritt. Siehe Abbildungen 26 und 27).

Das Aurafeld bewegt sich normalerweise in Energie»schüben«, die im allgemeinen ca. sieben bis zehn Zentimeter voneinander entfernt sind. Beispielsweise kreist die Energie des Fußes um den Knöchel, fließt anschließend zurück durch die Wade, dann durch das Knie nach außen und so weiter durch den gesamten Körper. Dieser Schlangentanz des Aurafeldes durch den Körper und die Chakras führt zu einer sehr komplexen Interaktion mit den neuro-physiologischen Körpersystemen.

Die Drehrichtung der Chakras

Wenn Energie in den Körper eintritt, bewegt sie sich aufwärts von einem Chakra zum nächsten. In manchen Fällen jedoch geht die Energie verloren, bevor sie alle Chakras durchlaufen hat. Im allgemeinen dreht sich ein gesundes, richtig funktionierendes Chakra im Uhrzeigersinn (wenn man die betreffende Person von vorne sieht), wodurch die Energie aufwärts zum nächsten Chakra gezogen wird. (In Gebieten unterhalb des Äquators drehen sich gesunde Chakras *gegen* den Uhrzeigersinn.) Wenn die Energie auf ein Chakra trifft, das sich entgegen dem Uhrzeigersinn dreht, so wird sie aufgelöst oder dem System entzogen. Manchmal scheint sich ein Chakra überhaupt nicht zu drehen. Dies deutet häufig auf eine Schwäche des betreffenden Zentrums hin, die den Energiefluß blockiert. Gelegentlich kommt es auch vor, daß ein Chakra sich nicht im Kreis, sondern ellipsenförmig dreht. Wenn zum Beispiel die Bauchspeicheldrüse (Pankreas) in ihrer Funktion eingeschränkt ist, hat das dritte Chakra statt einer runden eine elliptische Erscheinungsform. Bei einer Funktionsstörung der Lymphgefäße können alle Chakras im lymphatischen Bereich eine elliptische Form aufweisen. Wenn eine Person müde und erschöpft ist, nimmt häufig das Herzchakra eine elliptische Form an; bei energetischen Störungen jedweder Art nimmt das betreffende Chakra die gleiche Form an. Ist hingegen ein Organ ernstlich geschädigt oder krank, so dreht sich das mit ihm in Verbindung stehende Chakra entgegen dem Uhrzeigersinn.

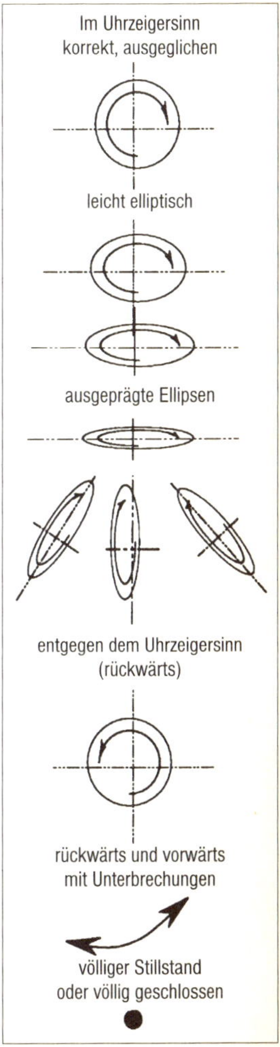

Abb. 28 Drehrichtung der Chakras. Diese zeigen ungesunde Muster an, die durch die Aura korrigiert werden können.

So weisen also die *Drehrichtung*, die *Form* und der *Durchmesser* eines Chakras auf seine Energie und den Gesundheitszustand der ihm entsprechenden oder an das Chakra angrenzenden Organe hin. Manche Heiler können diese Bewegung ebenso sehen wie die Aura; andere spüren sie taktil oder nehmen sie durch ihr Einfühlungsvermögen in ihrem eigenen Körper wahr.

Benutzt man ein Prisma oder Kristall als Pendel, so kann man damit die Drehrichtung eines Chakras ermitteln. Dies ist möglich, weil Kristalle hochwirksame Energie-Überträger sind. (Sie können das sich bewegende elektromagnetische Feld eines Chakras in eine genaue Strömung bringen.) Hält man ein Kristall über das Chakra einer liegenden Person, wird die Energie des sich drehenden Chakras das Kristall dazu veranlassen, entsprechend den Drehbewegungen des Chakras zu schwingen. Die Bewegung im Chakra wird durch das Kristall genau nachvollzogen: entweder kreisförmig, entsprechend oder entgegengesetzt dem Uhrzeigersinn, elliptisch oder manchmal einfach nur flach (vor und zurück).

Es gibt noch eine andere wichtige Erklärung für die umgekehrte Drehrichtung eines Chakras. Der Mond- bzw. der Menstruationszyklus bewirkt, daß der zentrale Meridian bei einer Frau jeden Monat neun Tage lang seine Richtung umkehrt. In dieser Zeit drehen sich einige ihrer Chakras - normalerweise jedes zweite - rückwärts. Dies muß nicht unbedingt auf eine gesundheitliche Störung oder eine Krankheit hindeuten. Vielmehr ist diese Zeitspanne eine Zeit der Elimination, in der die Frau

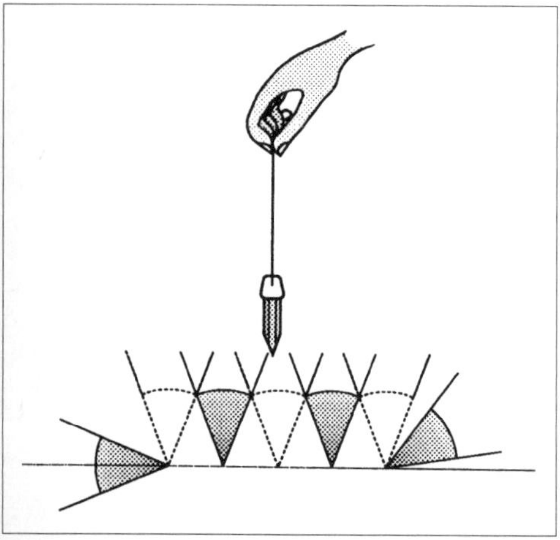

Abb. 29 Pendel. Kristallpendel eignen sich besonders gut, um die Drehrichtung der einzelnen Chakras zu ermitteln.

sich auch von Konzepten, Ideen und schlechten Gefühlen sowie von allen möglichen Arten von Unreinheiten trennt, die zugleich mit dem Blut ausgeschieden werden.

Nicht nur Frauen, auch Männer haben diesen 28tägigen Zyklus. Der männliche Zyklus ist zwar nicht physiologischer Natur, aber er hat ebenso wie bei der Frau eine regenerative Funktion. Männer werden in den westlichen Kulturen nicht dazu erzogen, diesen Regenerationszyklus für sich zu nutzen. Während dieser Zeit kehrt sich bei Männern und Frauen der Energiefluß um, und dies mag auch für ihre Chakras gelten. Idealerweise sollten zum Zwecke der Zeugung die Energiezyklen bei beiden Partnern gleichzeitig abwärts fließen.

Frequenzveränderung: Interaktion zwischen den Chakras

Obwohl es theoretisch interessant sein mag, sich vor allem mit einem Chakra zu beschäftigen, darf man nicht vergessen, daß kein Mensch allein durch die Aktivitäten eines einzelnen Chakras bestimmt wird; jeder von uns existiert durch die Interaktion vieler Chakras. Indem wir unsere Aufmerksamkeit auf das eine oder andere Chakra konzentrieren, begrenzen wir uns auf eine einzige Sicht der Welt. In Wahrheit geschieht nichts *in* einem Chakra - es ist lediglich ein Ausgangspunkt. Das Entscheidende ist die Wirkung der Energie, die *durch* ein Chakra fließt. Wenn ein Energiestrom (ein sensorischer Eindruck, eine Idee usw.) auf die Energie eines sich drehenden Chakras trifft, so wird sie aufwärts gezogen. Es ist diese Dynamik, die Energie von Chakra zu Chakra bewegt.

Während es sich dreht, kreiert jedes Chakra - einem einzigartigen, elektromagnetischen Generator vergleichbar - eine bestimmte Frequenz, die dann als Farbe erscheint, die nur diesem Chakra zu eigen ist. Da jedes Chakra eine andere Farbe aussendet, müßten im Idealfall alle Farben in unserer Aura präsent sein. Dennoch schaffen wir es leider meistens irgendwie, alle sieben individuellen Chakrafarben zu einer einzigen Farbe zu vermengen: Gelb.

Wenn das Chakrasystem optimal funktioniert, besteht eine besondere mathematische Beziehung zwischen den Frequenzen der Chakras: Sie werden höher, je weiter wir uns im Chakrasystem nach oben bewegen. Dieses Phänomen wurde nicht nur im Labor bestätigt[43], sondern wird schon in den indischen Veden erwähnt und in anderen alten Texten, wo es als »das Vielfache«[44] bezeichnet wird.

Dieser Frequenzwechsel ermöglicht die Unterscheidung der verschie-

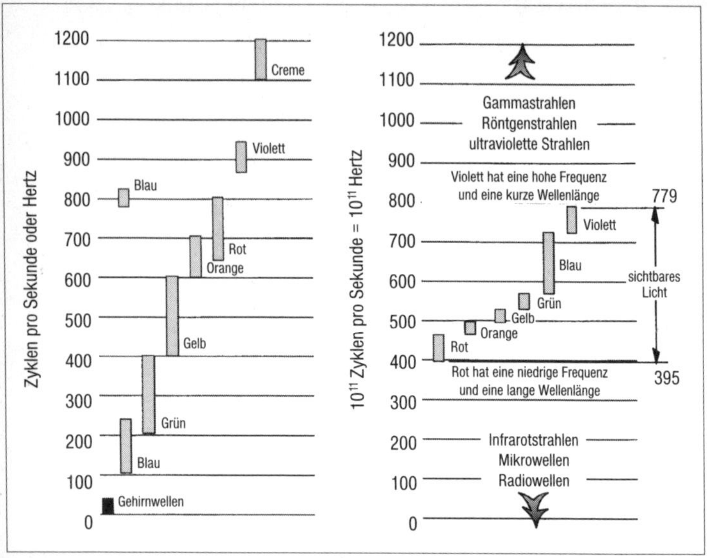

Abb. 30 Aurisches und sichtbares Licht. Die Frequenzen, die bei der Rolf-Studie aufgenommen wurden, verglichen mit den Sequenzen des sichtbaren Lichts.

denen Bewußtseinszustände. Zwischen der physischen Empfindung des ersten Chakras und den Gefühlen des zweiten liegt ein Sprung; der Sprung von diesen Gefühlen zu den Ansichten des dritten Chakras ist schon größer; und die Meinungen des dritten Chakras sind von jener zweiten Art von Gefühlen, die im Herzchakra beheimatet sind, schon sehr weit entfernt. Während die Energie sich auf diese Weise durch den Körper bewegt, wird sie durch die mehrmalige Frequenzerhöhung zahlreichen Veränderungen unterworfen. Dies ermöglicht eine Art von Komplexität, über die wir in der Regel nicht nachdenken, sondern als selbstverständlich hinnehmen.

Die Beziehungen zwischen den Chakras

Aufnahme und Abgabe von Energie

Jedes Chakra bezieht sich auf die anderen Chakras in verschiedener Weise. Eine dieser Beziehungen ist die der *Polarität*. Ein Chakra kann *po-*

sitiv oder *negativ* geladen sein. Jene Chakras, die Energie aus der Vorderseite des Körpers austreten lassen, werden *Abgabechakras* genannt und haben eine positive Polarität. Diejenigen, in die Energie hineinfließt, werden *Aufnahmechakras* genannt und sind dem negativen Pol zugeordnet. Jedes positiv geladene Chakra ist mit den anderen positiv geladenen Zentren verbunden; das gleiche gilt für die negativ geladenen. Wenn beispielsweise Energie durch das System aufwärts ins vierte Chakra (Aufnahme) fließt, wird sie sich sofort mit dem zweiten und sechsten Chakra verbinden (die ebenfalls Aufnahmechakras sind). Auf diese Weise haben die jeweils oberen Zentren der positiven und der negativen Polarität Zugang zu den niederen Chakras der gleichen Polarität und umgekehrt.

Nicht nur in ihrer Polarität, sondern auch in ihrer Funktion - Aufnahme und Abgabe - stehen die Chakras in Beziehung zueinander. Eine Meinung im dritten Chakra ist mit dem fünften (Sprechen, Ausdruck) verbunden, sobald man eine Meinung ausspricht. Die Zentren zwei, vier und sechs (allesamt Aufnahmechakras) stehen in einer Beziehung zueinander, und die Chakras eins, drei, fünf und sieben (die Abgabechakras) ebenfalls. In den meisten Fällen verbindet sich ein Aufnahmechakra mit den beiden übrigen Aufnahmezentren, und ein Abgabechakra mit den anderen Abgabechakras. Wenn wir eine Veränderung vornehmen wollen, füllen wir die aktiven Abgabechakras mit Energie, wodurch wir Konzepte oder Ideen durch sie hindurchbewegen. Wenn wir andererseits ein angenehmes oder vertrautes Gefühl aufrechterhalten wollen, füllen wir normalerweise die Chakras zwei, vier und sechs mit Energie. Durch das Aufladen bestimmter Chakras mit Energie einerseits

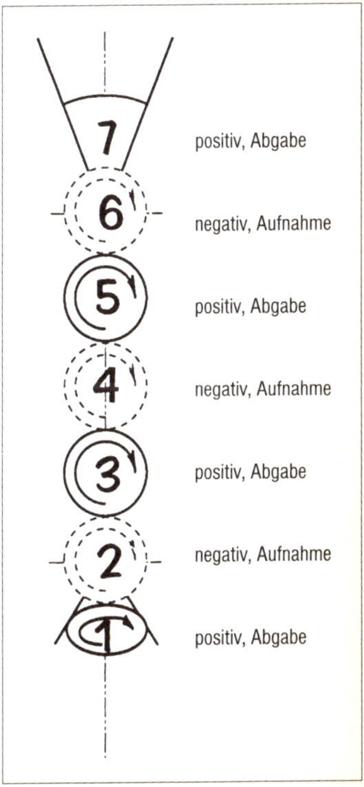

Abb. 31 Chakrapolarität.

und durch bewußtes Auslassen anderer Chakras andererseits können wir unsere Erfahrensweise beeinflussen.

Farbgegensätze, Farbtherapie und Stärkung durch Gegensätze

Die wohl ältesten Schriften, die sich mit den Chakrafarben befassen, sind die *Upanischaden*. Obgleich sich die Experten nicht ganz einig sind, welche Farbe welchem Chakra zuzuordnen ist, herrscht allgemeine Übereinstimmung darüber, daß die Chakrafarben dem Regenbogenspektrum entsprechen. Traditionell ist das erste Chakra rot, das zweite orange, das dritte gelb, das vierte grün; das fünfte strahlt blau, das sechste ist violett und das siebte weiß. Unsere Chakras weisen nicht zu jedem Zeitpunkt in unserem Leben die ihnen zugeordnete Farbe auf, obwohl sie es eigentlich sollten.

So wie die Chakras aufgrund ihrer gegensätzlichen Funktionen (Aufnahme und Abgabe) miteinander in Beziehung stehen, weisen sie außerdem aufgrund von Komplementär- und Gegenfarben eine Verwandtschaft auf. Interessant ist dabei, daß diese Farbgegensätze nicht denen des Lichtspektrums entsprechen, sondern eher (wenn auch nicht völlig) den Farbergänzungen der Pigmente. Die meisten Menschen, die irgendwann einmal an einem Malkurs für Anfänger teilgenommen haben, kennen die Pigmentfarbgegensätze und Komplementärfarben. Dabei werden Rot, Gelb und Blau als Primärfarben, Orange, Grün und Purpur bzw. Violett als Sekundärfarben bezeichnet.

Jede Sekundärfarbe ergänzt eine bestimmte Primärfarbe und umgekehrt. Eine Sekundärfarbe entsteht durch Mischung gleicher Anteile von Primärfarben. Vor allem wenn zwei Primärfarben gemischt werden, um eine Sekundärfarbe zu schaffen, ist diese Sekundärfarbe die Ergänzung der verbleibenden Primärfarbe. Umgekehrt ist es genauso. Grün (eine Mischung der Primärfarben Gelb und Blau) ist die Komplementärfarbe von Rot; Rot wiederum ist die Komplementärfarbe von Grün, Orange und Blau sind ebenfalls Komplementärfarben; das gleiche gilt für Gelb und Violett.

Will man eine Krankheit durch Energiebehandlung heilen, so kann man ein Zuviel oder Zuwenig jeder Farbe durch ihre Komplementärfarbe ausgleichen: Eine aus dem Gleichgewicht geratene Primärfarbe wird in der Regel durch die sie ergänzende Sekundärfarbe behandelt, und umgekehrt verhält es sich genauso. Am häufigsten gibt es Störungen im Rotbereich, wobei ein Zuviel an Rot (wie bei Entzündungen und Schmerzen) mit Grün behandelt wird.

Jemand, der unter einem emotionalen Trauma leidet, hat ein ausgedehntes, orangefarbenes Aurafeld. Indem man Blau in das zweite Chakra leitet, kann man die Emotionen des Betreffenden beruhigen und inte-

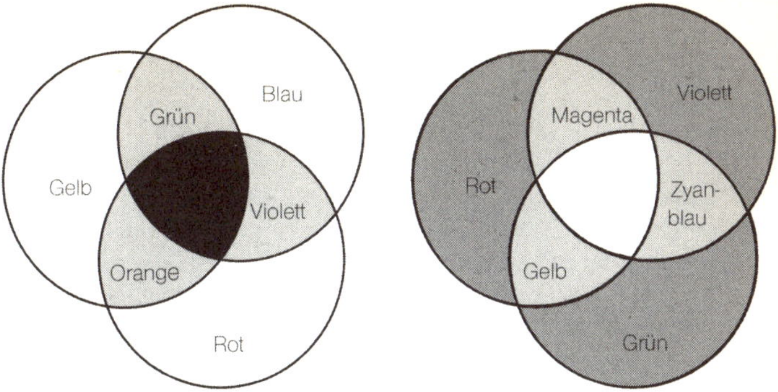

Subtraktive Farbmischung
mit Pigmenten

Additive Farbmischung
mit Licht

Abb. 32 Additive und subtraktive Farbmischungen. Bei der additiven Farbmischung überschneiden sich drei Lichtquellen (Zyanblau, Magentarot und Gelb) auf einem weißen Untergrund. Bei der subtraktiven Farbmischung erzeugen Pigmente aus den Primärfarben Rot, Blau und Gelb die Sekundärfarben. Die Mischung aller drei Primärfarben ergibt hierbei Schwarz, die Abwesenheit von Licht, als Folge des Nichtdurchlassens bzw. Subtrahierens aller Wellenlängen. Im Gegensatz dazu ergibt sich bei der additiven Farbmischung Weiß. Mit anderen Worten: Pigmente ***absorbieren,*** *während Licht* ***reflektiert.***

grieren. Wenn hingegen jemand nicht in der Lage ist, seinen Emotionen Ausdruck zu verleihen, herrscht in seiner Aura die Farbe Blau vor. In diesem Fall müßte man bei einer Behandlung versuchen, das Blau zu entfernen und durch Orange zu ersetzen.

Nehmen wir zum Beispiel einen Fall, wo der Heiler mit einem Klienten arbeitet, der seit sieben oder acht Jahren nicht mehr geweint hat. Dieser Klient hat wahrscheinlich eine tiefe Depression oder ein schweres Trauma durchlebt und daher beschlossen, nie mehr etwas zu fühlen. Durch die Übermittlung orangefarbener Energie kann der Klient in einer Atmosphäre, die ihm Sicherheit und Unterstützung garantiert, wieder lernen, loszulassen und zu weinen. Wo analytische Fähigkeiten und Erinnerungen erforderlich sind, ist ein reichlich Gelb in der Aura notwendig. Andererseits jedoch besteht manchmal ein unerwünschter Überfluß an Gelb. Wir verstricken uns dann in unwichtiges Geschwätz oder wiederholen unentwegt die gleichen Ideen oder Rationalisierungen. Um dieses »Geschnatter« zu unterbinden, muß die violette Frequenz des dritten

Auges dem Aurafeld hinzugefügt werden. Diese mehr kreative Farbe, die es uns ermöglicht zu visualisieren, unterbindet die Wirkung des Gelb und bringt die mentale Feedbackschleife zum Stillstand.

Dies sind nur einige Beispiele für die Anwendungsmöglichkeit der Farbtherapie. Wenn wir als Heiler ein bestimmtes Chakra behandeln, müssen wir immer auch das entgegengesetzte Zentrum miteinbeziehen. Bei jemandem, der an einer Halsentzündung oder an Stimmverlust leidet (was besonders häufig bei Menschen vorkommt, die im Bereich der Bewußtseinsveränderung arbeiten), ist ein Mangel an Blau zu beobachten (fünftes Chakra). Da Emotionen und Ausdruck jedoch in einer engen Beziehung zueinander stehen, muß auch das orangefarbene Zentrum (das zweite Chakra) behandelt werden.

Außerdem reagieren bestimmte Organe auf bestimmte Farben. Im allgemeinen reagiert ein Organ auf die Farbe des Chakras, in dessen Wirkungsbereich es liegt, sowie auf die Farbe (Frequenz) des ihm entgegengesetzten bzw. komplementären Chakras. Die Bauchspeicheldrüse (Pankreas) beispielsweise befindet sich in der Körpermitte hinter dem Magen, also im Wirkungsbereich des dritten Chakras, dessen natürliche Frequenz Gelb ist. Die Bauchspeicheldrüse reagiert sowohl auf Gelb als auch auf die Komplementärfarbe Violett, die natürliche Frequenz des sechsten Chakras. Folglich müßten diese Farben verändert werden, um die Energien des Organs wieder in einen ausgeglichenen Zustand zu bringen und damit die erforderliche Regeneration und Heilung des Organs einzuleiten.

Jedes Chakra enthält sowohl seine Primär- als auch seine Komplementärfarbe. Das Kehlchakra (das fünfte Zentrum) zum Beispiel enthält sowohl Blau als auch Orange, ebenso wie das ihm entgegengesetzte oder komplementäre Zentrum des zweiten Chakras. Doch wird das Blau vom zweiten Chakra absorbiert, während das Kehlchakra Orange absorbiert. Diese absorbierten Frequenzen stellen die passive Seite des jeweiligen Chakras dar und somit seine entgegengesetzte, komplementäre Funktion. Mit anderen Worten: Im zweiten Chakra ist Orange vorherrschend und Blau die Macht im Hintergrund, und im fünften Zentrum ist Orange die Macht hinter der vorherrschenden Farbe Blau. Jedes Chakra enthält also die ihm entgegengesetzte Komponente, die ihm Kraft verleiht. Beispielsweise muß man, um richtig sprechen (blau) zu können, die Bauchatmung (orange) beherrschen; und damit wir voll durchatmen (grün) können, muß unser Unterleib (rot) ganz entspannt sein.

Ganz gleich, welche Farbenergie in den Körper übermittelt wird, in jedem Fall wird sie von den einzelnen Chakras in angemessener Weise aufgenommen oder gefiltert. Während die Energie sich im Chakrasystem aufwärts bewegt, nimmt jedes Chakra sie auf und eignet sich die spezielle Farbe (Frequenz) an, die in dem ihr zugeordneten Körperbereich benötigt wird.

Eine von Heilern häufig angewandte Methode besteht darin, dem Klienten weißes Licht zu übermitteln. Tatsächlich sind in der weißen Farbfrequenz alle übrigen Farben enthalten. Jedoch stellt es die denkbar schlechteste Anwendung und größte Verschwendung von Heilenergie dar, immer nur weißes Licht zu übermitteln; Weiß ist nicht immer das, was der Körper speziell braucht. Wenn er eine bestimmte Farbe benötigt, beispielsweise Violett, doch er bekommt nur Weiß, dann muß der Körper selbst dafür sorgen, das Violett aus dem Weiß herauszufiltern.

Allerdings ist es in bestimmten Situationen von Vorteil, wenn Heiler mit der Farbe Weiß arbeiten. Wenn ein Klient seine Energie schneller abgibt, als der Heiler sie ihm zuführen kann, kann er den Klienten durch Zuführung von Weiß »zwingen, seinen Körper zu verlassen«. Der Klient wird in einen veränderten Bewußtseinszustand versetzt, bei dem der Geist ruhig ist. Dann kann der Heiler mit der Energiearbeit am Körper beginnen, um die erforderlichen Veränderungen herbeizuführen.

Die Theorie der Farben und Komplementärfarben steht in Verbindung zu einem anderen sehr wichtigen Konzept, dem des Widerspruchs (Paradoxon). Jedesmal, wenn wir sagen, etwas sei so und etwas anderes sei nicht so, nur weil es der ursprünglichen Idee zu widersprechen scheint, negieren wir die universelle Erfahrung des Paradoxons. Oft ist das eine so und das andere wahrscheinlich ebenso. Wenn wir zu schnell damit bei der Hand sind, Dinge festzulegen, weil wir sie nur von einem einzigen Standpunkt aus betrachten und begreifen, können wir weder »inklusives Denken« praktizieren noch lernen, »ein Paradoxon auszuhalten«. Das Chakrasystem ist ausgeglichen. Es repräsentiert nicht nur eine Ebene der Realität, nicht nur eine Sichtweise, sondern verschiedene. Ein Chakra ist nicht nur einfach einem anderen »entgegengesetzt«, es stellt auch dessen »Ergänzung« dar: Es macht das andere ganz. Der vollständige Prozeß besteht in der Interaktion der Chakras. Alle müssen im Gleichgewicht miteinander funktionieren, damit wir als ganze, fühlende Wesen leben können.

Männliche, weibliche, androgyne und exogene Chakras

Traditionell werden die Chakras ihrem Wesen nach als *männlich* oder *weiblich* beschrieben. Die positive Polarität oder die Abgabefunktion eines Chakras tendiert dazu, Energie *auszustoßen* oder durch das System zu befördern, während die negative Polarität oder die Aufnahmefunktion dazu neigt, *anzuziehen, hineinzuziehen* oder einfach *zu ziehen*. In der Philosophie des Orients wird die positive/maskuline Energie als *yang* und die

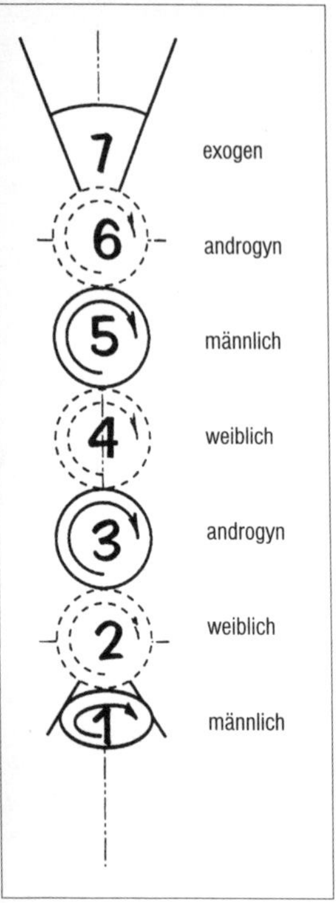

Abb. 33 Chakrafunktionen.

negative/feminine Energie als *yin* bezeichnet. Normalerweise wird die Funktion des ersten Chakras als maskulin oder männlich gesehen, denn es stößt Energie aus. Die Funktion des zweiten Zentrums ist dagegen feminin/weiblich, da es die Energie hereinzieht. Danach wechseln sich diese Funktionen ab: das dritte, fünfte und siebte Chakra sind männlich, das vierte und sechste weiblich.

Es gibt noch eine exaktere Art, die Aufeinanderfolge dieser Funktionen in den Chakras zu beschreiben, indem wir sie als männlich, weiblich, androgyn, weiblich, männlich, androgyn und exogen bezeichnen.

Mit anderen Worten: Die Vitalität des ersten Chakras ist sehr yang, die Emotion des zweiten sehr yin. Die intellektuelle Komponente des dritten Chakras ist sowohl männlich als auch weiblich, also androgyn. Die transformative Eigenschaft des Herzchakras ist weiblich, während die Reaktions- bzw. Ausdrucksqualität des Kehlchakras männlich ist. Der Weisheitsfaktor und der kreative Aspekt des sechsten Chakras ist androgyn. Und wenn wir schließlich im siebten Chakra die Verwirklichung erreichen, sind wir exogen – wir befinden uns weder innerhalb des Systems, noch sind wir androgyn; wir sind transformiert, verwirklicht, vollendet.

Wie man ein ausgewogenes Energiefeld erhält

Das richtige Gleichmaß

Alle spirituellen Disziplinen lehren uns, Beständigkeit im Leben zu erreichen und dadurch ein ausgeglichenes Energiefeld aufrechtzuhalten. »Die negativen Bekenntnisse« oder »Prüfungen« der Ägypter im Buch

Ani (dem 125. Kapitel des *Ägyptischen Totenbuches)* wurden zum Zeitpunkt des »jüngsten Gerichts« (des Wiegens des Herzens) vor Osiris ausgesprochen, bevor eine Wiederauferstehung möglich war (siehe Abbildung 34).

Der *Edle Achtfache Pfad* der Buddhisten besteht aus der rechten Sichtweise, der rechten Absicht, der rechten Sprache, dem rechten Verhalten, der rechten Lebensweise, dem rechten Bemühen, der rechten Rücksicht und rechten Konzentration. Entsprechend den Lehren Buddhas führt das Befolgen dieses Pfades zur Wunschlosigkeit und damit zum Ende allen Leidens, da das Leiden ein Resultat des Wunsches nach Vergnügen, Macht und fortwährendem Leben ist. Die *Dharma Sastras* und *Dharma Sutras* enthalten sowohl Regeln für Verhalten, Riten und Sühnen als auch die Lehre vom Karma und die Definition von Dharma. Das Hindu-Gesetz ist fest in religiösem Gesetz und Praxis verwurzelt[45].

Auch die jüdische *Torah* und die *Zehn Gebote* des Juden- bzw. Christentums lehren die Notwendigkeit von Beständigkeit und Gleichgewicht im Leben. Nehmen wir zum Beispiel das Gebot »Du sollst nicht begehren deines Nächsten Hab und Gut«. Wenn wir den Besitz eines anderen Menschen »begehren« oder uns leidenschaftlich danach sehnen, so verur-

Abb. 34 Das Wiegen des Herzens (aus dem Ägyptischen Totenbuch). Anis Seele (links) wartet darauf, daß sein Herz (linke Waagschale) gegen die Feder von Maat (die Gerechtigkeit, rechte Waagschale) aufgewogen wird. Thoth (rechts) schreibt das Ergebnis auf, während Anubis die Zunge der Waage prüft.

sacht dieses Verlangen eine Schwankung in unserer Energie; genauer gesagt verlieren wir dabei soviel Energie, daß wir Schaden nehmen, abgesehen davon, daß unser Verhalten für denjenigen, dessen Besitz wir uns aneignen wollen, schädlich ist. Ein solch starkes Verlangen ist ganz eindeutig nicht mit den spirituellen Zielen einer religiösen Disziplin zu vereinbaren. Die dadurch entstehende Energiefluktuation ist ungesund für unsere physische Existenz. Jede Schwankung führt im Körper zu einer pathologischen Entwicklung, da sie ein so großes Wellental im Energiefeld bewirkt, daß sich unsere Zellen in diesem Bereich nicht ausreichend vermehren können, das Blut nicht mehr richtig zirkuliert, sich im cardiovaskulären System Ablagerungen bilden usw. All dies sind Auswirkungen von Unstetigkeit in unserem Leben und der sich daraus ergebenden Fluktuationen in unserem Energiefeld.

Wie man Chakra-Verlagerungen vermeiden kann

In der westlichen Kultur kommt es infolge dieser Inkonsistenz zur *Chakra-Verlagerung.* Das Chakrasystem ist so angelegt, daß es auf eine bestimmte Weise optimal funktioniert. Wenn sich alle Zentren im Einklang miteinander befinden und ihre Funktion erfüllen, so hat das eine gesunde Entwicklung zur Folge. Jede Information tritt durch die Füße und Beine (die sekundären »Nährer«-Zentren) in das Chakrasystem ein und wird als Konzept im ersten Chakra registriert. Wenn die Information dann durch die übrigen Chakras weiter aufwärts fließt, entsteht ein Gefühl (im zweiten), eine Meinung (im dritten), ein zweites Gefühl (im Herzchakra), eine Ein-

Abb. 35 Die Chakra-Ausrichtung. Ausgewogene Chakras arbeiten ihrer Funktion entsprechend.

sicht (im sechsten Chakra), und schließlich kommt es (im siebten Chakra) zur Freisetzung. Dieser gesunde, optimale Verlauf ist jedoch relativ selten.

Wie wir bereits festgestellt haben, verlagern insbesondere die westlichen Menschen ihr drittes Chakra häufig nach links. Wir sind in der Regel oberlastig und nicht *gut geerdet.* Wenn wir bei der Meditation Energie von oben nach unten senden wollen, bringen wir sie oft weder ganz bis auf den Boden noch durch den obersten Punkt unseres Kopfes hinaus, wenn wir sie von der Erde hochbefördern wollen. Einigen von uns ist es tatsächlich gelungen, den gesamten Energiefluß aus der Erde unterhalb der Taille zu blockieren. Infolgedessen werden in solchen Fällen alle Chakras um zwei Positionen nach oben befördert: Das erste Chakra befindet sich dort, wo eigentlich das dritte sein sollte; das zweite dort, wo das vierte sein sollte, usw. Dadurch werden das Bewußtsein des ersten Chakras und der Intellekt miteinander vermischt; wir sind dann der Meinung, daß das Konzept, nicht der Intellekt, seinen Ursprung im dritten Chakra hat. Mit anderen Worten: Wir denken, daß Konzepte mit dem Intellekt beginnen, und folglich glauben wir auch, daß Konzepte nicht außerhalb von uns existieren.

Damit sind wir an einem sehr wichtigen Punkt angelangt. Dinge *sind* oder *sind nicht* tatsächlich vorhanden, unabhängig davon, was wir denken oder glauben mögen. Unser Glaube an etwas kann jedoch bewirken, daß etwas entsteht; und wenn wir etwas abstreiten, kann es passieren, daß etwas aus unserer Wirklichkeit ausgeschlossen wird. Wir sind also unter Umständen in der Lage, bestimmte Dinge durch einen Prozeß fortschreitender Amnesie erfolgreich aus unserem Bewußtsein zu verdrängen; es erfordert allerdings viel Energie, die Realität, die uns umgibt, nicht wahrnehmen zu wollen und zu unterdrücken.

Zu diesen Blockierungen und Unterdrückungen kommt es, wenn Chakras sich verschieben. (Manchmal wird dies als *Neurose* bezeichnet.) Diese Blockierungen stellen sich ein, wenn zum Beispiel das erste Gefühl fälschlich ins Herz verlagert wird, die Meinung in die Kehle oder wenn sich das zweite Gefühl mit der Intuition vermischt und es deshalb nicht zu einer Freisetzung im siebten Chakra kommen kann. Kopfschmerzen sind eine typische physische Reaktion auf diese Entwicklung. Wenn wir Kopfschmerzen nahen spüren, sollten wir stets prüfen, ob es in unserem Chakrasystem zu einer Verlagerung gekommen ist. Man kann dies tun, indem man feststellt, ob der Unterkörper und die Hüften kalt oder taub sind. Wenn ja, so ist das ein Hinweis darauf, daß die Energie in diesem Körperbereich nicht fließt und es zu einer Chakra-Verlagerung gekommen ist. Bluthochdruck als Reaktion des Körpers auf Streß ist eine der gefährlicheren Folgen solcher Verlagerungen. Wenn sie über einen längeren Zeitraum aufrechterhalten werden, führt dies meiner Erfahrung nach immer zu irgendeiner krankhaften Entwicklung.

Wenn Verlagerungen so ungesund sind, wie können wir sie dann vermieden? Beginnen wir damit, die Tatsache zu erkennen, daß wir einen Körperteil haben, auf dem wir sitzen. Das setzt voraus, daß wir uns unserer niederen Chakras und unseres Atmens bewußt werden. In die unteren Zentren zu atmen ist eine sehr heilsame Übung, denn es durchbricht das Verlagerungsmuster. Auch richtig geerdete Meditation ist hilfreich. Ein Forscher von der Universität in Berkeley/Kalifornien berichtete, daß Menschen, die länger als drei Jahre meditieren, eine andere Art des Denkens entwickeln und nicht mehr in ihre alten Verhaltensformen zurückfallen[46]. Obwohl man drei Jahre oder länger meditieren muß, um diese Veränderung - die nicht sehr groß, sondern langsam und subtil ist - herbeizuführen, erfordert sie nicht mehr als zehn oder zwanzig Minuten Zeitaufwand täglich.

Meditation ist eine Möglichkeit, Chakra-Verlagerungen zu vermeiden. Ist jedoch schon eine Verschiebung eingetreten, so braucht man eine Methode zur Ausrichtung der Chakras. Ausgerichtet sein heißt, zentriert zu sein, und Chakra-Ausrichtung ist das Mittel, mit dem man das Energiefeld in einem ausgeglichenen Zustand halten kann. Chakras werden in erster Linie durch einen physischen Prozeß ausgerichtet.

Im Osten erlernen Schüler spiritueller Disziplinen zunächst eine physische Methode, mit deren Hilfe sie ihre Chakras ausrichten und ihrem Körper beibringen können, die Stelle zu empfinden, an der ein Chakra an ein anderes angrenzt; was man spürt, ist die Wärme, die an den Schnitt- oder Berührungspunkten der Zentren auftritt.

Normalerweise spüren wir diese Wärme erst, wenn jemand unseren Körper in eine Position bringt, in der die Chakras ausgerichtet sind. In den orientalischen Disziplinen tut dies der Meister. Im Buddhismus beispielsweise geschieht dies, indem der Lehrer dem meditierenden Schüler mit einem Stock auf bestimmte Punkte auf dem Rücken schlägt. Schließlich müssen wir lernen, uns so zu bewegen, zu beugen und hinzusetzen, daß wir diese Art von Ausrichtung auch ohne Hilfe von außen finden können. Wenn wir dieses Ziel erreicht haben, machen wir vielleicht die angenehme Erfahrung, daß unser Körper »einen Kern« hat.

Übung zur Chakra-Ausrichtung

Für diejenigen unter Ihnen, die die physische Erfahrung noch nicht kennen und nicht wissen, was es bedeutet, »zentriert« oder »im eigenen

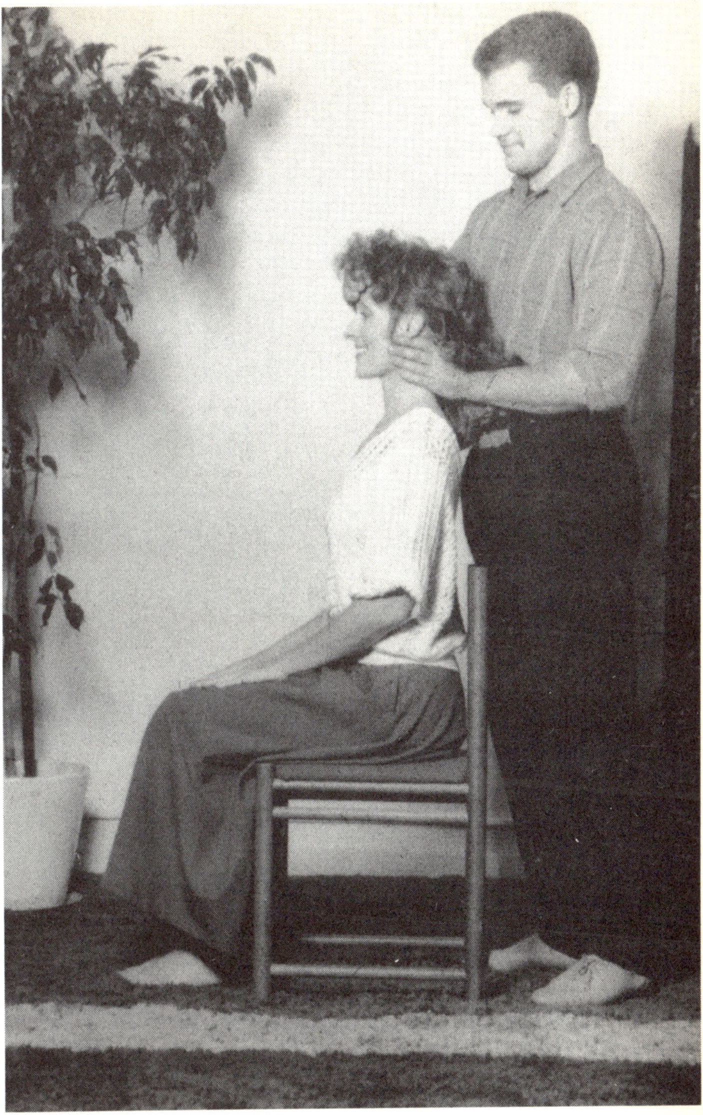

Abb. 36 Ausrichtungsübung.

Kern« zu sein, möchte ich hier eine Übung beschreiben, die man mit einem Partner zusammen ausführen kann, um ein Gefühl dafür zu entwickeln, wie sich das Ausrichten der Chakras anfühlt (siehe Abbildung 36). Setzen Sie sich mit aufrechter Wirbelsäule auf einen Stuhl, wobei Ihre Knie angewinkelt sind und Ihre Füße flach auf dem Boden stehen. Jetzt zieht Ihr Partner Sie am Kopf leicht gerade nach oben; auf diese Weise müßte es möglich sein, Ihre Chakras auszurichten. Versuchen Sie, die Bewegung (Schwingung) in den Hüften, im Herzen und anschließend durch die gesamte Mitte Ihres Körpers zu spüren. Dann werden Sie auch die Wärme zwischen den Chakras fühlen. Eine andere Empfindung, die Sie vielleicht bemerken werden, wenn Sie empfänglich dafür sind, ist ein Energieschub, der aus dem Kronenchakra strömt. Wenn dies geschieht, wissen Sie, daß die Chakra-Ausrichtung gelungen ist.

KAPITEL 4

Chakras und Heilung

Mentales Abtasten (Scanning) des Körpers und Übertragen (Channeling) von Energie

Heiler sprechen von *Energieübertragung, laufender Energie* oder vom »Channeln« von Energie. Manchmal wird auch der Begriff *Gleichstrom* benutzt[47]. Alle diese Begriffe beziehen sich auf den gleichen Prozeß. Im folgenden möchte ich nun ausführlicher erklären, was *Energieübertragung* bedeutet.

Bevor Sie als Heiler einem Menschen die Hände auflegen und mit der Übertragung von Energie beginnen, sollten Sie den Körper des Klienten mit Ihren Händen abtasten (siehe Abbildung 37). Dies ist die grundlegende Methode, mit deren Hilfe die meisten Heiler - vor allem jene, die noch keine anderen übersinnlichen Wahrnehmungsmöglichkeiten (wie das Auralesen) entwickelt haben - die notwendigen Informationen über Blockierungen im Energiefluß, aus dem Gleichgewicht geratene Chakras usw. beschaffen. Der Vorgang ist denkbar einfach. Tasten Sie die Ränder der Aura des Körpers ab, indem Sie eine Hand in geringem Abstand darüber halten und sie dann auf den physischen Körper zubewegen, bis ein Gefühl von Kontakt, von Präsenz entsteht. Dieser Kontakt fühlt sich oft wie ein leichter Druck oder ein Auftrieb unter der Hand an. Dann bewegen Sie Ihre Hand am Rand der Aura des Klienten entlang, normalerweise von den Füßen zum Kopf. Während Sie Ihre Hand bewegen, versuchen Sie, alle abnormalen oder auffälligen Phänomene am äußeren Rand oder innerhalb der Aura des Klienten wahrzunehmen. Jeder Teil des Körpers fühlt sich anders an, doch grundsätzlich sollten Sie unter Ihrer Hand eine flüssigkeitsähnliche Empfindung spüren, ein Gefühl des Strömens. Falls Sie einen »Spalt«, ein »Loch« oder einen »Buckel« spüren, so ist an der betreffenden Stelle möglicherweise etwas nicht in Ordnung. Oft tritt an solchen Stellen eine örtlich begrenzte Wärme- oder Kälteempfindung auf bzw. das Gefühl, daß eine elektrische Aktivität im Gange ist, die sich vom Zustand der übrigen Aura unterscheidet. Während dieses Abtastens können Sie dem Klienten Fragen stellen über seinen derzeitigen Zustand oder über Verletzungen und Traumata der Vergangenheit. Die Information, die Sie durch das Abtasten der Aura erhalten, geben Ihnen zusammen mit den vom Klienten geäußerten Beschwerden eine Vorstellung davon, was der Heilung bedarf: welche Organe geschädigt sind und welche Chakras ausgerichtet werden müssen.

Jeder von uns, der heilen möchte, sollte zuerst den Körper auf die beschriebene Weise abtasten – die Aura fühlen –, um die Problembereiche zu entdecken, bevor er mit der Energieübertragung beginnt. Nachdem Sie eine Zeitlang Energie auf den Klienten übertragen haben, sollten Sie erneut die Aura abtasten, um festzustellen, was die übermittelte Energie bewirkt hat.

Der eigentliche Prozeß der *Übertragung* von Energie beruht auf der elektromagnetischen

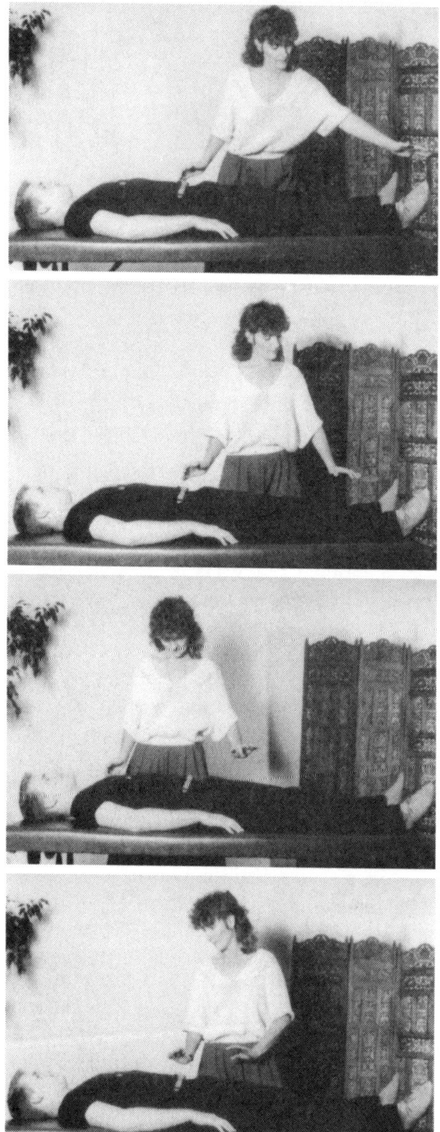

Abb. 37
Das Abtasten der Aura.

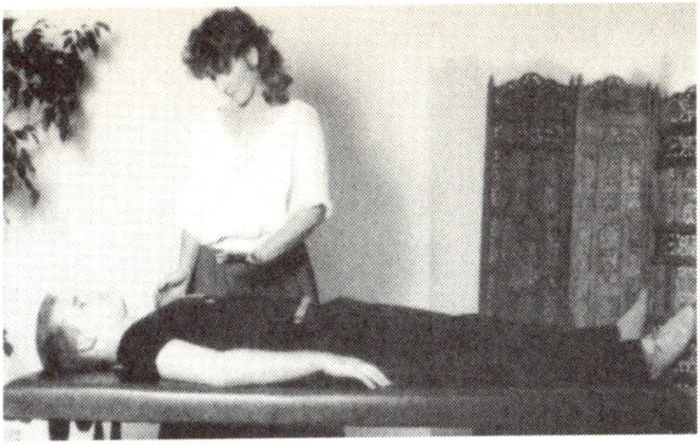

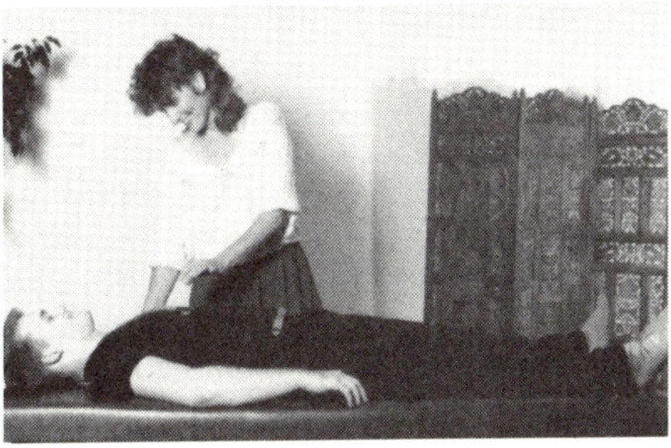

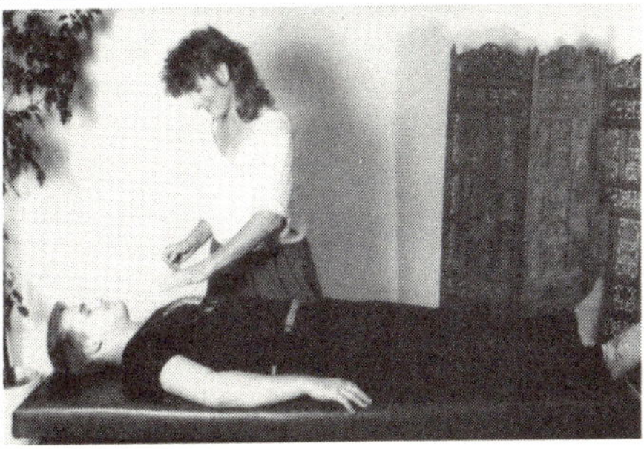

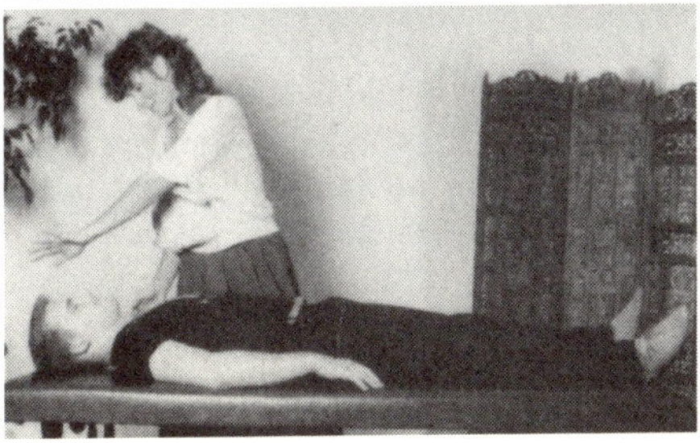

Natur des Körpers. Obwohl wir annehmen dürfen, daß schon unsere Vorfahren von diesen Dingen gewußt haben, war die Tatsache der elektrischen Natur des Körpers bis in die jüngste Zeit weder wissenschaftlich erwiesen noch akzeptiert. Vor allem in Teilen des Nervensystems fließen elektrische Ströme. Alles, was mit Elektrizität zusammenhängt, leitet sich vom Phänomen der *Ladung* ab - der positiven wie der negativen -, die in Elektronen gemessen wird. Eine *negative Ladung* weist auf einen Überschuß an Elektronen hin, eine *positive Ladung* auf einen Mangel an Elektronen. Deshalb wird ein Körperbereich positiv geladen, wenn sich die Elektronen aus diesem Bereich hinausbewegen, und negativ geladen, wenn sie in diesen Bereich eintreten. Dieser Elektronenfluß wird als *Strom* bezeichnet, der in Ampere (die beförderte Ladungsmenge) gemessen wird. Ein *Gleichstrom* ist ein stetiger Elektronenfluß, während ein *Wechsel-*

strom vorwärts und rückwärts fließt. Die meisten unserer Haushaltsgeräte arbeiten mit Wechselstrom.

Um jede elektrische Ladung bildet sich ein *elektrisches Feld.* Dies ist der Bereich um ein geladenes Objekt, in dem ein (positives oder negatives) *elektrisches Feldpotential* festgestellt werden kann. Jedes andere geladene Objekt in der Nähe des ersten Feldes wird angezogen (wenn es von entgegengesetzter Polarität ist) oder abgestoßen (wenn es die gleiche Polarität hat). Hierbei handelt es sich um das Phänomen des Magnetismus, und wo immer ein elektrisches Feld existiert, gibt es auch ein magnetisches. (Siehe Anhang IV für eine umfassende Erklärung von Elektrizität und Magnetismus.)

Für einen Heiler besteht die Bedeutung dieser Tatsache darin, daß jeder Elektronenfluß im Nervensystem des Körpers sowohl ein elektrisches als auch eine magnetisches (bzw. elektromagnetisches) Feld um den strombefördernden Leiter - hier die Nervenfaser - erzeugt, das wiederum andere Elektronen in der Nähe und letztlich das Aurafeld beeinflußt. *Energieübertragung* bezieht sich auf das Übertragen und Aufrechterhalten eines Flusses - eines Stroms von Elektronen. Gleichstrom erzeugt ein stabiles, elektromagnetisches Feld, das in den meisten Fällen dem instabilen Feld vorzuziehen ist, das durch Wechselstrom erzeugt wird (jedes Mal, wenn der Strom die Fließrichtung wechselt, bricht das Feld zusammen, um sich mit umgekehrter Polarität neu zu bilden)[48]. Das Wunderbare und Erstaunliche daran ist, daß trotz der mit zunehmender Entfernung schwindenden Wirkungskraft dieser beiden Felder - elektrisch und magnetisch - ihr Einfluß theoretisch unendlich ist. Jedes Mal, wenn wir als Heiler Energie auf einen anderen Menschen übertragen, beeinflussen die Felder um uns herum sogar noch Partikel in den fernsten Galaxien - wenn auch wahrscheinlich nur in sehr geringfügigem Maße[49].

Eines der Ergebnisse der Rolf-Studie an der Universität von Kalifornien war die Herstellung einer Aura-Ton-Korrelations-Kassette[50]. Ich empfehle stets Studenten, die bei mir die Kunst des Heilens lernen wollen, dieses »Aura«-Tonband zu benutzen, um zu lernen, wie man unterschiedliche Energiefarben bzw. -frequenzen übertragen kann. Aus irgendeinem Grund scheint es einfacher zu sein, eine spezifische Frequenz zu übermitteln, während man deren akustische Entsprechung hört, als wenn man versucht, die Frequenz zu visualisieren. Da Purpur die Frequenz ist, in der Visualisationen stattfinden, passiert es häufig bei der Visualisation einer bestimmten Farbe, daß statt ihrer Purpur übermittelt wird. Mit Hilfe des Korrelations-Tonbandes und durch Hören des Klanges, der der gewünschten Farbe entspricht, beginnt der Körper des Zuhörers in der Frequenz und den Oberschwingungen der Frequenz zu schwingen, die dann übertragen werden kann. Ideal wäre es, wenn der Heiler in der Lage ist, taktil die spezifischen Schwingungen der individuellen Farben der Energie zu unterscheiden, die übermittelt werden soll. Doch ist dies ein höchst subtiler Prozeß, der eine Menge Übung erfordert, bevor ein Heiler ihn perfektioniert hat und erfolgreich anwenden kann.

Ein anderer Prozeß der Energieübertragung ist sogar noch subtiler. Er wird als *Energieübermittlung von Chakra zu Chakra* bezeichnet. Dabei überträgt der Heiler Energie von seinem eigenen Chakra in das entsprechende Chakra des Klienten. Wenn zum Beispiel ein Mensch, den ich zu heilen versuche, ein Problem mit dem Herzen hat, kann ich ihm Energie aus meinem eigenen Herzchakra übermitteln. Natürlich kann es sein, daß das Grün meines Herzzentrums entsprechend den unterschiedlichen Oberschwingungen, in denen wir leben, andere Frequenzen hat als dasjenige des Klienten. Doch in jedem Fall wird sich mein Grün problemlos mit dem Grün im Herzchakra meines Klienten verbinden, da er ein Herzproblem hat und zusätzliche Frequenzen von Grün benötigt. Wir sollten nicht vergessen, daß unsere eigenen Chakras unabhängig von unserem bewußten Einfluß in der Lage sind, reine Farben zu erzeugen. Demnach ist unser Körper unser bester Führer zum Spektrum der Farben, die für die Arbeit des Heilens erforderlich sind. Wenn es uns gelingt, eine spezifische Schwingung in einem Chakra zu isolieren, können wir leicht eine reine Farbe erzeugen.

Die eigentliche Empfindung der Energieübertragung gleicht der von fließendem Wasser, so als würde sich eine Kraft durch den Körper des Heilers hindurchbewegen. Um dies zu demonstrieren, möchte ich Sie bitten, einmal Ihren Arm sinken zu lassen und zu versuchen, den Arm auf der Gewebe-Ebene zu empfinden. Vermeiden Sie dabei, den Vorgang zu visualisieren oder ihn sich gedanklich vorzustellen. Fühlen Sie einfach, wie »Wasser« im Körper aufwärts strömt und im Arm abwärts fließt. Konzentrieren Sie sich so lange auf das Abwärtsfließen des Wassers im Arm, bis sich in Ihrer Hand ein Druck aufbaut. Sobald dies der Fall ist, sind Sie dabei, Energie zu übermitteln; Sie verspüren dann das Gefühl, das ein Heiler während der Energieübertragung empfindet. Zu Beginn erfordert dieser Prozeß einige Konzentration; überträgt man jedoch regelmäßig Energie, ist diese Konzentration nicht mehr erforderlich. Die meisten Heiler können unabhängig von dem, was um sie herum geschieht, Energieübertragungen vornehmen und heilen. Ob Kinder im gleichen Zimmer spielen oder Kätzchen sich über den Teppich jagen, mit den johlenden Kindern hinter ihnen her; oder jemand ruft nach der Mutter und will ein Butterbrot haben - all dies stört den erfahrenen Heiler nicht bei seiner Arbeit. Er wird vielleicht sagen: »Laßt die Katze in Ruhe, und die Butter ist im Kühlschrank«, doch wird er dabei nicht das geringste an Präsenz in seiner Verbindung zum Klienten verlieren, denn er hat im Laufe der Zeit eine Art athletischer Kondition für das Übermitteln von Energie entwickelt.

Je mehr und je öfter wir Energie übertragen, um so stärker wird unser Muskeltonus. Wenn wir nur sehr selten Energie übermitteln, haben wir nicht den erforderlichen Muskeltonus, um unsere Energie über beliebig lange Zeiträume aufrechtzuerhalten. Vergessen Sie nicht, daß das ganze Chakra- und Energiesystem elektromagnetischer Natur ist. Wenn es keine Übertragungsdrähte gibt, gibt es auch keinen Magnetismus. Doch wenn der Muskeltonus verstärkt wird, ist es uns möglich, die notwendige Kapazität zur Übertragung von Energie aufzubringen, und häufiges Energieübertragen baut den erforderlichen Muskeltonus auf.

Übung: Energie spüren

Die folgende Übung, für die Sie einen Partner brauchen, wird Ihnen helfen, den Energiefluß zu spüren und zu erfahren, wie es sich anfühlt, wenn zwei Energiefelder aufeinander einwirken.

Setzen Sie sich Ihrem Partner gegenüber, und nehmen Sie seine Hand so, als wollten Sie sich mit ihm im Armdrücken messen. Bemühen Sie sich jetzt bewußt darum, Handflächenchakra gegen Handflächenchakra zu drücken – das ist das wichtigste.

Halten Sie die Hand Ihres Partners ungefähr 30 Sekunden lang. Dann ziehen Sie Ihre Hand zurück, bis sie etwa 15 Zentimeter von der Ihres Partners entfernt ist. Was fühlen Sie? Spüren Sie das »Zurückfedern«? Lassen Sie sich Zeit, und wiederholen Sie die Übung. Zur besseren Konzentration können Sie auch die Augen schließen und Ihren Geist auf Ihren Handflächenbereich richten, der wie eine Schale geformt ist. Empfinden Sie diese »Schale«, konzentrieren Sie Ihr gesamtes Bewußtsein in diese Form, und verlagern Sie dann den Fokus so, daß Ihr Bewußtsein sich auf die Hand Ihres Partners richtet. Möglicherweise werden Sie spüren, daß Ihre Energie und die Ihres Partners aneinander vorbei in die Hand des jeweils anderen eintritt. Jeder von Ihnen überträgt sein Bewußtsein von der eigenen Hand in die Hand des anderen; auf diese Weise verschmelzen Sie miteinander.

Stellen Sie sich nun die Frage: Wer hat den besseren Puls? Denken Sie darüber nach. Entscheiden Sie, welcher Puls Ihnen am besten gefällt, und übernehmen Sie diesen dann beide.

Öffnen Sie anschließend langsam die Augen. Entfernen Sie Ihre Hand

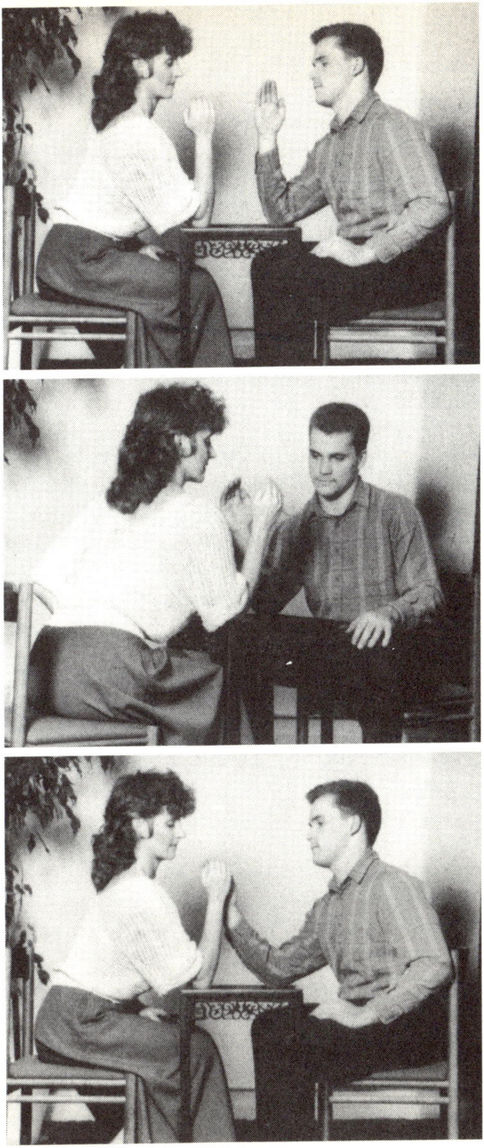

Abb. 38 Übung: Energie spüren. Oben: Halten Sie die Hand Ihres Partners ungefähr 30 Sekunden lang so bequem wie möglich. Ziehen Sie dann Ihre Hand zurück, so daß sie etwa 15 Zentimeter von der Ihres Partners entfernt ist. Was spüren Sie? Mitte: Konzentrieren Sie sich auf den Bereich Ihrer Handfläche, die Sie wie eine Schale formen. Verlagern Sie dann langsam Ihren Fokus so, daß Ihr Bewußtsein sich auf die Hand Ihres Partners konzentriert. Versuchen Sie zu spüren, wie die Energien strömen. Unten: Bewegen Sie Ihre Hand langsam, wobei Ihr Partner Ihren Bewegungen folgt und in Ihrem Feld bleibt. Bewegen Sie Ihre Hand dann zu einer Seite aus jenem Feld heraus und anschließend wieder in das Feld hinein. Achten Sie darauf, ob Sie die Verbindung und das Gefühl des Verschmelzens immer noch spüren.

etwa fünf Zentimeter von der Hand Ihres Partners. Einer von Ihnen bewegt nun seine Hand, während der andere der Bewegung folgt und in demselben Feld bleibt. Dann bewegen Sie beide Ihre Hände aus dem Feld heraus, wonach Sie sich wieder in das Feld hineinbegeben. Stellen Sie fest, ob Sie immer noch eine Verbindung fühlen. Erspüren Sie nun die andere Hand Ihres Partners; sie wird sich anders anfühlen. Kehren Sie wieder zu der Hand zurück, die den gemeinsamen Puls übernommen hat, und achten Sie noch einmal darauf, wie sie sich anfühlt.

Der Sinn dieser Übung besteht darin, die Hand dazu zu bringen, ihre normale Empfindungsfähigkeit vorübergehend zu verlieren. Diese normale Empfindungsfähigkeit oder unser bewußtes Fühlen der Hand beinhaltet entweder Aufnahme oder Abgabe von Energie; wir drücken unsere Energie aus oder halten sie zurück. In der obigen Übung werden Sie dazu gezwungen, Ihre eigenen Grenzen zu überschreiten und mit einem anderen Menschen zu verschmelzen. In diesem neuen Zustand können Sie den Puls und den Herzschlag des anderen wahrnehmen. Sie wissen, welcher Herzschlag sich besser anfühlte - Ihrer oder der Ihres Partners -, und waren in der Lage, den Rhythmus des Herzschlages zu modulieren.

Zusätzlicher Zweck dieser Übung ist es, Verständnis dafür zu entwickeln, wie man sich einem Klienten nähert. Wenn wir ohne jedes Verschmelzen einfach von außen auf den Klienten einwirken, würden wir - selbst wenn wir das Chakrasystem und die Symboliksprache des Körpers in bezug auf Gesundheit und Krankheit kennen - mit vorgefaßten Ansichten über die Bedeutung der Krankheit eines Klienten und seiner Probleme an die Heilung herangehen. Dadurch verlieren wir jegliche Sensibilität und berauben uns unserer eigenen psychischen Kraft, bevor wir überhaupt mit dem Heilen begonnen haben. Wenn wir uns statt dessen einfach lockern, öffnen und mit dem Körper des zu Heilenden verschmelzen, haben wir beide eine Erfahrung dessen gemacht, was für uns beide »optimal« ist. Dann kommt es zu einem Energieaustausch, der verhindert, daß sich im Körper des Klienten Widerstandsmuster bilden. Die Intimität des völligen Verschmelzens auf körperlicher Ebene kann auf Menschen, die krank sind oder nie zuvor mit irgend jemandem diese Art von Kontakt erlebt haben, sehr bedrohlich wirken, was zur Folge hat, daß er dem Heilungsprozeß gegenüber große Vorbehalte hat. Wenn der Heiler jedoch sehr behutsam vorgeht, kann der Klient allmählich das Verschmelzen erfahren und seine Widerstände abbauen, woraufhin der Heilungsprozeß seine volle Wirkung entfalten kann. Hierbei handelt es sich um eine »nicht invasive« Vorgehensweise.

Widerstand gegen Heilung

Hin und wieder begegne ich einem Menschen, der bewußt den Entschluß gefaßt hat, etwas nicht zu hören, oder unbewußt beschlossen hat, sich nicht heilen zu lassen. Wie Sie vielleicht wissen, lehrt die Metaphysik, daß jemand, der nicht geheilt werden will, die Heilung zurückweisen kann. Der eigentliche Widerstand besteht darin, daß ein Heilungsprozeß die Realitätsstruktur der betreffenden Person verändert und die Art, wie sie das Leben sieht. Das Leben ist nach einer solchen Veränderung nicht mehr so, wie es war. Manche Menschen fangen dann an, nach einem Schuldigen zu suchen. Doch wem können sie die Schuld geben? Wenn sie nicht wütend auf den Heiler werden, richtet sich ihre Wut gewöhnlich auf Gott - wegen der Veränderung, des scheinbaren Chaos, das über sie hereingebrochen ist; wegen all der Gefühle und der grundlegenden Transformation, die eine Heilung mit sich bringt. In der Verwirrung, die eine solche Transformation hervorrufen kann, mag das, was der Klient in bezug auf die übermittelte Energie äußert, sogar als Angriff auf die Effektivität des Heilers oder des Heilungsprozeßes verstanden werden.

Manchmal ist dieser scheinbare Widerstand von seiten des Klienten nicht einfach Widerstand. Ein »erfolgloser Heilungsversuch« kann in Wirklichkeit durchaus erfolgreich sein. Die Wahrheit ist, daß ein Heiler nie sicher sein kann, welche Rolle er in der karmischen Struktur des Klienten spielt. Eine Theorie aus dem Bereich der Physik, die sich auf diesen metaphysischen Prozeß übertragen läßt, ist *Heisenbergs Unsicherheitsprinzip*[51]. Oftmals ist es dem Heiler nicht möglich, die Natur des Heilungsprozesses in allen Einzelheiten zu verstehen, da er selbst Teil jenes Prozesses ist. Jeder Heiler will heilen. Wenn keine Heilung eintritt, ist das nicht unbedingt auf den Widerstand des Klienten oder die Unfähigkeit des Heilers zurückzuführen. Möglicherweise ist der scheinbare Mißerfolg keineswegs ein Mißerfolg, sondern reflektiert das Vorhandensein eines höheren Plans. Manche Menschen bezeichnen dies als *Karma.*

Karma und Heilen

Für den Begriff Karma gibt es verschiedene Definitionen. Im Bereich des metaphysischen Denkens sollte man darauf achten, dem Begriff des Karma keine stagnierende oder strafende Bedeutung zuzuschreiben. Die Vorstellung, daß ein Kranker seine Krankheit selbst verursacht, erzeugt bei dem Betroffenen häufig Schuldgefühle und ein Empfinden von Machtlosigkeit, was zu weiterem Energieverlust führt. Solange solche negativen Gefühle bestehen, kann man davon ausgehen, daß auch die Krankheit nicht weichen wird.

Ich persönlich betrachte Karma als einen selbstgewählten Lernprozeß. Ein Heiler sorgt dafür, daß im Leben eines Klienten Lernen und Veränderung stattfinden können. Eine solche Transformation mag als Begleichung einer karmischen Schuld verstanden werden. Wenn ein Heiler eine »karmische Verantwortung« hat, so besteht sie darin, den Lernprozeß zu beschleunigen und den Klienten zu lehren, effizienter mit seiner Energie umzugehen und sein Leben positiv zu verändern. Dieser Lernprozeß ermöglicht es der Energie, sich freier und wirksamer im Körper zu bewegen. Und wenn dies geschieht, ist die Wahrscheinlichkeit groß, daß dem betreffenden Menschen die Verbindung zu seinem höheren Lebensziel klarer wird.

Definition von Gesundheit

In unserer westlichen Kultur wird Gesundheit als Freisein von Krankheit definiert, was jedoch keine wirklich zutreffende Definition ist. Gesundheit bedeutet einfach, »voller Licht« zu sein. Einen Zustand, der weniger als »voller Licht« ist, könnte man als »Krankheit« bezeichnen. Solange wir jedoch kein Instrument haben, mit dem wir den Zustand »voller Licht« messen können, bleibt uns nur das Modell der »normalen Gesundheit«, das in vielerlei Hinsicht unzureichend ist. Tatsache ist, daß wir im Grund genommen keinen Anhaltspunkt dafür haben, was für den Körper »normal« ist. Es könnte sich daher als erforderlich erweisen, unsere Vorstellung von Gesundheit wesentlich zu erweitern.

Wenn wir die Chakras einzeln untersuchen, werden wir erkennen, daß Gesundheit viel mehr beinhaltet als das Fehlen von Krankheit. Vitalität; angemessener Gefühlsausdruck und Denkprozesse; die Bereitschaft, Veränderungen in unserem Leben willkommen zu heißen; kreativer Selbstausdruck und die Bereitschaft, Verantwortung zu übernehmen; intuitives Verstehen und eine gesunde spirituelle Beziehung zur Höchsten Schöpfungskraft sind unverzichtbare Voraussetzungen, wenn wir ein Leben »voller Licht« führen und gesund bleiben wollen.

Chakra-Meditation

Eine der ältesten Yogalehren über Chakras besagt, daß sie sich öffnen, wenn wir einatmen, und schließen, wenn wir ausatmen. Das ist jedoch nicht ganz zutreffend. Gemeint ist, daß wir beim tiefen Einatmen einen besseren Zugang zur Prana-Energie[52] bzw. zur Chi-Energie (auch Ki-Energie, Vital- oder Lebenskraft genannt) bekommen, als wenn wir nur flach atmen.

Um dies zu demonstrieren, bitte ich Sie, einmal tief einzuatmen. Halten Sie den Atem an. Atmen Sie jetzt aus. Atmen Sie wieder ein - halten Sie den Atem an -, atmen Sie aus. Atmen Sie jetzt wieder normal. Wenn Sie wollen, können Sie Ihre Augen schließen.

Stellen Sie sich als nächstes eine Energie vor, die aus der Erde kommt und durch Ihre Füße in Ihren Körper eintritt. Wenn die Energie zu fließen beginnt, achten Sie darauf, ob Sie sie in einem Fuß stärker spüren als im anderen. Bringen Sie die Energie dann durch die Beine in das Zentrum Ihres Körpers.

Wenn die Energie in den Rumpf Ihres Körpers einzufließen beginnt und sich entlang der Wirbelsäule aufwärts bewegt, dann visualisieren Sie die Farbe Rot im Bereich des ersten Chakras. Atmen Sie einmal extra tief ein, um das innere Bild zu festigen, bevor Sie den Atem wieder ausströmen lassen.

Beim nächsten Einatmen bewegen Sie sich weiter zum zweiten Chakra; hier visualisieren Sie Orange. Atmen Sie aus.

Atmen Sie wieder ein, und begeben Sie sich mit Ihrer Aufmerksamkeit in das dritte Chakra. Visualisieren Sie dort Gelb, bevor Sie ausatmen.

Atmen Sie ein, und bewegen Sie sich weiter aufwärts zum Herzchakra; hier visualisieren Sie Grün und atmen dann wieder aus.

Atmen Sie ein, und gehen Sie zum Kehlchakra, visualisieren Sie Blau, und atmen Sie aus. Fahren Sie fort mit dem Atmen, während Sie sich zum dritten Auge begeben, wo Sie sich ein tiefes Violett vorstellen. Atmen Sie aus.

Atmen Sie noch einmal ein, und werden Sie sich des obersten Punktes Ihres Kopfes bewußt. Visualisieren Sie weißes Licht um Ihren Körper. Atmen Sie aus. Werden Sie sich erneut des ersten Chakras und seiner Farbe Rot bewußt. Visualisieren Sie es als ein plasmaartiges rotes Energiefeld, in das Sie hineinsehen können. Achten Sie dabei darauf, ob Sie irgendein Element wahrnehmen können. Ist es Ihnen möglich, irgendeinen Edelstein mit dieser Farbe zu assoziieren? Welche tierische Form verbinden Sie mit der Farbe? Ist das Tier rot, oder ist es von der Farbe Rot umgeben?

Fragen Sie sich nun, ob es in Ihrem Leben Menschen gab oder gibt, die spontan in Ihrem Bewußtsein des ersten Chakras auftauchen. Sollte dies der Fall sein, machen Sie sich im Geiste eine Notiz davon.

Atmen Sie anschließend tief ein, visualisieren Sie wieder weißes Licht um Ihren Körper, und atmen Sie aus.

Konzentrieren Sie sich nun auf Ihr zweites Chakra und auf das orangefarbene Licht, das Sie dort vorfinden. Schauen Sie in das Energiefeld hinein, und achten Sie darauf, welches Element Sie mit dieser Farbe in Verbindung bringen. Stellen Sie sich vor, welchen Edelstein Sie mit dieser Frequenz assoziieren. Jetzt versuchen Sie auszumachen, welche tierische Form Sie in diesem Licht sehen. Achten Sie darauf, um welches Tier es sich handelt und welche Farbe es hat. Ist es orangefarben oder von der Farbe Orange umgeben? Halten Sie auch nach Menschen Ausschau, die Sie kennen, gekannt haben oder kennen werden, die spontan in diesem Chakra auftauchen.

Machen Sie sich eine mentale Notiz darüber, und atmen Sie tief ein. Umgeben Sie sich erneut mit weißem Licht, bevor Sie den Atem wieder ausströmen lassen.

Richten Sie jetzt Ihre Aufmerksamkeit auf das dritte Chakra, und betrachten Sie das gelbe Licht, das Sie dort vorfinden. Schauen Sie in dieses Lichtfeld hinein. Welche Elemente assoziieren Sie damit, welchen Edelstein? Welche tierische Form taucht hier auf, welche Farbe hat sie? Ist sie gelb? Welche Menschen tauchen spontan in Ihrem Bewußtsein auf?

Atmen Sie noch einmal tief ein, und umgeben Sie sich mit weißem Licht. Jetzt atmen Sie aus und entspannen sich.

Als nächstes konzentrieren Sie sich auf Ihr Herz und das Herzchakra. Schauen Sie tief in das wunderschöne grüne Licht, das Sie dort vorfinden. Gibt es ein Tier, das Sie mit dieser Farbe in Verbindung bringen? Einen Edelstein? Welche Menschen erkennen Sie auf Anhieb, wenn Sie in Ihr eigenes Herzchakra schauen?

Holen Sie wieder tief Atem. Visualisieren Sie weißes Licht um Ihren Körper. Atmen Sie aus, und entspannen Sie sich.

Bewegen Sie sich nun aufwärts zum Kehlchakra; visualisieren Sie das herrlich blaue Licht, das von dort ausgeht. Wenn Sie tief in dieses Energiefeld hineinschauen, welches Element und welchen Edelstein assoziieren Sie mit diesem Chakra? Welches Tier erscheint vor Ihrem inneren Auge? Welche Personen aus Ihrer Vergangenheit oder Gegenwart tauchen spontan auf, die Sie mit diesem Zentrum in Verbindung bringen? Machen Sie sich im Geiste eine Notiz von allem, was Sie vorgefunden haben.

Atmen Sie erneut tief ein. Umgeben Sie sich mit weißem Licht. Atmen Sie aus, und entspannen Sie sich.

Richten Sie Ihre Aufmerksamkeit jetzt auf das dritte Auge. Achten Sie auf das violette Licht, das von dort ausgeht; schauen Sie tief hinein. Welches Element assoziieren Sie mit diesem Chakra? Gibt es auch hier einen

Edelstein, den Sie damit assoziieren? Können Sie ein Tier mit diesem Zentrum in Verbindung bringen? Fallen Ihnen spontan irgendwelche Menschen ein?

Atmen Sie erneut tief ein. Umgeben Sie sich mit weißem Licht, atmen Sie aus, und entspannen Sie sich.

Konzentrieren Sie sich jetzt auf das Kronenchakra. Schauen Sie tief in das weiße Licht hinein, das von dort ausgeht. Welche Elemente assoziieren Sie damit? Gibt es einen Edelstein, der Ihnen spotan dazu einfällt? Ein Tier? Welche Menschen erscheinen spontan vor Ihrem inneren Auge? Machen Sie sich auch hier eine mentale Notiz von dem, was Sie sehen.

Atmen Sie noch einmal tief ein. Visualisieren Sie einen Kreis von weißem Licht um Ihren Körper, bevor Sie ausatmen und sich entspannen. Lassen Sie alle Spannungen los und in diesem weißen Licht zurück. Lassen Sie Ihre Hände und Füße aufwachen. Leiten Sie die Energie jetzt durch Ihre Wirbelsäule abwärts. Richten Sie Ihre Aufmerksamkeit auf den Raum, in dem Sie sich befinden. Öffnen Sie die Augen.

Wenn Sie in dieser Übung nicht die traditionell mit den einzelnen Chakras assoziierten Elemente oder Tiere gesehen haben, ist das kein Grund zur Sorge. Wenn Sie beispielsweise statt einer Schlange im ersten Chakra ein Pferd visualisiert haben, so spielt das keine Rolle. Der Zweck dieser meditativen Übung sowie der anderen, die folgen, besteht darin, uns zu unserem eigenen inneren Ort der Stille zu geleiten, wo wir wie der Regenbogenkrieger damit beginnen können, uns der Chakras und ihrer feinstofflichen Energien bewußt zu werden. Wenn wir einmal diese Art von Gewahrsein erreicht haben, können diese Energiezentren zu bewußt empfundenen positiven, wirksamen Kräften in unserem Leben werden.

TEIL II

Das erste Chakra

KAPITEL 5

Vitalität

Das erste Chakra: unsere Lebenskraft

Obwohl das erste Chakra für die Erhaltung des Lebens in unserem derzeitigen physischen Körper eine wichtige Rolle zu spielen scheint, ist bis heute nur wenig Brauchbares oder Zuverlässiges darüber geschrieben worden. Die Beschreibung Annie Besants in ihrem Buch *Talks on the Path to Occultism* ist repräsentativ für den größten Teil der modernen Literatur zu diesem Thema:

> »Die Kundalini ... liegt gewöhnlich schlafend in dem Chakra oder Kraftzentrum, das sich am untersten Punkt der Wirbelsäule befindet. Wenn Sie vorzeitig geweckt wird - bevor der Mensch seinen Charakter von jedem Makel sinnlicher Unreinheit und Selbstsucht gereinigt hat -, kann es passieren, daß sie sich abwärts bewegt, gewisse niedere Zentren im Körper anregt (die nur in einigen zweifelhaften Formen schwarzer Magie verwendet werden) und den unglücklichen Betroffenen unweigerlich in ein Leben von unbeschreiblichen Schrecken führt; im besten Fall intensiviert sie alles, was der betreffende Mensch in sich trägt, einschließlich solcher Eigenschaften wie Ehrgeiz und Stolz ...«[53]

Aus Beschreibungen wie dieser könnten wir schließen, daß die Bedeutung des ersten Chakras darin besteht, Sitz der »Kundalini« zu sein und daß wir eigentlich so schnell wie möglich die Kundalini-Kraft aus diesem ersten Chakra herausbefördern sollten, da sie sonst »unbeschreiblichen Schrecken« - und Nachwuchs - erzeugen wird.

Kundalini: die lebenserhaltende Energie

Nicht nur befindet sich die Kundalini im ersten Chakra, sondern das erste Chakra selbst wird sehr oft als Kundalini bezeichnet, was ein Begriff aus dem Sanskrit ist und soviel bedeutet wie »Schlange« oder »schlafende Schlange«[54]. Die Energien dieses ersten Zentrums - unsere Lebenskraft, Sexualität, unser »Feuer« - sind demnach allesamt mit diesem Bild der Schlange und seinen Assoziationen verbunden.

Die Energie des ersten Chakras konzentriert sich auf den untersten Punkt zwischen der Wirbelsäule und dem Schambein. Das erste Zentrum umfaßt jedoch den gesamten Beckenbereich einschließlich der inneren und äußeren Geschlechtsorgane. Merkwürdigerweise enthalten alle Schriften und Materialsammlungen über die Chakras nie mehr als einen oder zwei Sätze über den Sitz der Sexualität im ersten Chakra. So als ob die Sexualität nicht eine der wichtigsten Kräfte in unserem Leben ist; als hätte unsere ganze Aufregung im Zusammenhang mit sexuellen Beziehungen keinerlei Auswirkung auf unser spirituelles Leben. In Wahrheit jedoch verbringen Heiler einen beträchtlichen Teil ihrer Zeit damit, Menschen hinsichtlich ihres jeweiligen Liebeslebens zu beraten und mit ihnen darüber zu sprechen, wie dieses ihre Gesundheit und ihr spirituelles Wachstum beeinflußt. Außerdem muß jede Untersuchung des ersten Chakras mit einbeziehen, wie ein Mensch über sein erstes Chakra mit den ersten Chakras anderer Menschen in Kontakt tritt - unabhängig davon, ob es sich um beabsichtigte oder »zufällige« Begegnungen handelt.

Wie alle übrigen Chakras, so hat auch das erste seine ganz eigene Sichtweise, eine eigene »Persönlichkeit«, wenn man so will. Es ist voller Kraft; Kontakt ist ihm wichtig. Seine Themen sind Überleben, Sinnlichkeit, Lust und Macht. Es will beweisen, daß wir lebendig sind, kraftvoll; dabei ist es ihm egal, wie es dieses Ziel erreicht. Lebendigsein und Lebendigbleiben sind seine wichtigsten Anliegen.

Traditionelle Aspekte des ersten Chakras

Sternzeichen, Element und Edelstein

Da die Energie des ersten Chakras den Beckenbereich des Körpers umfaßt, wird mit diesem Zentrum häufig das Sternzeichen des Skorpion assoziiert, das die Genitalien beherrscht. Das bedeutet nicht, daß alle Skorpion-Geborenen unbedingt »Menschen des ersten Chakras« sein müssen, sondern lediglich, daß das Zeichen selbst mit diesem Energiezentrum in Verbindung gebracht wird, dessen Hauptfunktion die Erschaffung und Erhaltung des Lebens ist.

Das Element, das in der Regel mit dem ersten Chakra assoziiert wird,

Abb. 39 Skorpion. Weil das erste Chakra die Fortpflanzungsorgane regiert, wird es mit dem Sternzeichen Skorpion in Verbindung gebracht.

ist Feuer. Der Grund hierfür liegt in der Hitzeempfindung, die als »Aufsteigen der Kundalini« bezeichnet wird. Wenn Menschen diese mystische Öffnung erfahren, verspüren sie in der Regel ein Gefühl von Hitze, das sich vom untersten Punkt der Wirbelsäule bis zum obersten Punkt des Kopfes bewegt.

Obwohl die meisten überlieferten Texte das erste Chakra und den physischen Körper mit Feuer assoziieren, wird dem physischen Körper in alchimistischen Schriften das Element Erde zugeordnet. Jedoch symbolisiert die »rote Erde« oder der »rote Lehm«, aus welchem die Menschheit erschaffen wurde, in Wahrheit die Erschaffung des physischen Körpers

Abb. 40 Das Tetragrammaton. In der hebräischen Tradition wird der heilige Name Gottes in vier Buchstaben geschrieben (die in der Originalschrift von rechts nach links gelesen und in lateinischer Schrift als YHVH oder JHVH wiedergegeben werden). Dieser Name wird »Jahweh« oder »Jehovah« ausgesprochen, obgleich die alten Hebräer erkannten, daß es keinen Namen geben kann für den transzendenten, »unwißbaren« Aspekt Gottes bzw. des Seins. Der erste Buchstabe des Tetragrammatons ist Yod (oder Jod), ein Symbol für die Flamme, die Ursache, das Eine, in dem alle Dinge ihren Ursprung haben. Dies ist das archaische, männliche Prinzip. Der zweite Buchstabe, Heh, repräsentiert das weibliche Prinzip. Aus der Vereinigung dieser beiden Kräfte werden das Vau, der »Sohn«, und das zweite Heh, die »Tochter«, gezeugt.

Abb. 41 Wenn man die vier Buchstaben des Tetragrammatons in einer vertikalen Reihe anordnet, entsteht eine Figur, die an eine menschliche Gestalt erinnert. Das Yod bildet den Kopf, das erste Heh die Arme und Schultern, das Vau den Rumpf und das zweite Heh die Hüfte und Beine. Selbst wenn man an die Stelle der hebräischen Buchstaben deren lateinische Äquivalente setzt, verändert sich die Form nicht wesentlich.

aus dem Feuer: Nach der Kabbala steht Adam oder der adamische Mensch mit Yod oder der Flamme in Verbindung, dem ersten Buchstaben des heiligen Gottesnamens Jehovah (YHVH)[55]. (Siehe Abbildungen 40 und 41.)

In den alten Zivilisationen glaubte man, Edelsteine und »edle« Metalle bezeichneten oder verkörperten gewisse mächtige Energien, die auf denjenigen, der sie bei sich trägt, einen heilenden bzw. stärkenden Einfluß ausüben. Man ging davon aus, daß diese Energien dem Träger helfen würden, mit bestimmten inneren Kräften in Einklang zu kommen, namentlich mit den verschiedenen Chakra-Zentren[56]. Sowohl der Rubin als auch der Feueropal sind Edelsteine, die traditionell mit dem ersten Chakra assoziiert werden. Wahrscheinlich gibt es einen Opal für jedes Chakra, denn Opale gibt es in allen Farben. Wegen seiner Assoziation mit der Chirurgie wird auch der Topas (Feuertopas) mit dem ersten Chakra in Verbindung gebracht, das die Chirurgie »regiert«. Die Fähigkeit, Fleisch zu durchschneiden, wird mit der Fähigkeit, dieses Fleisch auch zu erneuern, assoziiert. Diese regenerative Fähigkeit ist eine essentielle Funktion des ersten Chakras.

Die Biene, der Drache, das Pferd und die Schlange

In der Welt der Antike und sogar in modernen Zeiten hat man verschiedene reale wie auch mythologische Tiere mit dem ersten Chakra in Verbindung gebracht. Besonders bekannt sind dabei die Biene bzw. die Hummel und der Drache. In der westlichen Welt gilt auch das Pferd als Symbol für das erste Chakra; und die Schlange wird, wie die Bedeutung des Begriffs »Kundalini« nahelegt, in ganz besonderer Weise mit dem ersten Chakra assoziiert.

Das Bild der Hummel findet sich vorwiegend in Kreta und Ägypten. In

Kreta symbolisierte die Bienenkönigin die Muttergottheit, die alles erschuf und nährte und der Grund alles Seins war (siehe Abbildung 42). In Ägypten war die Hummel das Zeichen des weiblichen Pharao, des südlichen Teils von Ägypten und des oberen Nils[57].

Bei Bienen und anderen Insekten, die sich ähnlich den Bienen bewegen, hat man eine rhythmische Bewegung der Beine und Fühler beobachtet, die in Beziehung zum ersten Chakra steht. Wird diese Bewegung übertrieben stark, so wird sie mit Flucht assoziiert. Wenn bei Menschen die innere Bewegung (oder die Energieschwingung) beschleunigt wird, so kann man davon sprechen, daß wir »fliegen«. Wir erheben und bewegen uns, dehnen uns aus und wachsen in einem Maße, wie wir es zuvor noch nicht erlebt haben. Wegen dieser Assoziation wird das Summen oder Brummen der Bienen oft mit der Erweckung der Kundalini in Verbindung gebracht[58]. Auch aus diesem Grund war die Hummel bzw. die Biene in der Antike das Symbol für das erste Chakra.

Auf dem gesamten amerikanischen Kontinent wurden Kriechtiere – Würmer, Spinnen und Eidechsen – mit dem ersten Chakra in Verbindung gebracht. In älteren Traditionen waren Drachen repräsentativ für dieses Energiezentrum. Während der Drache für die Christen zu einem Symbol

Abb. 42 Die Göttin des Weltenbergs. Kretisches Siegel um 1500 v. Chr., Palast zu Knossos. Man beachte die Ähnlichkeit des Berges mit einem Bienenstock.

Abb. 43 Der heilige Georg mit dem Drachen. Raphael.

Abb. 44 Cadmus kämpft gegen den Drachen. Altes lakonisches Gefäß.

des Bösen und der Sünde geworden ist, repräsentierte er für viele vorchristliche Kulturen das genaue Gegenteil. Im gesamten Altertum galten Drachen als Symbole der Weisheit und Unsterblichkeit, des geheimen

Abb. 45 Der kaiserliche Drache. Das Ansehen und der günstige Einfluß des Drachen sind in der chinesischen Kultur seit uralten Zeiten bekannt. Der Drache war das Emblem der kaiserlichen Familie.

Abb. 46 Menorah. England, 13. Jahrhundert. Auf einer reich bemalten Menorah (siebenarmiger Leuchter) ist die Versuchung Adams und Evas durch eine Schlange dargestellt, die wie ein Cherub aussieht.

Wissens und der Ewigkeit. Die Gelehrten Ägyptens, Babylons und Indiens bezeichneten sich während ihrer Mysterienspiele und Initiationen häufig als »Söhne des Drachen«, als »Schlangen« oder als »Söhne des Schlangengottes«[59]. In der chinesischen Kultur steht der Drache seit uralten Zeiten wegen seiner wohltätigen Natur in hohem Ansehen und war früher das Wahrzeichen der kaiserlichen Familie. Außerdem symbolisierte er in der chinesischen Kosmologie »Yang«, das positive Prinzip des Himmels, der Aktivität und der Männlichkeit[60].

Das Pferd und ganz besonders die Schlange sind ebenfalls Tiere, die mit dem ersten Chakra in Verbindung gebracht werden. Die Symbolbedeutung des Pferdes wie auch der Schlange entstammt alten Überlieferungen. Wer die Symbollehre C. G. Jungs kennt, wird dort viele Bezüge zur Sexualität finden, wenn vom Reiten auf einem Pferd die Rede ist, wobei die Assoziation von Sexualität und Pferd auf die Zeit Alexanders des Großen oder vielleicht sogar noch wesentlich weiter zurückgeht[61].

Jung hinterließ der Psychotherapie durch die Erforschung der abgespaltenen, dunklen Seite des Bewußtseins ein wichtiges Erbe: Das stets gegenwärtige Versprechen, daß wir sowohl unseren eigenen inneren wie vielleicht auch den Weltfrieden finden können, wenn es uns gelingt, unsere eigenen dunklen Seiten zu identifizieren und zu integrieren. Diese Idee ist weder neu noch wurde sie zum ersten Mal von C. G. Jung formuliert, sondern er kam nach intensivem Studium der esoterischen Literatur zu diesem Schluß.

Die phallische Symbolik des Pferdes und die Kraft, Sexualität und dunkle Seite des Bewußtseins, die mit dem Pferd in Verbindung gebracht werden, finden sich in der Freudschen Psychologie assoziiert mit dem Bild der Schlange. Das westliche Denken steht seit fast fünfzig Jahren unter dem Einfluß der Freudschen Idee, daß Schlangen Phallus-Symbole seien, die in unseren Träumen gewöhnlich ein tiefes, dunkles, sexuelles Verlangen repräsentieren. Wenn man dieses Bild in Zusammenhang mit der Schlange aus dem Garten Eden sieht, die Eva zum Ungehorsam »verführte« - was zur Folge hatte, das der Mensch »in Ungnade fiel« und daß ihn Gottes Mißbilligung traf -, dann erscheint die Schlange als äußerst bösartige Kreatur, deren gesamtes Streben und Trachten darauf ausgerichtet ist, uns in jedes nur erdenkliche Unglück zu stürzen, oder - in Annie Besants Worten - »in ein Leben von unbeschreiblichen Schrecken

Abb. 47 Der Sündenfall und die Vertreibung aus dem Garten Eden. Michelangelo, Deckengemälde in der Sixtinischen Kapelle, Vatikan.

Abb. 48 Die eherne Schlange des Moses. Michelangelo. Deckenmalerei in der Sixtinischen Kapelle, Vatikan. »Und das Volk lehnte sich gegen Gott und gegen Moses auf und sagte: Warum habt ihr uns aus Ägypten heraufgeführt? Damit wir in der Wüste sterben? Es gibt weder Brot noch Wasser. Unserer elenden Nahrung sind wir überdrüssig. Da schickte der Herr Giftschlangen unter das Volk. Sie bissen die Menschen, und viele Israeliten starben. Die Leute kamen zu Moses und sagten: Wir haben gesündigt, denn wir haben uns gegen den Herrn und gegen dich aufgelehnt. Bete zum Herrn, daß er uns von den Schlangen befreit. Da betete Moses für das Volk. Der Herr antwortete ihm: Mach dir eine Schlange und hänge sie an einer Fahnenstange auf! Jeder, der gebissen wird, wird am Leben bleiben, wenn er sie ansieht. Moses machte also eine Schlange aus Kupfer und hängte sie wie befohlen auf. Wenn nun jemand von einer Schlange gebissen wurde und zu der Kupferschlange aufblickte, blieb er am Leben.« (4. Buch Moses, 21:7–9)

zu führen«. Doch ist die Schlange seit dem Altertum aufgrund ihrer Fähigkeit, ihre Haut abzustreifen und sich auf diese Weise zu erneuern, auch ein Symbol für das Geheimnis der Wiedergeburt.

In Wahrheit war die Schlange, die zu Eva sprach, eine eigenständige Gottheit, die in der Levante schon 7000 Jahre vor der Entstehung des ersten Buches Moses verehrt wurde[62].

In der Alten Welt war die Schlange (ebenso wie ihr größerer Vetter, der

Drache) seit jeher ein Symbol für den Gelehrten, den Meister gewesen, für seine Kräfte der Unsterblichkeit und des »göttlichen« Wissens[63]. Jede Kultur des Altertums - mit Ausnahme der christlichen - verehrte dieses Symbol. Die Christenheit jedoch beschloß, die eherne (bronzene) Schlange des Moses zu vergessen (4. Buch Moses, 21:7-9), die der Patriarch auf Gottes Geheiß hin schuf, damit die Mitglieder seines Volkes im Falle eines Schlangenbisses gesunden würden, wenn sie diese Bronzeschlange anschauten (siehe Abbildung 48). Jesus selbst wies auf das große Wissen und die Weisheit hin, welche die Schlange symbolisiert, als er sagte: »Seid klug wie die Schlangen und harmlos wie die Tauben« (Matthäus 10:16)[64]. Tatsächlich wird in der gesamten Literatur des Altertums die Schlange normalerweise mythologisch nicht mit Hinterlist und Verführung in Zusammenhang gebracht wie in der biblischen Schöpfungsgeschichte, sondern mit physischem und spirituellem Wohl und Erleuchtung[65].

Schlangenmythologie: die Religion der Göttin und die Macht der Wellenbewegung

Weil die Schlange für das erste Chakra und für die Kundalinikraft so wichtig ist, sollten wir uns einmal genauer mit ihrer Mythologie und mit einigen damit zusammenhängenden alten Praktiken beschäftigen. In jeder Mythologie des Altertums heißt es an irgendeiner Stelle, daß Gott (wer oder was auch immer dieser Gott bzw. diese Göttin sein mochte) zu einem früheren Zeitpunkt der Evolution die Schlange erschaffen habe. Im alten Babylon sind es die urzeitlichen Wasser von Tiamat, aus denen die Schlange geboren wird. Das persische *Bundadish (Buch der Schöpfung)* schreibt Angra Mainyu, den dunkleren der Doppelten Schöpfer, die Schöpfung der Schlangen, Skorpione, Frösche und Eidechsen zu; in der griechischen Mythologie gebiert Gaea, Mutter Erde, die Riesenschlange Typhon; in der chinesischen Mythologie ist der Drache (der im erweiterten Sinne auch als Schlange bezeichnet werden kann) eines von vier Tieren, die Pan Ku bei der Schöpfung der Welt helfen. Und in der nordischen Mythologie ist die Riesenschlange Yggdrasil, die am Fuße des Weltenbaumes liegt, die Kraft, welche das Universum am Leben hält.

Während in unserer westlichen Kultur (hauptsächlich infolge des Einflusses der Freudschen Lehre) die Schlange vor allem mit der männlichen Sexualität in Verbindung gebracht wird, war ich persönlich nie wirklich davon überzeugt, daß die Schlange ein Phallus-Symbol ist. Vielleicht ist das einer der Gründe, warum ich mich daranmachte, die Bedeutungen des Symbols der Schlange in anderen Kulturen zu erforschen.

Abb. 49 Drachen, der seinen eigenen Schwanz verschlingt. In der Mythologie vieler Kulturen wird die Schlange nicht nur als Symbol der männlichen Kraft angesehen, sondern auch als Symbol der Weiblichkeit. Diese Keramik weist auf die Doppelnatur der Schlange hin, auf ihr zugleich männliches und weibliches Wesen.

Ich fand heraus, daß die Schlange in den verschiedenen Mythologien sowohl männlich als auch weiblich ist. Die Tatsache, daß dieses Tier sowohl im Wasser als auch in Sumpflandschaften und auf festem Boden zuhause ist und außerdem von den Ästen der Bäume herabhängt, spricht ebenfalls für die männlich-weibliche Doppelnatur der Schlange. Man kann durchaus behaupten, daß die Schlange ein Phallus-Symbol ist, doch wenn man sie als Verschlingerin sieht, symbolisiert sie auch das weibliche Geschlechtsorgan[66] (siehe Abbildung 49).

Nachdem ich die verschiedenen religiösen Kulturen und ihre Mythologien näher untersucht hatte, fühlte ich mich am meisten zu der alten Religion der Göttin (etwa 5700 bis 1500 v. Chr.) hingezogen, die mehrere tausend Jahre vor dem Auftauchen der männlichen Gottheit existierte. Die Religion der Göttin gab es nicht nur in Ägypten, Delphi und Eleusis, sondern auch in vielen anderen Kulturen unter verschiedenen Namen[67]. In all diesen Kulturen repräsentiert die Göttin das universelle weibliche Prinzip der Geburt bzw. der Erschaffung von Leben (Generation) und

Abb. 50 Die Göttin Isis. Zeichnung auf Papyrus nach einem Relief auf einer Türe des dritten Goldschreins des Grabes von Tutenchamun im Tal der Könige, 18. Dynastie.

Abb. 51 Das Orakel zu Delphi. »Möge sich niemand nähern, dessen Hände unrein sind.« Illustration von Karen Haskin.

der Wiedergeburt (Regeneration). Als regeneratives Prinzip war es die Göttin, nicht die männliche Gottheit, die als erste die Auferstehung versinnbildlichte. Darüber hinaus erhob die Religion der Göttin die Schlange über alle anderen Symbole, da sie als Verkörperung des weiblichen Prinzips und der weiblichen Kraft galt. Während meiner ersten Reise nach Griechenland stellte ich Nachforschungen über die Religion der Göttin an und entdeckte die Verbindung zwischen dem weiblichen Prinzip und der Schlange: Die Schlange besitzt die Macht der wellenförmigen Bewegung (d. h. der Welle oder Schwingung), und dies ist eine weibliche Kraft. Abgesehen von der Art ihrer Bewegung steht die Schlange aufgrund ihrer Transformationsfähigkeit - der Fähigkeit, ihre Haut abzustreifen und sich selbst zu erneuern - in einer noch engeren Verbindung zum Weiblichen. Diese Fähigkeit zur Transformation ist eindeutig eher weiblicher als männlicher Natur, da sie dem physiologischen Monatszyklus der Frau ähnelt, bei dem es auch darum geht, sich des Alten zu entledigen und sich zu »erneuern«.

Geburtsort der Religion der Göttin war Ägypten. Von dort gelangten die Mysterien der Isis in die griechische Kultur: in Form der Orphischen Mysterien zu Delphi und der Mysterien der Demeter, der Erdmutter, und ihrer Tochter Persephone (Kore, die Universelle Jungfräuliche Mutter) in Eleusis[68]. In Buch XI des Goldenen Esels (auch Metamorphosen genannt) von Lucius Apuleius, der selbst ein Eingeweihter der Isis war (ca. 150 v. Chr.), schreibt der Autor der Göttin die folgenden Attribute zu:

Abb. 52 Tutenchamuns Mumie, gekleidet als Osiris.

> »Ich, die Mutter der Schöpfung, die Herrin aller Elemente, der Ursproß der Jahrhunderte, die höchste der Gottheiten, die Königin der Geister, die erste der Himmlischen, die Erscheinung der Götter und Göttinnen in einer Gestalt, die ich des Himmels lichtvolle Höhen, des Meeres wohltätiges Wehen, der Unterwelt vielbeweinte Stille durch meinen Wink leite, deren einzigartiges Walten in vielgestaltigem Bilde, in mannigfachem Brauch, unter vielerlei Namen der ganze Erdkreis verehrt. Dort nennen mich die Erstgeborenen der Menschen, die Phrygier, die Pessinuntische Göttermutter; hier die Urbewohner ihres Landes, die Attiker, die Kekropische Minerva; dort die meerumfluteten Kyprier die Paphi-

sche Venus; die pfeiltragenden Kreter die Diktynnische Diana; die dreisprachigen Sikuler die Stygische Proserpina; die Eleusiner die alte Göttin Ceres; andere Jun oder Bellona; diese dort Hekate, jene Rhamnusia; und die, die von der aufgehenden Sonne beleuchtet werden, die Äthiopier beider Länder und die durch uralte Weisheit ausgezeichneten Ägypter - durch eigene Bräuche mich ehrend - mit meinem wahren Namen: Königin Isis.«[69]

Die schmerzhafte Suche der Göttin Demeter nach ihrer entführten Tochter Persephone in Eleusis findet ihre Parallele bei den alten Ägyptern in der Reise der beklagenswerten Isis, die ihren Bruder-Gatten Osiris sucht. In beiden Mythologien sind die Bemühungen der Göttinnen, ihre verschollenen Verwandten aus dem Reich der Toten zurückzuholen, schließlich von Erfolg gekrönt, wenn dieser auch nicht von Dauer ist: Osiris wird zwar wieder zum Leben erweckt, doch beschließt er, im Reich der Toten zu bleiben. Persephone wird in das Land der Lebenden zurückgebracht, doch da sie von der Frucht der Toten gegessen hat - einen Granatapfelsamen - ist es ihr Schicksal, jeweils für ein Drittel des Jahres in die Unterwelt zurückkehren zu müssen[70].

Ebenso wie sich der Isis-Osiris-Mythos nur geringfügig von dem Demeter-Persephone-Mythos unterscheidet, ähnelt die ägyptische Legende vom sterbenden und wiederauferstehenden Gott Osiris auch sehr stark der Geschichte des Dionysos, seines griechischen Gegenstücks[71].

Osiris, der von seinem Bruder Seth in Stücke geschnitten worden war, wurde von seiner Schwester-Gattin Isis wieder zum Leben erweckt, nachdem sie alle Teile seines Körpers (außer dem Phallus, der von einem Fisch verschlungen worden war) gefunden hatte. Isis erweckte Osiris durch Beschwörungen zum Leben und empfing anschließend von ihm auf wunderbare Weise (jungfräulich) ihren Sohn Horus. In der Geschichte von Dionysos rettete die Göttin Athene das Herz des Dionysos und

Abb. 53 Kopf des jungen Dionysos. Späthellenische Skulptur. Fundort in der Nähe von Rom.

Abb. 54 Altar des Caducaeus. Sowohl auf dem amerikanischen Kontinent als auch in den alten Städten Ägyptens, Griechenlands, Sumers und Indiens symbolisierte die Schlange die Kraft der Überwindung des physischen Todes. Auf der obigen Abbildung bietet ein Gläubiger einer Schlangengottheit in Form einer Art Caducaeus Weihrauch und Opfergaben dar. Aus dem Codex Fejervary Mayer, einem mixtekischen Manuskript aus dem 15. Jahrhundert.

reichte es Zeus. Entsprechend einer Version des Mythos erweckte der Göttervater selbst Dionysos wieder zum Leben, indem er das Herz seines Sohnes verschluckte und ihm anschließend noch einmal das Leben schenkte.

Aufgrund ihres Wesens und ihrer Gestalt galt die Schlange als Symbol der Empfängnis und der Wiedergeburt, und sie repräsentierte die Göttin. In fast allen Kulturen symbolisiert die Schlange das Leben selbst, das sich (wie die Schlange) durch die ganze Natur hindurchzieht[72]. Die reproduktive, regenerative Kraft der Göttin gilt auch seit jeher als Ursprung der Heilfähigkeit des menschlichen Körpers. Deshalb symbolisierten in

Abb. 55 Apollo Belvedere. Carrera-Marmor. Kopie einer Statue aus dem 4. Jahrhundert n. Chr. Das Original befindet sich im Vatikan.

den alten Kulturen sowohl die Schlange als auch die von ihr repräsentierte Göttin die Heilkunst.

Zum Phallus-Symbol wurde die Schlange erst, nachdem der Tempel des Apollo die Funktion des Tempels von Delphi übernommen hatte. Das *Orakel* zu Delphi[73] war seit jeher von Frauen betreut worden, wobei die jeweils verantwortliche Frau »höchste Pythonpriesterin« genannt wurde.

Nach der Mythologie lautete der ursprüngliche Name der Orakelstätte Pythos, weil seine Kammern einer großen Schlange, der man den Namen Python gab, als Behausung gedient hatten; jene Schlange war aus dem Schlamm hervorgekrochen, den die zurückweichende Flut zur Zeit des Deukalion (des griechischen Noah) zurückgelassen hatte. Apollo erstieg den Hang des Berges Parnassus, tötete die Schlange und warf ihren Körper in die Felsspalte des Orakels. Nachdem die letzte Python erschlagen worden war und laut der Geschichte die religiöse Macht aus der Hand der Frauen in die der Männer überging, wurde in Delphi der Tempel des Apollo errichtet[74]. Von jener Zeit an verkündete der Sonnengott, der den Zusatznamen pythischer Apollo erhielt, in diesem Tempel die Orakel.

Nachdem Delphi von Apollo erobert worden war, heißt es, daß der Geist der mythischen Schlange Python als Repräsentant ihres Bezwingers dort verblieben ist. Jungfrauen, die als Pythien bezeichnet wurden und die jenen Orden bildeten, der als pythische Priesterschaft bekannt geworden ist, wurde gestattet, im Tempel zu bleiben und zur »Stimme« des Orakels zu werden; mit Hilfe der »Ausdünstungen« der Pythonschlange traten diese Priesterinnen mit der Gottheit in Verbindung[75]. Iamblichus, ein Gelehrter des Altertums, beschrieb in seiner Abhandlung über die Mysterien, wie der Geist des Orakels sich der Pythia bemächtigte und sich durch sie manifestierte:

> »Die Prophetin zu Delphi, ob sie nun der Menschheit infolge eines flüchtigen, feurigen Hauchs, der aus dem Schlund der Hölle hervorbricht, Orakel verkündet oder ob sie im Adytum auf einem bronzenen Dreifuß sitzt oder auf dem vierbeinigen Hocker, der dem Gott (Apollo) heilig ist, auf jeden Fall gibt sie sich völlig dem göttlichen Geist hin und wird durch einen Strahl des göttlichen Feuers erleuchtet. Und wenn dieses Feuer aus dem Schlund der Hölle sie von allen Seiten umhüllt, wird sie dadurch mit göttlicher Pracht erfüllt. Wenn sie sich aber auf den Sitz des Gottes setzt, öffnet sie sich seiner beständigen prophetischen Kraft: Diese beiden vorbereitenden Aktionen bewirken, daß sie völlig dem Gott gehört. Dann ist er fürwahr in ihr zugegen und erleuchtet sie gesondert. Dabei unterscheidet er sich vom Feuer, vom Geist und vom ihm gemäßen Sitz, kurz gesagt von allen natürlichen oder heiligen Gegebenheiten, die sich an dem Ort zeigen.«[76]

Apollo, der Sonnengott, übernahm demnach die Macht der Schlange, und die Schlange wurde zu seinem Symbol. Von dieser Zeit an wurde die männliche Fruchtbarkeit mit der Schlange in Verbindung gebracht.

Ida und Pengali: der duale männliche und weibliche Aspekt des ersten Chakras

Die Schlange repräsentierte demnach sowohl mythisch als auch mystisch verschiedene Kräfte. In Beziehung zu den Pythien von Delphi ist sie ein Symbol für Weissagung; im Zusammenhang mit der Religion der Göttin repräsentiert sie die weiblichen Kräfte des Gebärens und der Wiedergeburt; und aufgrund dieser Aspekte symbolisiert sie auch die Heilkunst. Noch heute gilt der Caducaeus (Äskulapstab, um den sich zwei Schlangen winden) als Wahrzeichen der Ärzte.

Im Altertum taucht der Caducaeus erstmals als Stab des berühmten Hohepriesters Tahuti (Thoth) auf, der später von den Griechen Hermes oder Hermes Trismegistos genannt wurde (siehe Abbildung 57). Nach der ägyptischen Überlieferung entging dieser »dreifach größte« Priester, Philosoph und König der Zerstörung von Atlantis, wo er der oberste der Hohepriester gewesen war. Es heißt, daß er den Ägyptern die heilige und geheime Lehre gebracht hat[77], unter anderem auch das »göttliche Wissen« von der heiligen Kunst des Heilens.

Der Caducaeus taucht als Symbol auch im Zusammenhang mit dem späteren griechischen Arzt Asklepios auf (in der lateinischen Form Aesculapius oder eingedeutscht Äskulap), der wahrscheinlich ein Schüler und Eingeweihter von Tahuti war, obgleich Tahuti, Thoth, Hermes und Asklepios in der griechischen Mythologie als ein und dieselbe Person angesehen werden. Nach dieser Mythologie wurde Asklepios von Zeus bestraft, weil er einen Sterblichen aus dem Land der Toten zurückgeholt hatte (auch hier wieder das Thema von Auferstehung und Wiedergeburt). Schließlich gründete Asklepios zusammen mit seinen Töchtern Panakea und Hygieia einen

Abb. 56 Der Caducaeus.
Dieses Symbol des Arztberufs tauchte erstmals im Altertum als Stab des legendären ägyptischen Hohepriesters Tahuti auf, der das »göttliche Wissen« der heiligen Heilkunst nach Ägypten gebracht haben soll. Der Caducaeus ähnelt eindeutig der traditionellen symbolischen Darstellung der Ida- und Pengali-Schlangen, die bei der mystischen Erfahrung des Erwachens der Kundalini zum obersten Punkt der Wirbelsäule aufsteigen.

Abb. 57 Hermes Trismegistos. Der dreifach größte Priester, Philosoph und König der griechischen Überlieferung war den alten Ägyptern unter dem Namen Thoth oder Tahuti bekannt.

Tempel der Heilkunst, der zum Orakel von Epidauros wurde und in dem sowohl körperliche als auch seelische Krankheiten geheilt wurden.

Eine der berühmtesten Heilkuren bestand darin, eine Nacht im Inneren des Tempels zu schlafen. Die Leidenden profitierten im Schlaf nicht nur von den Heilenergien im heiligen Bezirk, sondern oft wurde ihnen außerdem von Gott eine Traumbotschaft oder eine Vision geschenkt, die ihnen bei ihrer weiteren spirituellen Entwicklung den weiteren Weg weisen konnte. Vielleicht galt Asklepios deshalb als jemand, der nicht nur physische Krankheiten, sondern auch die Seele zu heilen vermochte. Dadurch erlangte die Schlange eine weitere Bedeutung, da sie sowohl die subtilen »Ströme« im Körper als auch die »spiralförmigen Windungen des evolutionären Pfades der Seele« symbolisierte[78].

Dieser Dualismus wird in der Mythologie und Mystik der Hindus durch Ida und Pengali (oder Pingala) repräsentiert – die Namen der weiblichen und der männlichen Schlange, die sich im Körper umeinander winden und die den Ursprung des Energieflusses bilden, der sich entlang der Wirbelsäule von Chakra zu Chakra aufwärts bewegt. Wenn diese

Abb. 58 Hygieia. 4. Jahrhundert v. Chr., Elfenbein-Dyptichon.

Abb. 59 Gottheit mit Anbetenden und Schlangen. Ca. 2000 v. Chr. Siegel aus dem Indus-Tal.

Abb. 60 Herr des Baumes der Wahrheit. Ca. 2500 v. Chr. Diese Zeichnung nach einem mit Ornamenten verzierten sumerischen Ritualgefäß der gleichen Periode, aus der auch das obige Siegel aus dem Indus-Tal stammt, zeigt den mesopotamischen Schlangengott Ningishzida in seiner Doppelnatur als ein Paar kopulierender Schlangen. Um einen Stab in der Mitte gewunden, erinnern beide an den Caducaeus des Hermes-Thoth-Asklepios und an die bildliche Darstellung der aufsteigenden Schlangenkraft der erwachten Kundalini.

»Schlangen« beim Aufsteigen der Kundalini den obersten Punkt der Wirbelsäule erreicht haben, soll sich - wie manche berichten - eine entgegengesetzte, abwärts gerichtete Kraft, die *Sushumna* genannt wird, in Bewegung setzen. Während dieser Abwärtsbewegung kommt es zum völligen Gewahrsein des »Erwachens« aller Chakras und des freien Fließens zwischen ihnen[79]. Die bildliche Darstellung des Caducaeus kann man als Symbol für das Erwachen der sieben Chakras durch die aufsteigende Schlangenkraft der Kundalini verstehen (siehe Abbildungen 59 und 60).

Initiation und das erste Chakra

Kundalini-Initiation und die Siddhi-Kräfte

Nicht nur wegen ihrer Assoziation mit dem Orakel, sondern auch aufgrund ihrer mystischen Verbindung zum Aufsteigen und Erwachen der Kundalini wird die Schlange auch mit Fähigkeiten in Verbindung gebracht, die in der heutigen Bewußtseinsbewegung als »Siddhi-Kräfte« bekannt sind. In Hindi bedeutet Siddhi »Vollendung«. Bei den Siddhi-Kräften handelt es sich um Kräfte, die man normalerweise durch Meisterung der höheren Stufen des Yoga erlangt. Im allgemeinen werden zehn bis zwölf

Abb. 61 Kiva. Querschnitt durch das Innere einer unterirdischen Kiva mit Konstruktionsdetails.

Siddhi-Kräfte aufgeführt, je nach der Art der vorbereitenden Übung: dazu gehören zum Beispiel Hellsehen, Hellhören, Hellfühlen, Teleportation, Telekinese, Telepathie, Präkognition, Levitation, Bilokation (an zwei Orten zugleich sein), Unsichtbarmachen, Materialisieren und Heilen.

Die Kundalini ist die schlafende Schlange; nach der Tradition der Hindus liegt sie dreieinhalb Windungen zusammengerollt am unteren Ende der Wirbelsäule. Wenn sie jedoch geweckt wird, steigt sie (hoffentlich) entlang der Wirbelsäule bis in die Nähe der Zirbeldrüse (Epiphyse) und der Hirnanhangdrüse (Hypophyse) auf. Dies sind Hormondrüsen, die sich sehr nahe beieinander in der Nähe von Thalamus und Hypothalamus im Mittelhirn befinden. Wenn die Schlangenkraft auf diese Weise aktiviert wird, kann eine beseeligende Erfahrung des »Sehens« eintreten, ohne daß physisch wahrnehmbares Licht vorhanden wäre. Wenn wir völlig wach und bewußt in der Dunkelheit sitzen, fangen wir schließlich an zu sehen, auch wenn keine Lichtquelle vorhanden ist, weil die chemische Reaktion der Synapse im Körper selbst sichtbar wird. Dann sehen, empfinden und fühlen wir gleichzeitig - tatsächlich fühlen wir ebenso sehr wie wir sehen. In Nordamerika haben viele von uns die *Kiva-Initiationen* der Indianer erlebt, bei denen dieser Prozeß nachvollzogen wird und in deren Verlauf in der Dunkelheit immer wieder Bilder auftauchen. In der Welt des Altertums war eines der Hauptziele der Initiation in allen

Mysterienkulturen die Aktivierung dieser Art des Sehens. Theoretisch stehen dem zu neuem Bewußtsein erwachten Initianden nach dem Aufsteigen der Kundalini - der erwachten Schlangenkraft - nicht nur dieses Sehen, sondern alle Siddhi-Kräfte zur Verfügung.

In den Mythologien Chinas, Indiens und insbesondere in denjenigen Griechenlands und Ägyptens nimmt der Mythos der Schlange als Teil dieses Prozesses der Kundalini-Initiation eine vorrangige Stellung ein. Obwohl die Personen, die in die alten Mysterienreligionen eingeweiht wurden, schwören mußten, über ihre Erfahrungen Stillschweigen zu wahren, sind uns einige persönliche Schilderungen aus jener Zeit erhalten geblieben, aus denen hervorgeht, daß der Zweck von Initiationen in

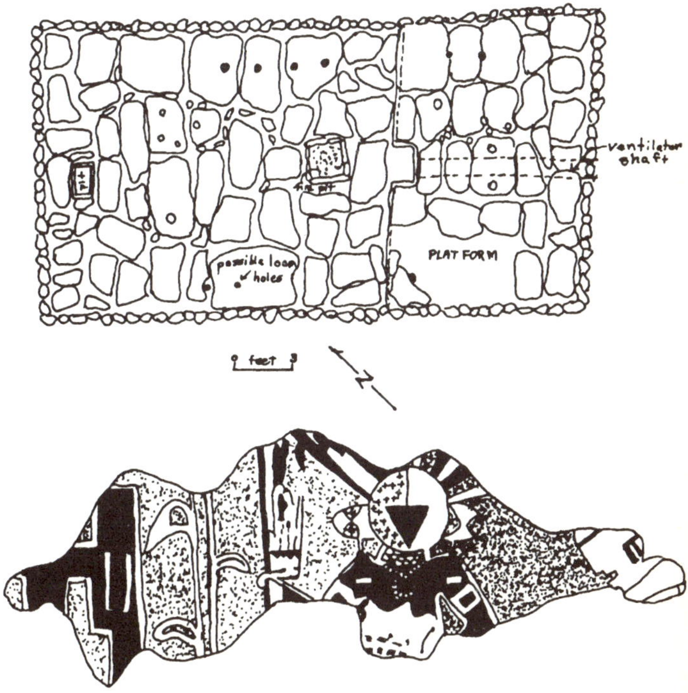

Abb. 62 Hopi-Kiva.
Oben: Bodenplan einer der vielen Kivas im Hopi-Stil, wie sie in Awatovi zu finden sind.
Unten: Typisches Mauerfragment. Die dargestellte Figur ist wahrscheinlich Ahola Katcina (Kachina), das Symbol für die Ankunft der Sonne.

allen Kulturen stets der gleiche war[80]. Die Funktionen der niederen Mysterien oder der niederen Grade der Einweihung bestand darin, den Initianden über die Gesetze der höheren Welten zu informieren, während der Zweck der höheren Mysterien bzw. der höheren Grade der Initiation der war, ihn in direkten Kontakt zu den Wesen zu bringen, die jene höheren Welten bewohnen. Zwar haben einige Gelehrte die Ansicht vertreten[81], die Mysterien seien nichts weiter gewesen als von Schauspielern aufgeführte heilige Dramen (Mysterienspiele), durch die ein leichtgläubiges Publikum mit heiligem Schrecken erfüllt werden sollte, schließt die Architektur einiger Tempel diese Vermutung aus: Aufgrund der vielen Pfeiler wäre ganz einfach kein Platz für eine Bühne vorhanden gewesen. Doch nicht nur die Tempelstruktur, sondern auch die persönlichen Berichte der alten Initianden deuten darauf hin, daß im psychisch-geistigen Bereich Dinge geschahen, die alle Anwesenden berührten[82].

Sowohl in der Überlieferung der Indianer Nordamerikas als auch im Hinduismus und Buddhismus ist jene psychische Ebene, jene innere »unsichtbare« Welt, aus der in der Dunkelheit Visionen auftauchen, die »andere« bzw. die wirkliche Welt. Das, was wir als »normal« bezeichnen, ist nach dieser Anschauung die Welt der Maya, die falsche Welt, die Welt, die nicht wirklich ist, sondern nur zu sein scheint. Diese Unterscheidung wird sehr wichtig für das Verständnis der Kundalini-Tradition.

Griechenland: Initiation in den Tholoi

Während die niederen Mysterien und die niederen Einweihungen kollektiv durchgeführt wurden, wurde die Einweihung in die höheren Mysterien nur individuell durchgeführt. Nur wenigen der Initianden, die in die niederen Mysterien eingeweiht worden waren, wurde jemals der Zugang zu den höheren Initiationen gewährt. Diejenigen, die zugelassen wurden, mußten im allgemeinen eine bestimmte Zeit warten - normalerweise zwischen fünf und sieben Jahre, wenn nicht länger -, bevor ihnen die Teilnahme an den höheren Einweihungen gestattet wurde. Diese Zeitspanne brauchte der Kandidat, um sich vorzubereiten, da die höheren Mysterien ihn durch die Pforten des Todes geleiten würden.

> »Ebenso wie bei den schamanischen, freimaurerischen und anderen Initiationen späterer Zeit wurde der Kandidat in eine Trance versetzt, sein Bewußtsein aus dem Körper geleitet, und in diesem Zustand erlebte er höhere Seinszustände und begegnete den Bewohnern der unsichtbaren Welten. Manche von ihnen waren dämonischer, andere wohltätiger Natur... Durch unmittelbares Erleben

a

Abb. 63 a–c Epidauros. a und b: Detail der Tempelmauern. Man beachte das eiförmige Ornament im Bild 63 a. Das Ei war wie die Schlange ein Symbol der Göttin und repräsentierte das Universum. c: Die Säulen des Tempels.

b

C

lernte der Initiand auf diese Weise, daß die Götter, die er verehrte, real waren. Schließlich kehrte er zur Erde zurück, zutiefst überzeugt von seiner Unsterblichkeit und darauf vorbereitet, dem Tod furchtlos zu begegnen, wissend, daß dieser das Tor zur Freiheit war und zur wahren Heimat seiner Seele.«[83]

Die Kundalini-Initiation war ein wichtiger Bestandteil dieser höheren Mysterien.

In Griechenland war die Kundalini-Einweihung in den Tholoi (den Tempeln) damit verbunden, daß der Initiand in einem unterirdischen

Labyrinth isoliert wurde. In Epidauros gab es ein Labyrinth unter einer Rotunda (einem Rundbau, auch Ethilos genannt). Dabei handelte es sich um einen wunderschönen, runden Sakralbau mit herrlichen Säulen. Unter einem Schlußstein des Gewölbes im Boden befand sich das innere Heiligtum. Nach Entfernung des Schlußsteins ließ man den Initianden durch die entstandene Öffnung in das Labyrinth hinab. Anschließend wurde der Stein wieder an seinen alten Platz gesetzt. Im Untergrund waren konzentrisch verlaufende Gänge so angelegt, daß sie ein Labyrinth bildeten, in dem Schlangen hausten. Der Initiand mußte in diesem unterirdischen Labyrinth neun Tage lang in völliger Dunkelheit ohne Nahrung und Wasser leben - und er mußte sich vor den Schlangen hüten. Wenn er diese Zeit überlebte, mußte er nach seiner Befreiung aus dem Labyrinth berichten, was in der Zwischenzeit oben auf dem Land passiert war. Der Aufenthalt im Labyrinth war also nur der erste Teil der Prüfung. Der zweite wichtige Teil bestand darin zu prüfen, ob der Initiand gelernt hatte, seine Fähigkeit des inneren Sehens und sein außersinnliches Wahrnehmungsvermögen richtig zu gebrauchen.

In Eleusis und Delphi wurden ähnliche Initiationen durchgeführt. Da das Orakel zu Delphi ursprünglich der Schlange Python geweiht war, hat es im dortigen Labyrinth vermutlich Pythons gegeben. Der Initiand mußte also die Schlangen davon abhalten, ihn zu Tode zu quetschen.

Ägypten: Initiation in den Pyramiden

Auch die Ägypter hatten eine sehr interessante Kundalini-Initiation[84]. Die Kandidaten mußten 28 Jahre lang studieren; so lange brauchten die Vorbereitungen für die Einweihung. Schließlich mußten die Initianden eine Woche lang fasten, beten und rituelle Waschungen in der Königinnenkammer der Großen Pyramide vornehmen. Dann wurden sie wie Mumien in Leinen gehüllt, es wurden Gebete für sie gesprochen; danach wurden sie in die Königskammer gebracht und in einen Sarkophag gelegt, der mit einem 25 Zentner schweren Deckel verschlossen wurde. Auf diese Weise wurde der Initiand in eine Art Scheintod versetzt, einen Zustand, in dem er seinen Körper verließ. In dieser Verfassung bereiste sein Geist die vier Regionen Ägyptens. Nach neun Tagen wurde der Einzuweihende aus dem Sarkophag befreit und aus den Leintüchern ausgewickelt. Sofern er noch lebte, gewährte man ihm das Privileg, an der abschließenden Prüfung teilnehmen zu dürfen. Diese Prüfung bestand darin, dem Hohepriester zu berichten, was während der vergangenen neun Tage im ganzen Land geschehen war. Der Priester war bereits

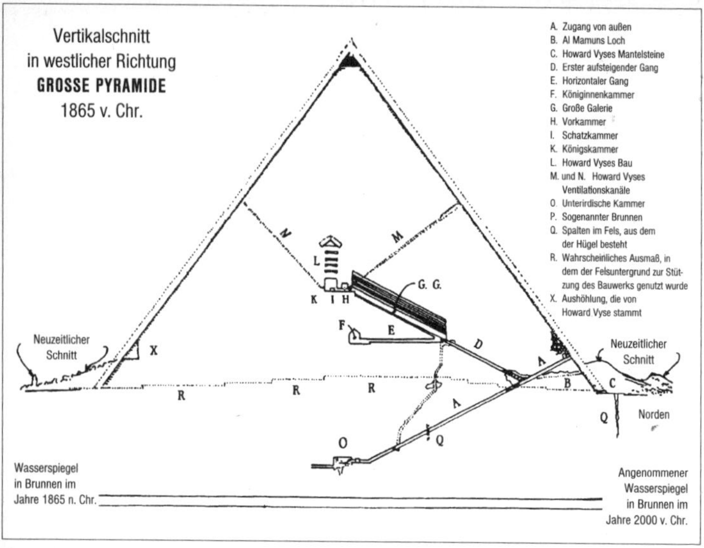

Abb. 64 Die Große Cheops-Pyramide. Die Initiation fand wahrscheinlich sowohl in der Königs- als auch in der Königinnenkammer statt.

durch Läufer und Boten informiert worden, die man in alle vier Himmelsrichtungen ausgeschickt hatte.

Die Eleusinischen Mysterien

Wie bei den Initiationen in den Pyramiden gab es auch in Eleusis nach dem Aufenthalt im unterirdischen Labyrinth noch eine weitere Prüfung. Doch im Gegensatz zur ägyptischen Einweihung ging es dabei nicht um Astralprojektion, sondern der Initiand mußte eine gewaltige, wunderbare Metamorphose durchlaufen.

Leider gibt es heute auf den Feldern von Eleusis, die zwischen Athen und dem Handelshafen Pereas (Pyräus) liegen, mehr als ein Dutzend Fabriken und zwei Auto-Schrottplätze. Doch ist immer noch mit diesen Feldern ein merkwürdiges Phänomen. Parallel zu der modernen Autobahn, die Athen mit Pyräus verbindet, gibt es noch eine weitere Straße, die zu einem heiligen See führt. Dieser See liegt gegenüber dem Meer, doch seine Wasseroberfläche ist nicht auf Meereshöhe, wie es eigentlich der Fall sein müßte, sondern etwa zwei Meter höher als der Meeresspiegel. Das liegt daran, daß er sich auf einem Magnetfeld befindet. Dieses Magnetfeld markiert den genauen Ort des heiligen Tals, an dem einst der alte eleusinische Mysterientempel stand.

Der Tempel von Eleusis galt als eine Art gemeinsames Heiligtum für die ganze Welt, wo Religion all das zusammenbrachte, was erhaben und beeindruckend war[85]. Angehende Initianden bereiteten sich sieben Jahre lang vor, und am Ende jener Zeit begaben sie sich nach Eleusis. Dort erlebten sie das Mysterium der Göttin Demeter, deren Name »messen« bedeutet. Man mußte sich sozusagen an ihrem Standard messen, um zum Mysterium zugelassen zu werden. Das Mysterium von Eleusis ähnelte weitgehend den Mysterien in Epidauros und denen der Schule des Asklepios: Die Anwärter wurden innerhalb eines Heiligtums in ein unterirdisches Labyrinth hinabgelassen, woraufhin die Einstiegsöffnung verschlossen wurde. Der Initiand blieb zusammen mit Schlangen neun Tage in dem unterirdischen Labyrinth. Danach wurde er, falls er noch lebte und nicht verhungert bzw. von den Schlangen getötet worden war, befreit. Damit jedoch erschöpft sich die Ähnlichkeit zwischen den genannten Mysterienschulen.

In Eleusis wurde der Initiand mit sieben Weizenkörnern in das Labyrinth geschickt, die alle gekeimt und einen Stengel entwickelt haben mußten, wenn er das Labyrinth wieder verließ. Dies konnte ihm nur auf eine einzige Art gelingen: Er mußte es irgendwie schaffen, die Energie von Atman und Brahman - den beiden höchsten Chakras - zwischen seinen Händen zu konzentrieren, indem er die gesamten neun Tage im Gebet zubrachte. Er konnte seine Hände also nicht dazu benutzen, die Schlangen abzuwehren, denn dann hätte er nicht genügend Licht erzeugen können, um die Samenkörner zum Keimen zu bringen. Der Initiand mußte wie Demeter der Welt das Getreide bringen, und er hatte neun Tage Zeit, die Körner keimen und wachsen zu lassen - was dem neuntägigen Mondzyklus der Göttin entspricht, während dessen die Erde fruchtbar wird. Der Initiand mußte die Getreidehalme mit seiner eigenen Energie wachsen lassen, mit der Lebenskraft seines eigenen Körpers. Er durfte die Samenkörner niemals beiseitelegen, denn die zum Wachsen notwendige Feuchtigkeit war der Schweiß seiner Hände. Der Weizen wuchs demnach auf seinem eigenen Körper, so wie Demeter das Getreide in ihrem Körper, der Erde, hatte wachsen lassen.

Bei den Navajo gibt es ein fast identisches Ritual: Ihre höchste zeremonielle Einweihung besteht darin, daß man in der Dunkelheit der (ebenfalls unterirdischen) Kiva innerhalb von elf Tagen Maiskörner in den eigenen Händen keimen läßt, wobei man das Gesetz der Navajo

Abb. 65 Demeter, Triptolemus und Persephone. Die griechische Triade. Demeter, links, gibt ihrem Pflegesohn Triptolemus Getreide, der einen »gekrümmten Pflug« hält. Persephone steht hinter ihm. Sie hält zwei Fackeln in ihren Händen, was darauf hindeutet, daß sie die Königin der Unterwelt ist. Von einem Becher mit roten Figuren, der im eingefriedeten Bezirk von Eleusis gefunden wurde.

rezitieren muß[86]. Und dies ist nur möglich, wenn die Kundalini des Initianden, sein erstes Chakra, erwacht ist.

Moderne Initiation

Wenn wir bedenken, wieviel Kraft, Licht, Hingabe und Vertrauen bei den Einweihungen des Altertums erforderlich waren, so erscheint unsere moderne Vorstellung von der Initiation vergleichsweise primitiv. In den alten Zeiten wurden normalerweise nur wenige Menschen in die höheren Mysterien initiiert[87]. Mit Sicherheit trifft das auf Ägypten zu, und auch in Griechenland waren es nur wenige Personen, die in die Mysterien von Eleusis eingeweiht wurden. Das gleiche gilt für die Einweihungen im Judentum, wo sich auch nur vereinzelt Initianden für vierzig Tage und Nächte in die Wüste begaben, eine Zeitspanne, die nach der hebräischen Tradition für den Prozeß der Initiation erforderlich war. In der modernen westlichen Gesellschaft mangelt es den Menschen weitgehend sowohl an Verständnis für die Art von Vorbereitung, die für die Initiation notwendig ist, als auch für die Transformation, die eine solche Einweihung unweigerlich nach sich zieht. Dies gilt insbesondere für die Kundalini-Initiation, die unser gesamtes physisches und spirituelles Bewußtsein wecken soll. Trotz dieses Mangels an Vorbereitung durchlebt jeder von uns irgendeine Art der Einweihung, wobei uns dies bewußt werden kann oder nicht.

Die Initiationsprozesse der meisten »Suchenden« ähneln sich: Irgendein Realitätskonstrukt, mit dem sie sich normalerweise identifizieren, verändert sich, und der Suchende befindet sich plötzlich in einem Zustand, in dem »die Welt« nicht mehr so ist, wie sie eigentlich entsprechend seinen Vorstellungen »sein sollte«. Er wird in einen mystischen Zustand versetzt, in dem plötzlich alles anders ist als zuvor. Meistens ist diese erste Erfahrung einer grundlegenden Veränderung in der Lebenssicht furchterregend. Doch je häufiger der Suchende sich in eine andere Wirklichkeit begibt, desto weniger furchterregend und verwirrend werden diese Erlebnisse. Um die Bedeutung der modernen Kundalini-Initiation zu verstehen, müssen wir uns näher mit der Beziehung zwischen dem ersten Chakra, der Kundalini-Kraft und dem physischen Körper befassen.

KAPITEL 6

Kundalini: Sitz des physischen Körpers

Das Wurzelchakra

Nach den Lehren der Mysterienschulen des Altertums ist jedes Chakra der Sitz eines bestimmten *Körpers*[88]. Das erste bzw. Kundalini-Chakra ist der Sitz des physischen Körpers, der »Erzeuger« der physischen Realität, so wie jeder von uns sie erlebt. Mit anderen Worten: Das erste Chakra erzeugt Leben in all seinen physischen Formen: Ihre, meine und die aller anderen Lebewesen. Dieses Chakra enthält das Mysterium des Lebens (der belebten physischen Form) und den Fortpflanzungstrieb. Die Erhaltung des physischen Lebens ist seine wichtigste Funktion.

Es gibt noch einen anderen Begriff, mit dem dieses Zentrum benannt wird: »Wurzelchakra«. Im Hinduismus wird das erste Chakra als *Muladhara*-Chakra bezeichnet, ein Begriff, der sich aus den beiden Wörtern »Wurzel« (mula) und »Grundlage« (adhara) zusammensetzt. Demnach ist dieses Chakra die Wurzel und Grundlage aller sieben Chakras[89]. Unsere physischen Wurzeln liegen in der Erde, und das erste Chakra ist unsere energetische Verbindung zur Erde - es »erdet« uns; außerdem ist es der Sitz unseres Überlebensinstinkts.

Die Bewegung bzw. Drehung eines Chakras erzeugt eine Schwingung. Aus anatomischen Gründen ist es jedoch unmöglich, die Ausstrahlung des ersten Chakras, die im Leistenbereich aus dem Körper austritt, im Labor zu beobachten. Im Laufe unserer Forschungen im Rahmen der Rolf-Studie haben wir jedoch eine Stelle am Rücken zwischen den Schulterblättern und unmittelbar unterhalb des Herzens gefunden, wo wir die Energie messen konnten, die aus dem ersten Chakra strömt und sich im Körper aufwärts bewegt. Hätten wir diese Stelle nicht gefunden, wäre es uns nur möglich gewesen, Strahlungen zu messen, die vom Schambein herrühren, und auf diese Weise zugleich die Energien der Hüftgelenke und des Bauchbereichs zu registrieren (siehe Anhang I).

Anatomisch weicht die Lage des ersten Chakras im männlichen Körper um fast fünf Zentimeter von der des weiblichen Körpers ab. Bei Frauen befindet es sich in der Regel im Körperinneren, bei Männern liegt es näher an der Körperoberfläche. Dies ist auf den Einfluß der männlichen bzw. weiblichen Hormone Testosteron und Östrogen zurückzuführen. Testosteron zieht das erste Chakra beim Mann nach vorne und abwärts, während bei der Frau die Energien des ersten Chakras durch Östrogen zurück und leicht aufwärts gezogen werden. Das hat zur Folge, daß die Energie- und Informationsverarbeitung in der Beckenregion bei Männern und Frauen aufgrund der physiologischen Unterschiede anders verläuft.

Die gesamte Symbolik des ersten Chakras dreht sich um »ein und aus«. Es handelt sich dabei um eine »schlängelnde« Bewegungssymbolik. Die Energien, die aus dem Boden in den Körper aufsteigen und dort jene wellenförmigen Bewegungen hervorrufen, sind Schwingungen, die dieses Chakra aktivieren. Wenn wir in diese Energien hineinatmen, uns mit ihnen bewegen und uns ihrer bewußt sind, werden wir uns auch dessen bewußt werden, daß wir ein erstes Chakra haben.

Wir sollten nie vergessen, daß Bewegung und Energie nicht voneinander zu trennen sind. Die Bewegung der Energie im Körper und die physische Bewegung (einschließlich ihrer esoterischen Entsprechung) gehen Hand in Hand. Selbst wenn ein Heiler ohne offensichtliche Bewegung Energie überträgt, bewegt sich dennoch etwas von innen nach außen und umgekehrt. Wenn wir in den Bereich des ersten Chakras - der Kundalini - kommen, geht es immer um irgendeine Form der Bewegung, in der Regel um die Bewegung der Lebensenergie bzw. der Lebenskraft selbst.

Atem, Prana und Geist

Ein anderer Name für diese Lebensenergie oder Lebenskraft ist *Prana* und *Chi-* bzw. *Ki*-Energie. Der Kontakt zu Prana wird durch den Atem hergestellt. Prana und der Geist sind ebenfalls miteinander verbunden: Man geht davon aus, daß Prana den Geist bzw. das Aurafeld (das Aurafeld wird als Ausdruck des Geistes betrachtet) akkumuliert und formt. Möglicherweise tragen auch noch andere Dinge zur Entstehung des Geistes bei, aber die o. g. Funktion von Prana kann mit großer Sicherheit als Tatsache bezeichnet werden[90].

Die Verbindung zwischen Atem und Prana ist leicht zu erkennen. Beide dringen gleichzeitig in den Körper ein: der Atem durch die Nase, Prana aus dem Erdboden. Wenn wir einatmen und den Körper die Energie aufnehmen lassen, die ihm auf diese Weise zufließt, und anschließend wieder ausatmen und einen Moment lang nicht wieder einatmen, wird die restliche Prana-Energie in den Erdboden abgeleitet[91]. Das Atmen ist wahrscheinlich unsere bewußte Verbindung zwischen Materie (unserem Körper und der Luft) und Energie (Prana und Kundalini); es stellt unsere Art der Energie-Akkumulierung dar.

Beim Atmen sollten wir eine Bewegung verspüren. Idealerweise atmen wir von den Hüften aus, erfahren in unserem Rumpf eine Ausdehnung des Atems, der dann durch den ganzen Körper fließt, bis in die Füße hinein. Dabei sollten wir ein Gefühl totalen Lebendigseins verspüren.

Kundalini und das Nervensystem

Wir registrieren unsere Erfahrungen zunächst in unserem physischen Körper, im Kundalini-Chakra, und zwar über das Nervensystem. Wir wissen, daß etwas geschehen ist, wenn wir die taktile Empfindung eines Ereignisses spüren. Mit anderen Worten: Physisch zu sein - im Sinne des ersten Chakras - bedeutet, ein Nervensystem zu haben bzw. einen Weg, um dem Körper wissen zu lassen, was geschieht. Im ersten Chakra ist Bewußtsein gleichbedeutend mit taktiler Empfindungsfähigkeit. Nichts geschieht, bevor es nicht im ersten Chakra geschieht; und nichts ist geschehen, bis wir es gespürt haben, bis es uns »berührt« hat. Wenn wir beispielsweise sagen: »Diese Erfahrung hat mich tief berührt«, so meinen wir damit, daß das betreffende Ereignis in unserem ersten Chakra und damit in unserem physischen Körper registriert wurde. Unsere Interaktion mit unserer Umgebung hängt von der Fähigkeit unseres Körpers ab, gleichzeitig wahrzunehmen und uns auf das Eintreten eines Ereignisses oder einer Erfahrung aufmerksam zu machen. Die in der Schulmedizin gebräuchliche Definition des Körpers ist nur ein Teil der Realität; ein umfassendes Verständnis des physischen Körpers muß auch all das einbeziehen, was wir über uns selbst empfinden.

Das heißt, wir können nicht über die Kundalini sprechen, ohne das Nervensystem mit einzubeziehen. Die Kundalini ist unser primäres Werkzeug, mit dem wir das Leben und die physische Realität wahrnehmen. Ein weiteres Werkzeug ist das Nervensystem, das die in der Kundalini registrierte Energie der Erfahrung oder des Ereignisses durch das Rückenmark ins Gehirn übermittelt. Auf diese Weise informiert das Nervensystem den Körper über seinen Vitalitäts- und Gesundheitszustand. Wenn die Kundalini erwacht ist, zeichnet unser Sein die Fakten der Erfahrung auf. Ist die Kundalini nicht aktiviert - wenn die Schlange also noch schläft -, dann übermittelt das Nervensystem die Botschaft zwar ebenfalls ans Gehirn, doch wir sind dann nicht in der Lage, uns an das Vorgefallene zu erinnern, da es

Abb. 66 Kundalini, die schlafende Schlange.

nicht aufgezeichnet wurde; es existiert dann keine Erinnerung an das Erlebte.

Das Kundalini-Chakra ist nicht nur der erste Körperbereich, durch den wir uns einer Erfahrung gewahr werden, sondern es ist auch der erste Bereich, bei dem wir ableugnen können, daß irgend etwas geschehen ist. Solange wir uns nicht eingestehen, daß etwas geschehen ist, müssen wir uns nicht damit auseinandersetzen. Und wir können ignorieren, daß irgend etwas geschieht, indem wir einfach den Atem anhalten.

Die Kundalini ist auch die primäre Energiequelle für unseren Geist. Dies bedeutet, daß Menschen, deren »spirituelles Nervensystem« (das Chakrasystem) nicht erwacht ist, nur halb lebendig sind, und zwar sind sie nur hinsichtlich der Energie-Abgabe lebendig, nicht jedoch hinsichtlich der Energie-Aufnahme. Sie fühlen nur, wenn sie aktiv sind, wenn sie etwas »von sich geben«; ansonsten fühlen sie nichts. Sie leben in einem relativ empfindungslosen Zustand, der manchmal gefährliche Ausmaße annehmen kann. Beispielsweise ist es möglich, daß im Körper eines Menschen Krebs oder eine andere Krankheit entsteht, ohne daß der Betroffene es merkt, bis die Krankheit schon so weit fortgeschritten ist, daß sich Symptome manifestieren. Auf Symptome zu warten bedeutet, darauf zu warten, daß das sekundäre System - das Nervensystem - statt des primären Chakrasystems ein Feedback gibt. Doch wenn dies eintritt, kann es im Falle einer Krankheit unter Umständen schon zu spät sein.

Das Erwachen der Kundalini

Obgleich die Kundalini-Energie nicht durch die Genitalien gesteuert wird, steht sie mit den Hormonen in Verbindung, die von den endokrinen Drüsen der Fortpflanzungsorgane produziert werden. Diese Hormone

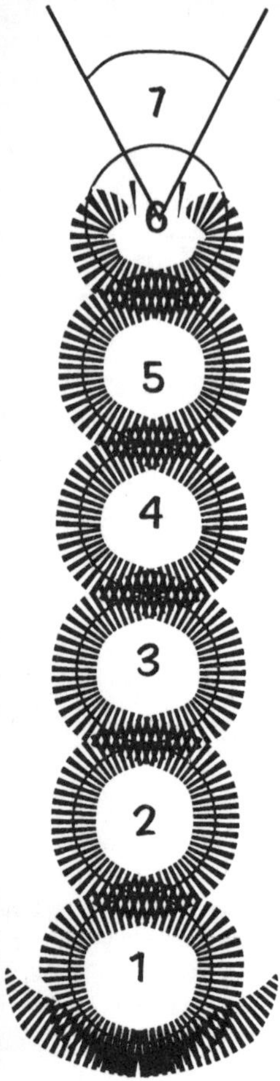

Abb. 67 Die erwachte Kundalini.

schwingen in der Frequenz von Rot, und zwar nicht in einer einzigen Frequenz, sondern in einem ganzen Bündel von Frequenzen bzw. harmonikalen Oberschwingungen. Bitte erinnern Sie sich daran - wie im ersten Teil beschrieben -, daß man die verschiedenen Frequenzbänder der gleichen Farbe in einem Chakra als harmonikale Oberschwingungen bezeichnet. Das bedeutet, daß alle Menschen ein Wurzelchakra haben, auch diejenigen, von denen wir annehmen, sie »hätten keins«. Es ist möglich, daß sich ihr Chakra in niedrigeren oder langsameren Oberschwingungen bemerkbar macht, als es uns angenehm ist, aber nichtsdestoweniger ist es vorhanden. Dieser Aspekt ist der Grund für die vielen Kundalini-Öffnungen bei Menschen, die sich auf einem spirituellen Weg befinden. Jedes Mal, wenn wir eine Initiation, einen initiatorischen Durchbruch oder eine Gipfelerfahrung erleben, öffnet sich das Kundalini-Chakra auf eine neue Art - bis zur nächsten Frequenz bzw. Oberschwingung von Rot.

Die Erfahrung des »Aufsteigens« oder Erwachens der »schlafenden Schlange« der Kundalini kann ein ungeheuer intensives Gefühl des Lebendigseins hervorrufen, weil uns plötzlich spürbar mehr Energie zur Verfügung steht als je zuvor. Unmittelbar nach der Öffnung des Kundalini-Chakras öffnet sich auch das zweite Chakra und stellt die Verbindung zum dritten Auge her, so daß wir alles, was wir fühlen, auch sehen können. Dies versetzt uns in einen Zustand erhöhten visuellen Gewahrseins. Die rechte und linke Hälfte des Gehirns werden synchronisiert, und nachdem dies geschehen ist, sind wir im höchsten Grade aufnahmefähig. Am wichtigsten jedoch ist die Tatsache, daß unser Gewahrsein in unserem ganzen Körper aktiviert wird, wenn sich das Kundalini-Zentrum öffnet. Es ist völlig normal und möglich, diesen uneingeschränkt positiven Zustand des Lebendigseins und Gewahrseins permanent zu empfinden. Diese Empfindung ist die Bewegung unserer mächtigen Lebenskraft durch unser Inneres. In seinem Buch *Theories of the Chakras* gibt uns Hiroshi Motoyama eine sehr persönliche und detaillierte Beschreibung des Erwachens seiner Kundalini:

> »Ich war 25 Jahre alt. Meine Übungspraxis hatte zunächst darin bestanden, täglich um drei Uhr morgens aufzustehen, ungefähr eine halbe Stunde lang Asanas (Yoga-Positionen) zu üben und dann drei oder vier Stunden lang zu sitzen. Der erste Teil der Meditation war der Pranayama-Übung gewidmet, der zweite der Konzentration auf ein bestimmtes Chakra. Im Folgenden möchte ich die Methode der Pranayama-Übung beschreiben, die ich zu Beginn benutzte: Atme ungefähr vier Sekunden lang durch das linke Nasenloch in den Unterbauch hinein. Halte die Prana-Energie acht Sekunden lang im luftgefüllten Unterbauch fest. Lasse anschließend die Kundalini vom Steißbein zum Unterbauch (dem *Svadhishthana-Chakra*) aufsteigen und ziehe die Bauchmuskulatur zusammen. Visualisiere die Vermischung und Vereinigung von Prana und Kundalini acht Sekunden lang. Atme vier Sekunden lang durch das rechte Nasenloch aus. Ein Atemzyklus dauert also 20 Sekunden. Wiederhole den gesamten Vorgang, indem du dieses Mal durch das rechte Nasenloch ein- und durch das linke ausatmest und fahre auf diese Weise eine Zeitlang fort, wobei du immer wieder das Nasenloch wechselst.
>
> Dies übte ich jeweils 14- bis 21mal täglich. Nach ungefähr zwei Monaten war ich in der Lage, die Zeit des *Kumbhaka* (Atemanhaltens) auf eine bis eineinhalb Minuten auszudehnen. Wenn ich mich dann auf das *Svadhishthana-* oder *Ajna-*Chakra konzentrierte, drangen allmählich immer weniger Gedanken in meinen Geist ein. Ich spürte, wie mein Körper und mein Geist sich mit einer außergewöhnlich großen Energiemenge füllten.
>
> Aufgrund dieser Übung veränderte sich sowohl mein physischer als auch mein psychischer Zustand. Zuvor hatte ich häufig unter Magenbeschwerden und Ohrentzündungen gelitten. Zudem war ich immer sehr nervös und wetterfühlig gewesen. Innerhalb von sechs Monaten nach Beginn der Yoga-Übungen verschwanden diese Störungen.
>
> Im Verlauf meiner weiteren Übungspraxis stellten sich immer wieder neue Empfindungen ein. Ich verspürte ein Jucken am Steißbein, ein Prickeln an der Stirn und auf dem obersten Punkt meines Kopfes

sowie eine heiße Empfindung im Unterbauch. Im Bereich des Steißbeins hörte ich einen Klang, der an das Summen der Bienen erinnerte. Mein Geruchssinn wurde so ausgeprägt, daß ich unangenehme Gerüche nicht ertragen konnte.

Diese Erscheinungen setzten sich über zwei bis drei Monate fort. Eines Tages, als ich wie gewöhnlich vor meinem Altar meditierte, hatte ich eine besonders starke Hitze-Empfindung im Unterbauch und sah dort ein schwarz-rotes Licht, das einem Feuerball glich, der kurz davor stand, inmitten eines weißen Dunstes zu explodieren. Plötzlich schoß eine ungeheuer starke Kraft durch meine Wirbelsäule zum obersten Punkt meines Kopfes, und obwohl dies alles nicht mehr als zwei Sekunden dauerte, erhob sich mein Körper ein paar Zentimeter über den Boden. Ich erschrak zutiefst. Mein ganzer Körper brannte, und starke Kopfschmerzen hinderten mich daran, an diesem Tag noch irgend etwas zu tun. Die Hitze-Empfindung hielt ungefähr drei Tage lang an. Ich hatte das Gefühl, mein Kopf würde vor Energie explodieren. Erleichterung konnte ich mir nur verschaffen, wenn ich einige Male im Bereich des ›Brahmantores‹ auf den obersten Punkt meines Kopfes schlug.

Dies war das erste Mal, daß ich das Aufsteigen der Kundalini-Shakti bis zum obersten Punkt meines Kopfes spürte. Ich hatte nicht mit so vielen physischen oder geistigen Schwierigkeiten zu kämpfen, wie sie sonst so häufig im Zusammenhang mit dieser Erfahrung aufzutreten scheinen; vielleicht lag das an dem glücklichen Umstand, daß mein Brahmantor bereits offen und es der Kundalini-Energie daher möglich war, in die astrale Dimension hinauszufließen.«[92]

Dies ist nur *ein* Beispiel für das Erwachen der Kundalini. Wenn die Kundalini auf ungünstige Weise oder zum falschen Zeitpunkt erwacht oder wenn keine sachgemäße Anleitung erfolgt, können äußerst schmerzhafte Erfahrungen auftreten, weil die Betroffenen gleichzeitig mit dem Energiestrom, der zu fließen beginnt, ihren ganzen Widerstand erleben. Dieser Widerstand ist die Ursache der starken Schmerzen. Jene Menschen, die es der Kundalini gestatten, allmählich zu erwachen, spüren normalerweise nicht viel mehr als sanfte Wärmewellen und kleine Energieschübe. (Einige von uns haben Initiationen bei verschiedenen Gurus des Ostens erlebt und im Anschluß daran noch Tage später - so wie Motoyama berichtet - Hitzewallungen verspürt.) Dieses langsamere Erwachen der Kundalini ist wahrscheinlich besser, mit Sicherheit jedoch ebenso gut wie die schnelle Variante.

Wenn die Kundalini sich zu öffnen beginnt, haben wir hoffentlich das

Vertrauen, dies geschehen zu lassen, anstatt dagegen anzukämpfen. Menschen, die über negative Kundalini-Erfahrungen berichten - über Schmerzen, starke unangenehme Hitze-Empfindungen, Bewußtlosigkeit, Verlust der Kontrolle usw. -, überlassen sich nicht uneingeschränkt ihren Empfindungen. Wahrscheinlich fühlen sie sich nicht wohl in ihrem Körper, und vielleicht stehen sie sogar ihrem eigenen Lebendigsein mit gemischten Gefühlen gegenüber. Daher versuchen sie, ihre Erfahrung »unter Kontrolle zu halten«.

Wir sollten nie vergessen, daß Kontrolle und Hingabe nur zwei Punkte in einem kontinuierlichen Spektrum sind und daß der Versuch, eine immer umfassendere Kontrolle zu erlangen, unseren Widerstand schließlich zusammenbrechen läßt. Je mehr wir auf der einen Seite die Kontrolle zu behalten versuchen - indem wir beispielsweise unsere Sexualität unterdrücken -, desto mehr ist die Kundalini gezwungen, sich auf andere Weise zu äußern, beispielsweise in Form von Wut. (Übrigens gilt das für alle Chakras.) Es gibt eine schöne Entspannungsübung, bei der wir zuerst unseren ganzen Körper anspannen, bis wir diese Anspannung nicht mehr aufrechthalten können und unser Körper sich plötzlich entspannt. Ebenso verhält es sich mit dem Energiefluß. Wenn wir versuchen, ihn aufzuhalten, kommt es schließlich zu einem Dammbruch, und die Energie nimmt ihren Lauf. Somit verringert Widerstand nicht unser Energieniveau, sondern erhöht es sogar noch. Auf diese Weise verschafft sich das erste Chakra trotz unseres Widerstandes Zugang zur Energie.

Viele Menschen erschrecken und bekommen Angst vor den physischen Empfindungen des Erwachens der Kundalini und lassen daher diese Gefühle nicht zu. Anstatt sich selbst zu vertrauen und ihren Körper einfach die Erfahrung empfinden zu lassen, geben sie sogleich ihrer Angst nach und unterbinden die physische Erfahrung. Mißtrauen jedoch führt zu Schmerz, welcher die Angst verstärkt, was zu dem Versuch führt, die Erfahrung zu kontrollieren. Wir sollten bedenken, daß wir auf die Ausübung der Kontrolle *verzichten* können, wenn wir uns selbst die *Erlaubnis* zur Kontrolle geben. Das ist ein sehr wichtiger Punkt, wenn es uns darum geht, zusätzliche Kraft nutzbar zu machen und unseren Energiestrom zu verstärken.

Kundalini und die Atmung (Übungen)

Wenn wir die Kundalini wecken wollen, müssen wir einen Rhythmus und Flexibilität in den Hüften entwickeln. Die Hüften müssen in eine vorwärts- und rückwärtsschwingende Bewegung versetzt werden. Zum

Beispiel eignen sich manche Schaukelstühle vorzüglich für die Kundalini-Meditation, weil sie die Bewegung des Beckens unterstützen und ihm helfen, in einer leicht gekippten Stellung zu verharren und sich anschließend wieder zu entspannen. Dies ist die Art von Bewegung, die wir erzeugen wollen, denn sie ist für den Atmungsprozeß äußerst förderlich.

Mir sind verschiedene Übungen zur Weckung der Kundalini bekannt, bei denen stets Atmung, Bewegung, Konzentration und Gewahrsein eine Rolle spielen. Tiefe Töne, niedrige Frequenzen und rhythmische Klänge öffnen das erste Chakra; das ist der Grund, warum die Indianer die »Herzschlag-Trommel« benutzen. Dies erscheint so lang mysteriös, bis man es an einem Oszilloskop überprüft. Wenn wir dort das Frequenzmuster der Aurafarbe Rot ablesen, wie sie aus dem Körper tritt, so erinnert das Bild an das des Herzschlags (siehe Abbildung 68). Rot ist die einzige Aurafarbe, die ein so langes Wellenmuster mit einer so großen Amplitude erzeugt.

Es folgt nun die Beschreibung einer Übung, die Ihnen helfen soll, die *Kraft* der Kundalini-Energie zu spüren. Setzen Sie sich zu dieser Übung auf den Boden, und versuchen Sie dabei, eine bequeme, aber aufrechte Haltung einzunehmen. Wenn Sie lieber auf Ihrem Lieblingsstuhl sitzen wollen, so rücken Sie ein wenig zur Stuhlkante vor, damit Ihr Rücken wirklich gerade ist.

Wenn jemand anfängt zu meditieren, glaubt er oft, er würde sich selbst hypnotisieren, und macht sich dann Sorgen darüber, ob er selbst die dabei auftretenden Erfahrungen heraufbeschwört. Wenn Sie plötzlich *Energien* spüren, während Sie sich bewegen, werden Sie wahrscheinlich denken, es sei die *Bewegung*, die Sie empfinden. Bewegen Sie sich deshalb erst dann, wenn Sie die Kraft der sich bewegenden Energien spüren, und lassen Sie zu, daß diese Kraft Sie bewegt.

Lockern Sie zunächst die Füße und Knie. Wackeln Sie so lange auf

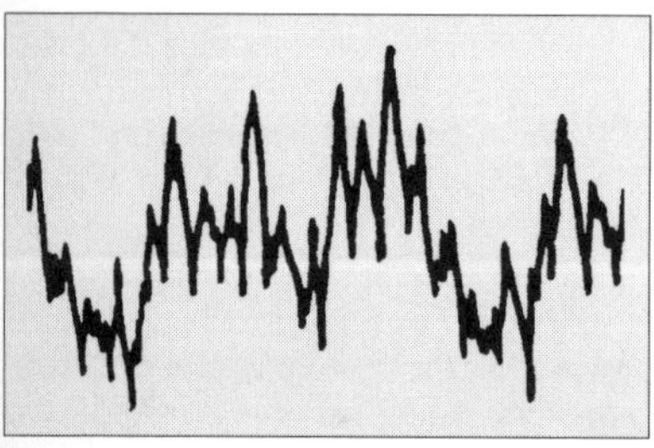

Abb. 68 Wellenformen der roten Aurafarbe. Aus: Die Rolf-Studie, Oszilloskop-Bild.

Ihrem Po hin und her, bis Sie spüren, daß Ihr Körper lebendig ist. Dann beginnen Sie damit, sanft zu atmen, bis Sie eine Energie verspüren (oder eine Lichtempfindung bzw. ein Gefühl, das an fließendes Wasser erinnert), die durch Ihre Füße aufsteigt. Lassen Sie diese Energie durch die Oberschenkel bis ins Zentrum Ihres Körpers fließen.

Wenn viel Energie aufwärts geflossen ist, werden Sie bemerken, wie Ihre Wirbelsäule sich kreisförmig zu bewegen beginnt. Ihre Augen müssen nicht völlig geöffnet sein, aber sie sollten versuchen, sie zumindest ein wenig offenzuhalten.

Richten Sie Ihre Handflächen jetzt nach oben, und beobachten Sie, ob auf diese Weise mehr Energie aufwärts und in die Hände fließt.

Konzentrieren Sie sich nun auf das, was in Ihrem Kopf geschieht. Wenn Sie auch nur den geringsten Anflug eines Leichterwerdens bemerken, dann strecken Sie die linke Hand hoch und legen sie oben auf Ihren Kopf. Lassen Sie nun los. Sie sollten wissen, daß Sie die Energie auch in sich behalten können und daß sie sich dann verstärken würde. Möglicherweise fühlen Sie, wie Ihr Gesicht heiß wird.

Wenn Sie irgendwo im Bereich der Wirbelsäule Spannungen empfinden, dann lenken Sie mehr Energie, mehr Kraft in diesen Bereich, und lassen Sie die Energie dort »schaukeln«.

Das Folgende mag Ihnen seltsam vorkommen, doch möchte ich Ihnen unbedingt raten, es auszuprobieren.

Verlagern Sie Ihr Gewicht bewußt auf die rechte Gesäßhälfte, und versuchen Sie, die oben beschriebene Übung in dieser Haltung auszuführen. Wiederholen Sie die Übung anschließend mit der linken Gesäßhälfte. Wenn Sie das Gefühl des Fließens in Ihrem Körper verlieren, bringen Sie sich selbst aus dem Gleichgewicht, damit Sie spüren, wie der Fluß unterbrochen wird. Dann zentrieren Sie sich wieder, damit Sie lernen, zwischen Energie, die sich bewegt, und stagnierender Energie zu unterscheiden.

Wenn Ihr Körper sich an die Wahrnehmung dieser taktilen Empfindung gewöhnt hat, sollten Sie sich selbst testen. Beugen Sie sich vor, und versuchen Sie, die Empfindung zu unterbrechen. Zentrieren Sie sich anschließend wieder, und beobachten Sie, was Sie nun empfinden. (Die Energie-Empfindung müßte jetzt eigentlich sowohl kraftvoller als auch sanfter sein.) Setzen Sie sich schließlich zurück, und machen Sie es sich bequem.

In den meisten Beschreibungen der Kundalini-Kraft finden wir die irrige Vorstellung, daß das Erlebnis dieser Kraft einigen wenigen vorbehalten sei, die besonders intensiv an sich selbst gearbeitet haben. Wahr ist jedoch, daß jeder Sportler diese Kraft benötigt, ebenso wie jeder

Schauspieler und Musiker. Jeder Künstler benötigt die Kundalini-Kraft, um völlig bewußt zu bleiben in seiner Arbeit. Und das gleiche gilt auch für jeden von uns.

Kundalini und die Mysterien

Im Altertum wurde die oben beschriebene Übung in allen Kulturen der Erde benutzt, unter anderem in den Mysterienschulen Ägyptens und Griechenlands. Dort versuchte man, mit Hilfe dieser Übung die Menschen dazu zu bringen, sich ständig ihrer Kundalini-Kraft bewußt zu sein. Wenn ein Grieche Heiler werden wollte, konnte er nach Epidauros reisen und sich auf die Einweihung vorbereiten. Der Kandidat wurde in ein unterirdisches Labyrinth gebracht, in dem sich Schlangen befanden, und dort mußte er neun Tage lang ohne Nahrung und Wasser aushalten. Die oben beschriebene Übung war sein einziger Schutz vor den Schlangen. Er hatte seine eigene Schlange: seine Wirbelsäule. Das Ziel dieser Prüfung war, einen Menschen für neun Tage zu einer »Schlange« zu machen, damit er den Kontakt zu seiner Kundalini-Kraft danach nie mehr verliert.

Auf allen Darstellungen des griechischen Arztes Asklepios (oder Äskulap) wird dieser mit Schlangen in den Händen abgebildet. Vor Asklepios gab es die Mysterien der Göttin, über die wir bereits gesprochen haben. Die Göttin ist auf bildlichen Darstellungen stets an Handgelenken, Taille, Nacken und Kopf von Schlangen umwunden, und manch-

Abb. 69 Asklepios, der Gott der Heilkunst. 2. Jahrhundert n. Chr., römische Kopie einer Statue aus dem 5. Jahrhundert v. Chr.

Abb. 70 Das Haupt der Medusa.
Ausschnitt eines Gemäldes von Caravaggio.

mal befindet sich auch in ihrem Haar ein Knäuel von Schlangen - ein Bild, das in der Mythologie in der Gestalt von Medusa auftaucht.

Die Macht der Medusa ist die Macht der verachteten Schlange. Dies ist ein Beispiel dafür, was passieren kann, wenn wir uns gegen die Kraft wenden, die von der Göttin ausgeht: der Blick, der töten kann. Die Kundalini-Kraft wird durch die Augen projiziert. Ich habe mir zum Beispiel als Kind nie viel aus dem gemacht, was mir meine Mutter, Großmutter oder Urgroßmutter sagten; das einzige, was ich ernst nahm, war die Art, wie sie mich anschauten. Wir können einen Menschen so anschauen, daß wir ihn stärken, oder wir können das tun, was meine Urgroßmutter »die Dunkelheit festhalten« nannte, und dem Betreffenden dadurch Kraft rauben. Sie sprach vom »Festhalten der Dunkelheit«, wenn sie das, was ich gerade vorhatte, nicht für eine »helle (gute) Idee« hielt. Auf diese Weise entzog sie mir Kraft, bevor ich etwas damit anstellen konnte, was sie für falsch hielt. Wir alle benutzen jene Kraft der Göttin noch heute, ob wir uns dessen bewußt sind oder nicht.

Kundalini-Energie: Arbeit auf zwei Kanälen gleichzeitig

Wenn Menschen zuerst damit beginnen, Energie spüren zu lernen, so erwähnen sie oft, daß sie einen »Strom« oder eine »Schwingung« empfinden, wenn sie ihre Hände auf den Körper eines anderen Menschen legen. Dieses Gefühl hält nur ein oder zwei Minuten an. Danach registriert das Körpersystem keine weiteren Empfindungen, und sie glauben, sie würden keine Energie mehr übermitteln. Das ist jedoch nicht der Fall; sie *fühlen* die Energie-Übermittlung nur nicht mehr. Dies ist hauptsächlich deshalb so, weil unsere westliche Kultur uns lehrt, nur auf einem einzigen Kanal zu denken. Wenn wir uns der Kundalini-Energie bewußter werden, beginnt unser Geist, auf zwei Kanälen zu arbeiten: Wir können *spüren*, was immer sich durch uns hindurchbewegt, während wir an etwas anderes *denken*. Das Hauptziel des spirituellen Prozesses (oder sollte es zumindest sein) besteht darin, uns »bewußt« zu machen: Er soll uns in die Lage versetzen, möglichst auf acht, neun, fünfzehn Kanälen gleichzeitig zu denken und zu fühlen, wobei wir in all diesen Bereichen gleichzeitig Gewahrsein entwickeln. Genau darum geht es beim Kundalini-Chakra: Es soll das bewußte Gewahrsein auf verschiedenen Ebenen gleichzeitig wecken bzw. fördern und den Energiestrom auf mehreren Kanälen gleichzeitig in Gang setzen.

Kundalini, Nervenzusammenbrüche und Meditation

Alle Legenden über das Aufsteigen der Kundalini und einen damit einhergehenden Verlust der geistigen Gesundheit stehen mit der Unfähigkeit eines Menschen in Verbindung, das Gewahrsein auf mehreren Ebenen der Wirklichkeit gleichzeitig aufrechtzuerhalten. Viele der Zustände, die wir für psychotisch halten, sind möglicherweise in Wahrheit »ekstatisch«. Bei beiden Arten von Erfahrung verändert sich die Realitätswahrnehmung. Es gibt Berichte, wonach die Betreffenden Lichter oder Farben gesehen oder ein Klingeln im Inneren ihres Kopfes gehört haben. Manche Menschen verspürten extreme Temperaturempfindungen und ein Schütteln im Körper. Es ist sogar schon vorgekommen, daß jemand das Gefühl hatte, vom Boden abzuheben, wie bei einer Levitation.

Darüber hinaus berichten diejenigen, die Kundalini-Erfahrungen oder den veränderten Bewußtseinszustand des »Aufsteigens« der Kundalini erlebt haben, fast immer von dem Gefühl, in zwei Teile gespalten zu sein: In den Beobachter und den Beteiligten. Diese Symptome sind identisch mit denen eines Nervenzusammenbruchs, bei dem es zu einer Art »Kurzschluß« im Nervensystem kommt und der Geist nicht mehr funktionstüchtig ist. In solchen Fällen gibt es in den Betroffenen meistens einen Teil, der sehr rational ist und der beobachtet, wie andere Teile seines Ichs zerbrechen, und es ist ihm nicht möglich, diese Erfahrung zu unterbinden oder zu beenden.

Die Erfahrung des »Gespaltenseins« ist häufig der Höhepunkt einer langen Folge von Ereignissen im Leben eines Menschen, in deren Verlauf der Betreffende gezwungen war, sich nur auf eine einzige Sache oder auf eine einzige Ebene der Wirklichkeit zu konzentrieren. Wenn man einen Menschen zwingt, immer nur an eine Sache zu denken, hört der Geist auf, seine Funktion effektiv zu erfüllen. Wenn dann plötzlich ein neuer Kanal der Wahrnehmung geöffnet wird, so wie es beim »Aufsteigen« der Kundalini der Fall ist, kann dies zu einer übermäßigen Belastung des Systems führen, dessen Kapazität bereits eingeschränkt ist. Dies muß nicht unbedingt eine negative oder beängstigende Erfahrung sein, wenn man allmählich und in kleinen Schritten gelernt hat, sich in dieser erweiterten Situation zu bewegen. Menschen, die meditieren, lernen unter anderem, auf mehreren Kanälen gleichzeitig zu denken. Und im Laufe der Zeit beginnen sie langsam, alle Informationen im Sinne ihres erweiterten Verständnisses zu verarbeiten. Regelmäßig Meditierende denken nie mehr so, wie sie vor Beginn ihrer Meditationspraxis gedacht haben.

Die Energie des ersten Chakras in der westlichen Kultur

Unterdrückung der Lebenskraft

Allgemein gesagt ist bei uns westlichen Menschen die Öffnung und Entwicklung des ersten Chakras durch die »traditionellen« Werte der herrschenden Kultur unterdrückt worden. Beispielsweise sind Babys sehr wohl in der Lage, mit ihrem gesamten Körper zu atmen, dabei heftig den Bauch zu bewegen und das Gesäß zu entspannen; doch bereits im zarten Alter von 18 Monaten sind die meisten von ihnen so konditioniert, daß sie nicht mehr natürlich zu atmen vermögen. Die puritanischen Einflüsse in unserer Kultur sind derart tiefgreifend, daß bereits Kleinkinder gelernt haben, diese natürlichen Bewegungen zu unterdrücken.

Bedenken Sie auch die Tatsache, daß wohl niemand von uns von Eltern aufgezogen wurde, deren sieben Chakras geöffnet waren. Die Chakras unserer Eltern haben ihre eigenen charakteristischen Oberschwingungen und ihre spezifischen, begrenzten Strukturen gehabt. Gedanken (Energiemuster) sind von ihnen zu uns geflossen, was zur Folge hatte, daß wir von den Eigenheiten der Aura unserer Eltern geprägt worden sind. Auf diese Weise lernten wir als Kinder, welche Verhaltensweisen »akzeptabel« sind und welche nicht - welche Empfindungen, Gefühle und Arten des Ausdrucks gestattet sind und welche nicht. Oft entwickeln sich aus dem, was »nicht akzeptabel« ist, unsere persönlichen Schwierigkeiten mit dem ersten Chakra, beispielsweise die Unterdrückung von Kraft, Probleme im Bereich der Sexualität und Intimität, Unterdrückung von Wut und der Mangel an Vitalität.

Die Pubertät ist eine besonders kritische Zeit für die Entwicklung des ersten Chakras. Unglücklicherweise werden in diesem Alter aufgrund der kulturellen Regeln sowie der elterlichen Wertvorstellungen die Lebensenergien des ersten Zentrums oft noch stärker unterdrückt.

Die hormonellen Veränderungen der Adoleszenz werden durch die Hirnanhangdrüse (Hypophyse) ausgelöst, die das gesamte endokrine System aktiviert. Wenn die Heranwachsenden sekundäre Geschlechtsmerkmale zu entwickeln beginnen, verändert sich auch ihr Verhalten. Sie scheinen plötzlich »unabhängig« zu werden. Während sie beginnen, ihre physischen und emotionalen Bedürfnisse zu erkennen, werden ihre Versuche des Selbstausdrucks von den Eltern und anderen Autoritätspersonen häufig mit Mißfallen betrachtet und manchmal sogar völlig unterbunden. Dies ist besonders deutlich, wenn es um die erwachende Sexualität des jungen Menschen geht. Die körperliche Berührung ist in unserer Kultur (vor allem in den USA) immer noch ein heikles Thema, das bei Eltern und Lehrern oft ablehnende Reaktionen hervorruft.

Heranwachsende müssen auch viel Nörgelei hinsichtlich »guter Haltung« einstecken: »Brust raus, Bauch rein, Gesäßbacken einziehen!« Wenn Hüften und Becken jedoch blockiert sind, wird der Energiefluß unterbrochen. In dieser Position ist es nicht möglich, etwas zu empfinden. Vielleicht wirkt ein Mensch infolge dieser Haltung größer, aber ganz sicher wird auf diese Weise seine Empfindungsfähigkeit gestört. Wir fangen an, unser Gewahrsein, unser Gefühl von Vitalität, unser Bedürfnis nach Berührung zu einem Zeitpunkt zu unterdrücken, wo es am stärksten ist. Dadurch entsteht ein Rückstau an verdrängten Energien, der bei vielen Menschen ein Leben lang bestehen bleibt und nie mehr eine Abflußmöglichkeit findet.

In unserer westlichen Kultur gilt es als besonders verpönt, wenn Frauen zum Ausdruck bringen, daß ihr erstes Chakra offen ist. Wir werden meistens dazu angehalten, auf eine Weise zu stehen, zu sitzen, uns zu bewegen und zu gehen, die der natürlichen schaukelnden Bewegung unseres Beckens entgegenläuft. Das westliche Schönheitsideal ist ein flacher Bauch und ein »eingezogener« Hintern. Diese Haltung verursacht so starke Spannungen im ersten Chakra, daß die meisten Frauen niemals ein Gefühl dafür entwickeln, wie es sich anfühlt, in diesem Körperbereich entspannt zu sein. Ich bin davon überzeugt, daß beim Geburtsvorgang Zangen manchmal einzig aus dem Grund eingesetzt werden müssen, weil die Frauen einfach nicht »loslassen« können. Sie halten sich so steif und haben ihre Sexualität so sehr unterdrückt, daß es ihnen nicht möglich ist, in diesem entscheidenden Moment offen und beweglich zu sein.

Von der Geburt bis zur Adoleszenz und oft während des gesamten Erwachsenenlebens behindert unsere Kultur den offenen Ausdruck der Energien des ersten Chakras. Oft staut sich diese unterdrückte Kraft so sehr an, daß ein Mensch bereits früh in seinem Leben ein zwanghaftes oder obsessives Verhalten entwickelt, was sich gewöhnlich in Form von zwanghaftem Denken oder Handeln zeigt. In mehr oder weniger starkem Maße sind zwanghafte Menschen oft auf hartnäckige und störende Weise von unvernünftigen Vorstellungen oder Gefühlen besessen[93]. Jemand, der sich zum Beispiel täglich Dutzende Male die Hände wäscht, leidet vermutlich an einer Form zwanghaften Verhaltens. Einer der Gründe für die Entstehung derartiger Verhaltensweisen ist die angestaute, unterdrückte Kraft des ersten Chakras, für die der Betreffende irgendein Ventil finden muß.

Suchtverhalten und das erste Chakra

Der andere Typus der zwanghaften Persönlichkeit ist der Süchtige. Es sollte uns eigentlich nicht überraschen, daß es in unserer westlichen Kultur - auch hier wieder besonders in den USA - so viele Zwangs- und Suchtcharaktere gibt. Das erste Chakra steht in Beziehung zum Suchtverhalten; die Sucht vermittelt uns ein Gefühl des Lebendigseins, während sie uns gleichzeitig langsam innerlich abtötet und physisch umbringt. Sie ermöglicht es uns, etwas anderes zu fühlen als das, was wir in Wahrheit fühlen bzw. was wir ohne die Ablenkung der Sucht fühlen würden. Wenn ein Mensch beispielsweise nikotinsüchtig ist, errichtet er mit Hilfe der Zigaretten eine Mauer aus Rauch zwischen sich und den anderen. Dies verschafft ihm ein Gefühl der Geborgenheit und macht ihn bestimmten Stimuli seiner Umwelt gegenüber unempfindlich. Darüber hinaus wird auf diese Weise sein erstes Zentrum unterdrückt. Zwar sind Suchtprobleme auch in den anderen Chakras zu finden, doch beginnen sie alle im ersten. Der Süchtige muß lernen, etwas Angenehmes fühlen zu können.

Durch jedes Chakra müssen wir eine Lektion lernen. Die Lektion des ersten Chakra lautet: »Ich fühle, also bin ich.« Doch bezieht sich dies nicht auf das emotionale Fühlen; vielmehr bedeutet es: »Ich nehme sinnlich wahr, also bin ich.« Wenn wir unserem Körper keine Gelegenheit geben, etwas zu fühlen, vor allem nichts »sinnlich Wahrnehmbares«, wird das erste Chakra nicht aktiviert. Das Problem wird immer akuter, je mehr die Energien dieses Zentrums unterdrückt werden. Je länger der Energiefluß blockiert ist, desto wahrscheinlicher kommt es bei dem betreffenden Menschen infolge dieser Unterdrückung zu irgendeiner Form von pathologischer Entwicklung.

Freisetzung unterdrückter Energien und Auflösung von Fixierungen

Wir müssen anfangen, direkt mit dem ersten Chakra zu arbeiten, um diese unterdrückten Energien zu befreien. Die Aura ist vor allem anderen etwas Geistiges - nicht im Sinne des Intellekts, sondern im weiteren Sinne des elektromagnetischen Feldes, das den Körper umgibt und ihn erzeugt. Verschiedene Gedankenfrequenzen kreisen in bestimmten Mustern um und durch den Körper. Wenn nun ein bestimmtes Gedankenmuster zur Gewohnheit wird, so fixiert dies den Energiefluß und blokkiert letztlich den Körper selbst, so daß er auf ein einziges Bewegungs- und Verhaltensmuster beschränkt wird. Dieses Muster wiederum hindert den Gedanken- und Energiefluß, potentiell andere »Positionen« zu erforschen. Andere Sichtweisen werden fortan nicht mehr durch Licht und Energie unterstützt, und das gesamte System verharrt in einem Muster, einer Meinung, einer Wirklichkeit. Jedes Mal, wenn eines unserer Chakras in seiner Fähigkeit eingeschränkt wird, entsprechend dem ihm wesenseigenen Muster zu funktionieren (was auch immer der Grund dafür sein mag), entstehen diese Fixierungen. Wenn wir im ersten Chakra blockiert sind, wird unglücklicherweise unsere Kundalini-Energie eingeschränkt, was unser gesamtes Chakrasystem nachteilig beeinflußt.

Folgen der Kundalini-Schwäche

Die Kundalini ist die wichtigste Energiequelle unseres »spirituellen Fahrzeugs«. Wenn sie eingeschränkt wird, spiegelt sich dies in jedem Aspekt unseres Bewußtseins, bis schließlich die Reise unserer Seele auf ihrem spirituellen Pfad und die Vollendung dieses Pfades beeinträchtigt wird.

Wenn unser erstes Chakra sich nicht entwickeln durfte, so ist zunächst einmal unser Gefühl für Berührung, unser taktiles Empfindungsvermögen vermindert. Das erste Chakra versetzt uns in die Lage, *uns selbst* zu spüren und zu fühlen, was wir fühlen. Diese Funktion unterscheidet sich von derjenigen des zweiten Chakras - den Sitz des emotionalen Körpers -, das es uns ermöglicht zu empfinden, was *andere* fühlen. Unsere westliche Kultur leidet an einer Fehlfunktion der Kundalini: Wenn die Kundalini ihre Aufgabe nicht erfüllt, spüren wir nicht, wer wir sind. Verschiedene Ebenen der Empfindung und des Bewußtseins werden einfach durch die *Grundlinie* der Energie ermöglicht; diese Grundlinie befindet sich buchstäblich an der Basis der Wirbelsäule, und man kann sie als die grundlegende Energiemenge bezeichnen, aus der heraus jeder von uns funktioniert. Wenn sie eingeschränkt oder vermindert ist, so schränkt sie vor allem unsere Sexualität ein: Die Libido nimmt ab.

Unsere nächste Fähigkeit, die eingeschränkt wird, ist die der Wahrnehmung anderer Menschen. Die Funktion des Kundalini-Chakras besteht darin, uns Energie zu liefern und die Verbindung zu unserer Quelle aufrechtzuerhalten. Wenn dieses Zentrum nicht entwickelt wird und es ihm daher an Kraft mangelt, werden alle unsere Interaktionen beeinträchtigt. Beispielsweise hängt die Fähigkeit, die Art und das Ausmaß der Gefühle eines anderen wahrzunehmen, davon ab, wie stark wir zu fühlen vermögen. Wenn unser Empfindungsvermögen sehr gering ist, haben wir ständig das Gefühl, die Energie unseres Gegenübers befinde sich auf einem höheren Niveau als unsere, auch wenn das gar nicht der Fall ist.

Darüber hinaus beschränkt eine verminderte Kundalini-Energie auch unseren Intellekt. Wir können nur soviel Information verkraften, wie wir Energie zu halten vermögen. Ohne Kundalini verfügen wir weder über ein Langzeit- noch über ein Kurzzeitgedächtnis. Der Geist ist grenzenlos; daher ist er überall. Er ist eine riesige, komplizierte Datenbank, die aus vielen kleineren Energien (»Bits«) zusammengesetzt ist, die im Gewebe unseres Körpers gespeichert werden. Es ist die Kundalini, die den Energiestrom ermöglicht, der die gewünschten Informationen lokalisiert und sie auf die Ebene des Bewußtseins hebt.

Eine Einschränkung der Kundalini-Energie beeinflußt auch das Herz; sie behindert den Blutkreislauf und die Atmung. Außerdem schränkt sie sowohl das Gefühl zwischenmenschlicher Wärme ein, das wir anderen gegenüber zu empfinden vermögen, als auch die Gefühle der Zuneigung und Wärme, die andere uns entgegenbringen. Weiterhin beeinträchtigt dieser verminderte Energie-Zustand das Gewahrsein und unsere Fähigkeit, Freiheit zum Ausdruck zu bringen. Ohne jene Kraft, die ihren Ursprung im Kundalini-Chakra hat, haben wir weder ein Gefühl der Freiheit noch ein Gespür dafür, daß uns die Freiheit genommen werden kann; dadurch sind wird nicht in der Lage, in unserem alltäglichen Leben Freiheit zu erfahren und zum Ausdruck zu bringen.

Darüber hinaus behindert eine eingeschränkte Kundalini unsere Kehle. Kein körperliches Erwachen, kein lebendiges Schwingen - keine Stimme, die sich klar nach außen richtet. Man könnte die Stimme als das Kundalini-Zentrum der oberen, spirituellen Chakras bezeichnen. Die unteren drei Chakras - der physische, emotionale und mentale Körper - wiederholen sich in gewisser Weise in den oberen drei Zentren, wobei die Stimme den physischen Aspekt der spirituellen Welt darstellt. In allen Schöpfungsmythen ruft der Klang oder die Stimme bzw. das Wort die Welt ins Sein.

Es ist die Kundalini-Energie, die uns aus der dreidimensionalen Welt in die nächste Dimension trägt. Wenn wir einmal in die geistige Welt eingetreten sind, manifestiert sich die Kundalini zunächst als Klang (fünftes Chakra) und dann als Licht (sechstes Chakra). Wenn nur wenig Kundalini-Energie verfügbar ist, so ist auch die Vorstellungs- und Visionskraft gering; es besteht ein Mangel an Kreativität und Inspiration, und man hat kein Gespür dafür, was man mit seinem Leben machen will.

Schließlich das wichtigste und letzte, was durch eine verminderte Kundalini beeinträchtigt wird: die Fähigkeit, sich im Schlaf, in Trance und in sonstigen veränderten Bewußtseinszuständen über die physische Wirklichkeit zu erheben. Wenn die Kundalini verringert ist, vermag sich das Kronenchakra - das als Tor zur geistigen Welt betrachtet werden kann - nicht weit genug zu öffnen, was zur Folge hat, daß wir uns nicht durch diese Öffnung hinausbewegen und in Frieden schlafen können. Denjenigen unter uns, die an Schlafstörungen leiden, mangelt es häufig an Lebenskraft. Zudem kann dieser Mangel an Kraft uns daran hindern, Bewußtseinszustände zu erreichen, in denen wir uns wieder mit unserer geistigen Quelle zu verbinden vermögen.

KAPITEL 7

Die Kraft des Feuers

Kraft, Macht und Kundalini

Jedes Chakra wird traditionell mit einem bestimmten Element in Verbindung gebracht. Beim ersten Chakra ist es das Feuer. Jede Farbe des Regenbogens ist im Feuer enthalten, das heißt im ersten Chakra sind alle Farben sichtbar präsent, enthalten in der Rotfrequenz. Diesem Chakra ist eine feurige Qualität zu eigen, eine wunderschöne, transparente Qualität, die mit der Lebenskraft selbst identisch ist.

Das erste Zentrum wird auch mit der Sonne als der Schöpferin und Erhalterin der Lebensenergie in Beziehung gebracht. Diese solare Energie repräsentiert den männlichen Aspekt des ersten Chakras, wobei die Schlange die lunare, weibliche Qualität der Kundalini symbolisiert. Die solare Flamme entfacht die Leidenschaften; sie erzeugt und erhält das Leben und dient der Energie des gesamten Chakrasystems als wegweisendes Licht.

Es ist die rote Qualität, die Essenz des Feuers, die alle Kräfte im Leben eines Menschen steuert. Sie ist die Qualität unseres Blutes, unserer Sexualität und unserer Triebe, unserer finanziellen Situation, unseres Wohlstandes - all dies ist im ersten Chakra beheimatet. Wenn ein Mensch geboren wird, ist seinem Körper eine gewisse Vitalkraft (Chi) eingeprägt, und diese Vitalität, dieses Feuer befindet sich in seinem ersten Chakra. Offenbar ist es dem Menschen infolge des Geburtsprozesses, aufgrund pränataler Programmierung oder bedingt durch Lebenserfahrungen möglich, diese Kraft zurückzuziehen bzw. zurückzuhalten. Dies ist vor allem dann der Fall, wenn sich ein Mensch entschlossen hat, in eine Kultur hineingeboren zu werden, die die Aktivität des ersten Chakras nicht gerade begünstigt. Wir in der westlichen Hemisphäre leben in einer Kultur, in der das offene Zutagetreten von Kraft nicht besonders geschätzt wird; deshalb halten die meisten von uns ihre Kraft zurück. Fest steht, daß unsere grundlegende Triebkraft und unsere Fähigkeit, ein befriedigendes Leben zu führen, im ersten Chakra angesiedelt sind. Wie gut es uns gelingt zu überleben und wie angenehm unser Leben verläuft hängt davon ab, wieviel Kraft wir uns selbst zugestehen.

Abb. 71 Sonnenhaupt.

Auch in unserem spirituellen Leben brauchen wir Kraft. Der feurige Aspekt des ersten Chakras findet sich auch im Indigo-Bereich, der unmittelbar vor dem Weiß des Kronenchakras liegt. Die mystische Lehre bezeichnet dies als die Flamme von St. Germain; es ist die Flamme, die Exorzisten benutzen, um Negativität zu beseitigen (oder zu neutralisieren). Ohne die Kraft des ersten Chakras ist Exorzismus nicht möglich, ohne sie kann Negativität nicht verbrannt werden.

Die dualen Qualitäten des ersten Chakras: Geist und Materie, Leben und Tod

Das erste Chakra enthält ebenso wie alle anderen gewisse duale Qualitäten, die einander entgegengesetzte Potentiale repräsentieren[94]. Beim ersten Chakra sind dies Geist und Materie, die beide in einer direkten Beziehung zum Element dieses Chakras - dem Feuer - stehen. Nach der Lehre der Alchemie wird im Schmelztiegel des Feuers Materie zu Geist und Geist zu Materie[95].

Das erste Chakra ist das spirituelle Feuer, das die Materie manifestiert. Im Augenblick der Geburt wird der Geist im Körper gebunden, wenn das Baby das erste Chakra seiner Mutter passiert. Es ist das Feuer der Kundalini-Energie (von Mutter und Kind), durch die der Geist dem Neugeborenen Leben einhaucht.

Das erste Chakra transformiert oder verbrennt Erfahrungen zu reiner Emotion, der nächsthöheren Frequenzebene. (Die alchemistische Entsprechung ist die Transformation unedlen Metalls in Gold.) Das erste Chakra kann darauf trainiert werden, die gesamte Kundalinikraft zu einer Emotion zu transformieren oder, wenn man so will, zu disziplinieren.

Auch die Emotionen müssen später geschult und diszipliniert werden, damit sie ihre volle Kraft entfalten können. Wenn es nicht zu dieser Transformation kommt, entsteht beispielsweise jedes Mal, wenn Wut ausgedrückt wird, Depression (Energieverlust) statt Mitgefühl (Energiezuwachs).

Wenn Wut bewußt genutzt wird, kann sie sich sogar in Mitgefühl verwandeln. Sobald ein Mensch Wut empfindet, weiß er, worin das nächste angemessene Gefühl bzw. die nächste Handlung besteht. Folglich kann man jedes Gefühl sogleich auf die nächste Stufe bringen, statt es zu unterdrücken - bis schließlich das Mitgefühl erreicht ist. Wut ist häufig das »Streichholz«, das den feurigen Fluß der Energie entzündet und auf seinen vorbestimmten Weg aufwärts durch das Chakrasystem befördert, so daß immer höhere Frequenzen entstehen. Doch dies kann nur geschehen, wenn es sich um Wut in reiner Form handelt. Der biblische Ausdruck für die Art von »reiner« Wut ist »gerechter Zorn«.

Das zweite Paar dualer Eigenschaften im ersten Chakra sind die Potentiale von Leben und Tod. Wo Kundalini ist, ist Leben; ohne Kundalini ist das physische Leben abwesend, ein Zustand, den wir Tod nennen. Es gibt ein Fortbestehen des Bewußtseins, ein Kontinuum, wenn man so will, das sich durch diese beiden Zustände zieht. Wir sind entweder *in* einem Körper oder *ohne* einen Körper, doch in beiden Fällen *sind* wir. Im Kreislauf des Lebens sind wir uns von Augenblick zu Augenblick unserer Existenz bewußt. In der Phase des Todes sind wir uns dessen bewußt, was wir in unserem Leben getan und wie wir unsere Kraft genutzt haben.

Kundalini-Kraft in alter und neuer Zeit: Charisma und Demut

Um die Kraft des ersten Chakras besser verstehen zu können, müssen wir kurz untersuchen, was Kraft in der modernen Welt heißt und was dieser Begriff in früherer Zeit bedeutet hat. Kraft wurde in der alten Welt mit persönlichem Magnetismus assoziiert. Wenn wir sehr viel von dieser Art Kraft des ersten Chakras haben, sind wir in der Tat charismatisch. Dies hat nichts mit Attraktivität zu tun, sondern mit der Fähigkeit, mit Autorität sprechen bzw. »einen Raum mit der eigenen Energie dominieren zu können«. Es handelt sich hierbei also um eine bestimmte Art des Auftretens. Das Charisma, das zum Beispiel gewisse Film- und Rockstars ausstrahlen, wird manchmal als »tierischer Magnetismus« bezeichnet - genau das, was die Kraft des ersten Chakras zu einem großen Teil ausmacht. Ob »persönlich« oder »tierisch« - auf jeden Fall handelt es sich um Magnetismus.

Abgesehen von der Unterhaltungsindustrie und einigen Bereichen des »Big Business« haben die meisten von uns heute Schwierigkeiten damit, zu ihrer eigenen Kraft zu stehen und sie auf angemessene Art auszudrücken. Wir unterdrücken die Kraft, indem wir »darauf sitzen«: Es ist nicht einfach, unseren persönlichen Magnetismus im Sitzen auf andere Menschen zu richten. Aufgrund unserer religiösen Wurzeln - insbesondere in Anbetracht des christlichen Ideals vom bescheidenen Zimmermann, der sein Leben für seine Mitmenschen opferte - halten wir oft unsere Kraft zugunsten der Demut zurück. Diese Dichotomie von Charisma und Demut hat ihren Platz im ersten Chakra.

Die Kundalini-Energie steht eindeutig in einer Beziehung zum Charisma. Doch ohne Demut werden wir starr. Es gibt eine wichtige buddhistische Lehre über Kraft bzw. Macht, die von dieser Charisma-Demut-Dichotomie handelt. Nach jener Lehre kann niemand ein Pazifist sein, bevor er Macht hat, denn nur wenn jemand tatsächlich über Macht verfügt und diese nicht mißbraucht, ist er ein echter Pazifist; anderenfalls ist er nur ein Feigling[96]. Ohne die Kraft des ersten Chakras mangelt es uns nicht nur an Charisma, sondern auch an Demut. Solange wir uns weigern, unsere Kraft anzunehmen, kann jede Demut, die wir zur Schau stellen, nur falsch sein. Doch wenn wir uns diese Kraft zu eigen machen und anfangen, sie zu benutzen, stärkt sie uns und gibt uns Flexibilität. Auf den Körper bezogen, stellen wir fest, daß wir nun unsere Knie ohne Schwierigkeiten beugen, die Beine vollständig strecken und mit den Hüften ungehindert kreisen können. Machen wir uns die Kundalini-Energie jedoch nicht zu eigen, wird der untere Teil unseres Körpers steif und unflexibel.

Das, was wir am meisten brauchen und was uns die meiste Kraft gibt, ist wahrscheinlich auch das, wovor wir uns am meisten fürchten. Diese Furcht zeigt, daß wir unsere Verantwortung leugnen, aktive Mitschöpfer der Welt zu sein, denn die Kundalini-Kraft ist es, die uns zu Schöpfern macht. Wir sollten uns nicht vor ihr fürchten und auch nicht davor, sie zu nutzen. In der Tat wird die Kraft des ersten Chakras verringert, wenn man sie nicht schöpferisch nutzt, und es kann passieren, daß sie irgendwann ganz versiegt. Die Feuerkomponente der Kundalini ist unser »Zünder«. Menschen, die einmal unter einer chronischen Krankheit wie rheumatischer Arthritis oder anderen tiefgreifenden Gesundheitsstörungen gelitten haben, die darauf hindeuten, daß der »Anzünder« nicht mehr richtig funktioniert, wissen, wie schwer es ist, von solchen Krankheiten zu genesen. Der Körper versucht, an den ungeeignetsten Stellen »zu zünden« - im Fall von Arthritis gibt es dann zum Beispiel Gelenkentzündungen. Doch diese Art von Entzündungen erzeugt nicht die gewünschte »Feuerkraft«. Die Kraft muß dort sein, wo sie hingehört - in der Zündflamme -, sonst wird es uns nicht gelingen, den Ofen anzuzünden. Wenn wir unsere Kraft nicht in Besitz nehmen, besteht wenig Hoffnung, daß wir solche Krankheiten jemals bezwingen werden. Wenn wir uns unsere Kraft zu eigen machen wollen, müssen wir uns der Situation gewachsen zeigen und es der Kundalini gestatten, an der Wirbelsäule emporzusteigen.

Das Yin-Yang-Prinzip oder das Zurückhalten und Zueigenmachen von Kraft

Die gesamte Literatur des Hinduismus und die klassische Zen-Literatur weisen immer wieder auf das Prinzip des Zueigenmachens von Kraft hin, das heißt die uns gegebene Energie anzunehmen und gleichzeitig die in ihr enthaltene entgegengesetzte Komponente zum Ausdruck zu bringen[97]. Zum Beispiel sind Lust und Wut zwei Potentiale, die im ersten Chakra koexistieren. Indem wir es uns gestatten, die Ekstase »hedonistischer« Lust zu erfahren, werden unsere Synapsen in die Lage versetzt, Wut umzuwandeln. Wenn dann Wut in uns aufsteigt, können wir diese Energie in das Lustzentrum lenken, indem wir unser Becken leicht vorkippen und die Energie aufwärts leiten. Sie wird dann nicht zerstörerisch wirken, sondern dazu genutzt, unseren Körper zu regenerieren. Auf einer klassischen tibetischen Darstellung der Energiezentren ist in jedem Chakra eine Yin- und Yang-Komponente zu sehen; die ist eine perfekte Darstellung der Umorientierung von Kraft, die es ihr ermöglicht, zu ihrem Gegenteil zu werden, falls man sie nicht in ihrer ursprünglichen Form nutzen möchte (siehe Abbildung 72). Dadurch kommt es nicht zu einer Unterdrückung, was eine wesentlich gesündere Vorgehensweise darstellt.

Oft scheint es, als gäbe es für manche Gefühle keine geeignete Ausdrucksform. Um diese Ge-

Abb. 72 Das Yin-Yang-Symbol

fühle nicht im zweiten Chakra empfinden zu müssen, versuchen viele von uns, die Kraft des ersten Chakras zurückzuhalten. Als Folge dieser Unterdrückung dreht sich dann das erste Chakra entgegen dem Uhrzeigersinn. Indem wir dieses Zentrum dazu veranlassen, sich rückwärts zu drehen, entledigen wir uns jedoch nicht der unausgedrückten Gefühle, sondern unterdrücken sie lediglich und haben daher keinen Zugang zu ihrer Kraft. Die Energie wird also in diesen Fällen nicht aufwärts durch das Chakrasystem gelenkt, sondern in den Boden abgeleitet. Auf diese Weise verlieren wir eine große Menge Energie und Kraft. Wenn es uns gelingt, die Drehrichtung des Chakras wieder umzukehren, wird die Energie erneut so fließen, wie sie es eigentlich sollte, und wir können von der zuvor gebundenen Kraft Gebrauch machen.

Die Kraft gehört uns, doch um sie zu verstehen, müssen wir sie benutzen. »Was rastet, das rostet«, könnte man in Abwandlung eines alten Sprichwortes sagen. Doch darf dies kein intellektueller Vorgang sein; wir müssen das Feuer dieser Kraft *fühlen*, und wir müssen diese Kraft umsichtig und klug nutzen, ohne uns dadurch zu gefährden. Wir müssen uns dessen bewußt sein, wie und wo wir sie nutzen, und während wir dies tun, müssen wir die gleiche Lebenskraft auch anderen Menschen zurückgeben. Wir müssen anderen gestatten, ihre eigene Kraft in Besitz zu nehmen und sie so zu benutzen, wie es ihnen entspricht. Bis wir alle mehr Kraft erlangt haben, wird der Erfolg des einen auf den anderen bedrohlich wirken. Wir können diese Dynamik verändern, wenn wir in unserem Erfolg zugleich auch andere stärken, insbesondere unsere Freunde, indem wir ihnen Energie abgeben. Wir sollten nie vergessen, daß das Universum die Quelle unbegrenzter, unerschöpflicher Energie ist, aus der wir jederzeit schöpfen können, damit wir nicht von anderen er-schöpft werden.

Über die angemessene Nutzung von Macht

Macht ist kein schmutziges Wort, wenn es auch oft so verstanden wird. Die bloße Erwähnung dieses Begriffes beschwört die negativen Vorstellungen von Gier, Ehrgeiz, Krieg, Manipulation, Korruption, Dominanzstreben, Unterwerfung, Tod und Verwüstung herauf. Die gesamte religiöse und weltliche Literatur aller Kulturen ist voll von Berichten über Verführung und den Mißbrauch von Macht. In der Geschichtsschreibung wird nur selten erwähnt, welches Wachstum und welcher Überfluß die Folge sein kann, wenn ein Mensch mit vollem Bewußtsein Macht in Besitz nimmt.

Dieser Tatsache liegt die Überzeugung zugrunde, daß die allmächtige und allwissende Gottheit größer ist als wir Sterblichen, daß sie *anders* ist als wir oder irgendwie *außerhalb* von uns. Dies impliziert, daß wir klein, unvollständig und wertlos sind; hätten wir jedoch Macht, würden wir diese wahrscheinlich mißbrauchen und müßten für diesen Mißbrauch bestraft werden.

Natürlich ist es möglich, daß unsere ersten Versuche, Macht zu gebrauchen, danebengehen; Fehler sind unvermeidbar mit jedem Lernprozeß verbunden. Die Angst vor Machtmißbrauch ist im persönlichen Bereich genauso angebracht wie auf der politischen und globalen Ebene. Seit Jahrzehnten haben viele von uns diejenigen kritisiert, die Machtpositionen innehaben. Wir haben die etablierten Kräfte herausgefordert und haben dabei wiederholt erlebt, daß politische und religiöse Führerpersönlichkeiten von fragwürdiger Integrität ihr Amt niederlegen und zurücktreten mußten. Wir sträuben uns jedoch, selbst solche Machtpositionen einzunehmen; wir weigern uns, Führungsrollen zu übernehmen, als fürchteten wir, das Verhalten derjenigen zu wiederholen, die wir kritisieren. Wir haben Angst, selbst korrumpierbar oder von anderen als bedrohlich empfunden zu werden. Ich persönlich bin der Meinung, daß es sinnlos ist, die Mächtigen zu kritisieren, so lange wir nicht bereit sind, selbst die Verantwortung für Macht zu tragen und Führungs- und Managementaufgaben zu übernehmen. Macht nicht zu gebrauchen stellt auch eine Art des Machtmißbrauchs dar. Es ist weder gut für den Körper, noch trägt es dazu bei, die Welt zu verändern. Bevor wir nicht unsere Macht, die unser angeborenes Recht ist, in Besitz nehmen, werden wir durch diejenigen bedroht werden oder uns durch sie bedroht fühlen, die Macht haben. Bevor wir nicht lernen, Macht auf angemessene Weise zu gebrauchen, wird man uns als potentiell bedrohlich empfinden.

Wir müssen lernen, wie ein Boddhisatva durch die Welt zu gehen (ein Mensch, der große moralische und geistige Weisheit erreicht hat; vor allem jemand, der das Nirvana zugunsten der Hilfe anderer Menschen aufgegeben hat). Ein Boddhisatva benutzt Macht, ohne daß andere es merken. Wenn wir gelernt haben, unsere Macht in Besitz zu nehmen und zu benutzen, werden wir dies schließlich so gut können, daß andere Menschen sich nicht mehr von uns bedroht fühlen. Im Laufe der Zeit und durch ständige Übung werden wir zu »Kriegern«, die in der Lage sind, für einen ehrenvollen Frieden oder eine dauerhafte Heilung zu kämpfen. Wenn wir einmal verstanden haben, daß wir über diese Macht verfügen können, wird uns die daraus resultierende innere Sicherheit davon abhalten, schwerwiegende Fehler zu machen.

Im Neuen Zeitalter heißt es, daß jeder von uns ein Ausdruck des Göttlichen ist, was ihn ermächtigt, sich mit allen anderen fühlenden Wesen verbunden zu fühlen, die ebenfalls Teile des Göttlichen sind. Dieser Gedanke und diese Ermächtigung ermöglichen es dem einzelnen Menschen, seiner Göttlichkeit Ausdruck zu verleihen, sich gestärkt und der Macht würdig zu fühlen, oder anders gesagt: sich die Macht zu eigen zu machen, sie zu nutzen und auf diese Weise ein besseres Leben zu führen.

Unsere Absicht wird sehr deutlich, wenn wir begreifen, daß wir unsere Umgebung beeinflussen - ganz gleich, ob wir uns dessen bewußt sind oder nicht. Als ich beispielsweise zu verstehen begann, daß meine Aura - mein Energiefeld - Einfluß darauf hatte, ob Pflanzen in meinem Haus gediehen oder verkümmerten, wurde mir auch klar, daß meine Aura ebenfalls Einfluß darauf nahm, wie meine Haustiere, meine Kinder und meine Nachbarn lebten. Macht zu haben bedeutet, daß wir auf alles, was sich in unserer Umgebung befindet, eine Wirkung haben. Wir können lernen, diese Wirkung nicht zu fürchten, sondern sie zu nutzen - konsequent, bewußt und verantwortlich - und sie auf natürliche Weise in unser alltägliches Leben zu integrieren. Wenn jeder von uns dafür sorgen würde, daß er über mehr Macht verfügt, daß er mehr Licht in sich trägt, mehr Liebe und Weisheit, wäre unser Planet ganz sicher bald in einer viel besseren Verfassung.

Macht und die Notwendigkeit des Dienens

Viele Menschen glauben, daß das Erfordernis der Macht und des Charismas unausweichlich im Konflikt mit dem Wunsch und der Notwendigkeit des Dienens liegt. Doch die Fähigkeit zu dienen setzt ein verhältnismäßig sicheres Maß an Macht voraus. Um für einen anderen Menschen sorgen zu können, müssen wir zumindest über so viel Macht verfügen, daß wir es zulassen können, daß sich ein anderer Mensch in unserer Gegenwart sicher fühlt. Wenn wir dieses Maß an Energie nicht haben oder sogar weniger als der Mensch, dem wir zu dienen wünschen, werden wir ihm nichts geben können, sondern etwas von ihnen nehmen, ob wir es wollen oder nicht. Wir müssen in der Lage sein, spirituelle Hilfe willentlich durch uns hindurchzuleiten; anderenfalls ist unser Geben nicht sehr viel wert.

Darüber hinaus müssen wir nicht nur bereit und in der Lage sein, auf diese Weise zu teilen, sondern es ist notwendig, daß wir über ausreichende Energie verfügen, um das, was uns auf unserem Weg helfen kann, »anzuziehen«. Beim Geben öffnen wir die Ströme, die uns nähren. Wir müssen lernen, von der Quelle zu geben, die niemals versiegt, um Erschöpfung und Kraftlosigkeit zu vermeiden. Wir müssen lernen, die Energie des Gebens zu übermitteln, statt unsere eigene Lebenskraft zu erschöpfen; und wir müssen dieses Geben über alle anderen Erwägungen und Einschränkungen stellen.

Und schließlich sind wir nicht in der Lage zu dienen, wenn wir kein Bewußtsein über unsere Körperlichkeit entwickelt haben. Nur durch eine gesunde Beziehung zu unserem ersten Chakra können wir auf umfassende Weise dienen und entdecken, daß Dienen in Wahrheit der Pfad zurück zu unserem kosmischen Ursprung ist, der Weg zurück zur Gottheit.

Kundalini und Wohlstand

Es ist interessant, daß die Amerikaner für die Gestaltung ihrer Geldscheine die Farbe Grün gewählt haben. Grün ist bekanntlich die Komplementärfarbe zu Rot; die Macht hinter dem Wohlstand ist die rote Frequenz des ersten Chakras. Die Fähigkeit, Energie anzuziehen, die die Essenz allen Wohlstandes ist, steht in direkter Beziehung zu der Kraft der Aura eines Menschen. Je größer seine Aura, desto ausgeprägter ist die Fähigkeit des Betreffenden, Energie anzuziehen und festzuhalten. Ob man eher zufällig oder ganz gezielt Dinge anzieht, in beiden Fällen wird etwas zu uns hingelenkt. Wenn wir das Feld unserer Anziehung nicht bewußt lenken, werden wir wahrscheinlich Personen anziehen, die bedürftig sind und wollen, daß wir für sie sorgen.

Daher sehe ich es als einen Vorteil an, wenn wir gezielt auswählen können, was wir anziehen wollen. Doch viele Menschen, die von sich glauben, auf einem spirituellen Pfad zu sein, sehen oft einen Konflikt zwischen diesem Pfad und materiellem Wohlstand. Ihnen ist noch nicht klar, daß die ethische Haltung desjenigen, der Wohlstand haben möchte, das Entscheidende ist, nicht das Geld und der Reichtum an sich. Sie haben noch nicht verstanden, daß Geld eine Form von Energie ist, die genutzt und ausgetauscht werden muß. Schließlich verkennen sie noch eine andere, grundlegende Tatsache: Um wahrhaft großzügig mit anderen Menschen umgehen zu können, benötigen wir ein Maß an Wohlstand, das uns solche Großzügigkeit ermöglicht.

Es ist ein Grundgesetz des Wohlstands, daß wir, wenn wir Geld ausgeben, auch Geld zurückbekommen. Wenn wir das, was wir besitzen, ausgeben, um anderen und Gott zu dienen, so wird das ausgegebene Geld sofort ersetzt. Je größer unsere Fähigkeit zu geben ist, um so größer ist die Wahrscheinlichkeit, daß wir selbst keinen Mangel leiden werden. Durch Anhaften am Wohlstand verlieren wir den Grund aus den Augen, warum wir Wohlstand anziehen wollten, und an diesem Punkt entsteht der Konflikt zwischen materiellem Gewinn und Spiritualität. Energie und Wohlstand müssen in einer Wechselbeziehung zueinander stehen.

KAPITEL 8

Sexualität, Kundalini und Karma

Sexualität als Austausch

Menschen tauschen auf unterschiedlichste Weisen Energie aus. Jeder Energie-Austausch beinhaltet Sexualität. Energie hat aufgrund ihrer elektromagnetischen Natur einen positiven und einen negativen Pol. Diese rhythmische Bewegung zwischen den Polen, dieser Wechsel von Ebbe und Flut erscheint in unserem Körper als Sexualität, und viele Arten der Interaktion werden von unserer Kultur als sexuell interpretiert. Die primäre Lebenskraft, die Energie der Schöpfung, Blut, »Feuer«, Macht, Überleben - sie alle schwingen im Frequenzbereich der Aurafarbe Rot. Da dies das Frequenzspektrum der Kundalini-Energie ist, hat der Körper ein Gewahrsein dieser Interaktionen auf physischer Ebene. Außerdem sind mit jedem Energie-Austausch Gefühle der erwartungsvollen Erregung verbunden, die unser System etwas in Verwirrung versetzen, da diese Gefühle auch mit sexueller Erregung assoziiert werden. Wir sollten jedoch bedenken: Wenn die Energie sich bewegt und wir dies spüren, so ist das keineswegs ein Zeichen dafür, daß Sexualität notwendigerweise der nächste Schritt sein muß. Es ist ein Hinweis, daß jeder Teil von uns lebendig ist.

In dem Maße, wie das erste Chakra geöffnet ist, sind wir auf der taktilen Ebene bewußt und fühlen wir uns lebendig. Wenn bei einem Menschen die Kundalini fließt, hat er eine machtvolle physische Präsenz und eine intensive Wirkung auf andere. Es heißt dann häufig, dieser Mensch habe »Charisma«. Einige, denen diese Energiemenge und -qualität zu eigen ist, werden oft mißverstanden und gelten in einer Gesellschaft wie der amerikanischen, die aus einem puritanischen Bewußtsein heraus entstanden ist, als hypersexuell. Lebenskraft ist Lebenskraft. Energetisch betrachtet gibt es kaum einen Unterschied zwischen der Lebenskraft, die sich in Kunstwerken manifestiert, und der Lebenskraft, die in der Zeugung zum Ausdruck kommt - zwischen der Kraft, die notwendig ist, um ein Kind zu zeugen, und jener, die dazu benutzt wird, ein politisches System zu schaffen oder gar einen spirituellen Pfad zu bahnen.

Orgasmus: Kraft geben und verschmelzen

Bei jedem Energie-Austausch ist die *Qualität* der Energie von Bedeutung. Doch ist die *Quantität* der Energie ausschlaggebend dafür, wie sehr sich ein Mensch zu öffnen und zu erweitern vermag. Der Orgasmus setzt einen Zustand der Offenheit voraus; er tritt nicht im ersten Chakra auf, sondern die Kundalini-Energie muß fast durch das gesamte Chakrasystem bis zum dritten Auge aufsteigen, um die Neurotransmitterproduktion und -ausschüttung im Gehirn anzuregen, die zur Orgasmuserfahrung führen. Dies erfordert eine große Menge Kraft und übersteigt bei weitem die für unsere Alltagsaktivitäten notwendige Energiemenge.

Der Austausch von Energie bei der körperlichen Liebe ist ein Aspekt des ersten Chakras, dessen wahrer Zweck lange mißverstanden worden ist. Der Orgasmus ist ein tranceähnlicher Zustand, und der Sinn der Sexualität ist die Erweiterung und Kraftübertragung an den Partner durch Austausch von Energie. Oft ist das, was in einem Partner bewußt ist, im anderen noch unbewußt. Die Energie des Partners vermag in uns jene Aspekte von uns selbst zu aktivieren, die zuvor unerforscht geblieben sind. Die Schönheit und Funktion sexueller Intimität besteht darin, daß dabei das »Gegensätzliche« einbezogen wird, daß wir dabei mehr werden, als wir für uns allein sind. Sexualität ermöglicht es jedem Lebewesen zu wissen, daß es ein »anderes« gibt, mit dem ein Verschmelzen möglich ist – daß wir alle, wenn auch vielleicht nur für kurze Zeit, den Einen Geist erreichen können.

Die Qualität dieser Verschmelzung hängt davon ab, wieviel Energie wir sammeln und in unserem System halten können. Die sexuellen Praktiken des indischen *Kamasutra* zielen darauf ab, diese größere Energie zu erreichen[98]. In der Vereinigung des *Kamasutra* öffnen die Partner ihre Aufnahmesysteme in den Beinen, Armen, den Kinnladen und oberhalb der Ohren, und wenn die *Kamasutra*-Technik beherrscht wird, öffnen sich auch die über hundert Sekundärchakras im Körper. Damit steht dem Paar eine enorme Energiemenge zur Verfügung.

Die Qualität unseres Sexuallebens – oder unserer Fähigkeit, miteinander zu verschmelzen – hängt auch davon ab, wie gut wir mit unserem Partner zu kommunizieren vermögen. Die Kommunikation muß auf der verbalen, der nonverbalen und der taktilen Ebene funktionieren. Letztlich hängt auch hier die Qualität im großen Maße von der Quantität ab: Man muß in der Lage sein, genügend Energie zu bewegen, um den Partner in eine Trance versetzen zu können, in einen veränderten und höheren Bewußtseinszustand. Wenn man den Partner beispielsweise stimuliert, ihn jedoch nicht in Trance versetzt, erlebt er keinen Orgasmus, sondern wird in einen Angstzustand versetzt, in dem die sexuelle Vereinigung für beide Partner unmöglich wird. Tranceartige Zustände ähneln den Gezeiten - es gibt dabei Ebbe und Flut, Druck und Zug. Ohne Rhythmus, Kommunikation oder überfließende Energie ist es nicht möglich, einen veränderten Bewußtseinszustand zu erreichen - und ebensowenig einen Orgasmus.

Damit ein Orgasmus zustandekommen kann, muß man lernen, die wellenförmige Bewegung der Kundalini-Energie zu meistern. Man muß wissen, wann man die Energie bewegen oder vorantreiben und wann man sich hingeben muß und wann man die Energie des Partners losläßt oder sie anzieht. Sowohl das erste als auch das zweite Chakra spielt bei diesem Prozeß eine Rolle, das eine als »Feuer«, das andere als »Wasser«. Das ist wahrscheinlich der Grund, weshalb in den verschiedenen Schriften über das Chakrasystem divergierende Darstellungen darüber zu finden sind, ob die Sexualität im ersten oder im zweiten Chakra angesiedelt ist. Tatsächlich verhält es sich so, daß bei der sexuellen Verschmelzung die Energie aus dem ersten Chakra austreten und in das zweite Chakra des Partners einfließen muß; dies gilt für beide Partner. Es gibt nicht nur das Gebot des Gebens, sondern auch das Gebot der Empfänglichkeit, der Hingabe. Wenn bei der intimen sexuellen Vereinigung die Hingabe auch nur eines der beiden Partner fehlt, kann es letztlich nicht zu einem echten Austausch kommen und daher auch nicht zum Orgasmus.

Letztlich ist die Orgasmusfähigkeit eines Menschen aber nicht vom Partner abhängig, sondern wird vielmehr eingeschränkt durch die Probleme des betreffenden Menschen im Bereich der Sexualität. Wenn ein Mensch Sexualität mit Gewalt oder Zwang in Verbindung bringt, ist es so gut wie ausgeschlossen, daß er mit einem anderen Menschen zu verschmelzen vermag. Wenn die Erfahrung der Einheit mit einer bestimmten sexuellen Begegnung assoziiert wird, kann es sein, daß die Reaktionsfähigkeit eingeschränkt ist, einfach weil die »idealen« Begleitumstände sich nie mehr wiederholen lassen. Letztlich hängt das Maß, in dem ein Mensch in der Lage ist, in die heilige Verbindung mit einem anderen Menschen einzutreten, von den physischen, emotionalen und mentalen Beschränkungen ab, die solch einer Vereinigung auferlegt werden. Die Qualität und Quantität der Energie, die notwendig ist, damit es zu einer erfüllenden sexuellen Erfahrung kommen kann, hängt wesentlich von den Anschauungen und Erfahrungen der Beteiligten im Zusammenhang mit der Sexualität ab.

Orgasmus: ein Trancezustand

Das Verschmelzen oder das Erlebnis des Einswerdens durch die Liebe soll zu einer Steigerung des Gewahrseins führen, nicht zu einem Zustand der Abstumpfung, der Betäubung oder der Schläfrigkeit. Abgesehen von Energieübertragung und Verschmelzen besteht das Ziel der Sexualität darin, daß der Mensch in einen Zustand tiefer Entspannung und gleichzeitig erweiterten Bewußtseins eintreten kann und in der Lage ist, diesen Zustand auch aufrechtzuerhalten. In unserer Kultur wird Entspannung normalerweise mit Schlaf gleichgesetzt; Menschen, die sich entspannen, schlafen oft ein, anstatt wacher zu werden. Gewöhnlich schlafen die Partner nach einer sexuellen Vereinigung ein. Im Gegensatz zu einer weit verbreiteten Vorstellung ist Schlaf nicht möglich, wenn man »erschöpft« ist oder wenig Energie hat. Damit man einschlafen kann, muß genügend Energie vorhanden sein, denn nur dann kann der Astralkörper sich vom physischen Körper lösen. Wenn bei der sexuellen Vereinigung die aufgewühlte Energie durch den Orgasmus transformiert worden ist, steht eine genügend große Energiemenge zur Verfügung, damit der Schlafzustand eintreten kann. Für den physischen Körper ist dies völlig in Ordnung. Wir würden jedoch viel an Macht und Bewußtsein gewinnen und geistig wachsen, wenn wir »im Körper« bleiben, gegenwärtig sei könnten, während sich die Energie ausdehnt und wächst.

Orgasmus mit einem Partner ist die Erfahrung der Einheit. Das Ideal der sexuellen Intimität besteht darin, so lange wie möglich in diesem »einzelligen« Gefühl, der ein erhöhter Bewußtseinszustand ist, zu verbleiben. Dieser erweiterte tranceartige Zustand bleibt nur so lange bestehen, wie die Energie im System gehalten werden kann und nicht wieder herausfließt. Sexualpartner können einander dabei helfen, die Energie zu halten - und auf diese Weise den Orgasmus auszudehnen -, indem sie die Kundalini-Energie daran hindern, das System des Partners zu verlassen. Dies kann geschehen, indem man die Hände auf den Rücken des Partners legt, um den Energiefluß zu lenken, oder auf jene Bereiche des Körpers, wo die Energie »aussickern« könnte. Man kann dem Partner helfen, im Körper zu bleiben, und gleichzeitig die Energie im Bereich des dritten Auges festhalten, indem man ihm eine Hand auf den Kopf legt.

Die Leere, die Menschen häufig nach der körperlichen Liebe empfinden, ist ein Zeichen dafür, daß sie nicht lange genug in diesem erweiterten Bewußtseinszustand zu verharren vermögen, den es braucht, um die Neurotransmitter im Gehirn zu aktivieren - also auf eine Unfähigkeit, das »einzellige« Gefühl aufrechtzuerhalten. Um es noch einmal zu sagen: Ausschlaggebend für die Qualität und Tiefe der sexuellen Erfahrung ist die Quantität der Energie, die ein Mensch zu halten vermag. Wenn das normale Energiefeld eines Menschen klein ist, wird die während der sexuellen Aktivität angesammelte zusätzliche Energie wahrscheinlich für sein System zuviel sein, was dazu führt, daß das System die Energie nicht mehr verarbeiten kann; dadurch kommt es zu einem »Verlust des Bewußtseins«, was den Betreffenden sozusagen aus seinem Körper hinauswirft. Sobald die bei der körperlichen Liebe angesammelte Energie einen Menschen in Schlaf versetzt, ist der Sinn der Erfahrung - den Zustand der Einheit zu empfinden, des Kraftzuwachses, des Potentials zu geistigem Wachstum und Bewußtseinserweiterung - verloren. Wenn jemandem dies ständig passiert, entsteht ein nie versiegendes Bedürfnis nach immer neuer Vereinigung, ein Gefühl des Verlustes und der Trennung, sobald man sich physisch vom Partner entfernt.

Allerdings bedeutet der Wunsch, sich innerhalb kurzer Zeit immer wieder zu vereinigen, nicht in jedem Fall, daß die sexuelle Erfahrung unbefriedigend war. Mehr als alles andere ist dies ein Hinweis darauf, daß der offene, erweitere Zustand der sexuellen Vereinigung ein solches Vergnügen, ein solches »Erwachen« verursachte, daß man in diesem schönen Gefühl verbleiben möchte.

Die Trauer andererseits, die manchmal nach der körperlichen Liebe empfunden wird, entspringt der unbewußten Angst, man werde niemals mehr in der Lage sein, diese besondere Einheit zu erfahren, dieses Gefühl des vollständigen Verschmelzens. Manche Menschen mißdeuten dieses Gefühl und versuchen, ihr letztes »erfüllendes« sexuelles Erlebnis zu wiederholen, denn sie glauben, daß die Lust, die sie empfunden haben, mit ganz bestimmten Umständen verbunden ist. In Wahrheit ist »guter« Sex keine Erfahrung, die man wiederholen könnte, bis schließlich Langeweile eintritt; bei der Sexualität spielen Zeitpunkt, Ort, der Grad der Nähe zwischen den Partnern und viele andere Erfahrungen eine Rolle. Die wichtigste Voraussetzung für »guten« Sex ist ein offenes Energiesystem, ein Körper, der zu energetischem Austausch auf hohem Niveau in der Lage ist, sowie die Bereitschaft, die tieferen Geheimnisse des eigenen Wesens durch und mit dem Partner zu erleben.

Sexualität und Spiritualität: Verschmelzen mit der Gottheit

Im Bereich der spirituellen Praxis hat es seit jeher die große Angst gegeben, daß Menschen ihre Sexualität auf »unspirituelle« Weise benutzen könnten. Diese Angst ist die Ursache der meisten negativen Publikationen über das erste Chakra und die Kundalini-Energie. Die Thematik wird noch komplizierter, wenn wir die wichtigsten religiösen Traditionen untersuchen und feststellen, daß die Priesterschaft vieler Religionsgemeinschaften zölibatär lebt. Man könnte fast den Eindruck gewinnen, es sei unmöglich, gleichzeitig spirituell und sexuell zu sein. Doch das stimmt ganz einfach nicht.

Zölibat im grundlegendsten Sinne kann als Vereinigung mit Gott verstanden werden. Der Sinn eines Zölibatgelübdes besteht vermutlich darin, sich freizuhalten für das ausschließliche Verschmelzen mit der Gottheit. Man tritt sozusagen in den intimen Verkehr mit Gott ein. Der Praxis des Zölibats liegt die Überzeugung zugrunde, daß man »rein« bleiben und sich von allen ablenkenden menschlichen Begierden fernhalten muß, wenn man dieses höchste Ziel der exklusiven Vereinigung mit Gott erreichen und aufrechterhalten will. Da die Sexualität im Sinne der Fortpflanzung als der Anfang alles Menschlichen und aller Triebe gilt, muß sie vermieden werden. Indem man »rein« bleibt, frei vom »Makel« des Menschlichen, wird man - so heißt es - das Göttliche besser wahrnehmen und erkennen können. Auf diese Weise sind die Warnungen vor dem »Übel« der Sexualität und der Kundalini-Kraft zustandegekommen.

Bei den östlichen Religionen wird in der zölibatären Praxis die Kundalini nicht unterdrückt. Der Energiefluß, der aus der Erde kommt und durch den Körper aufsteigt, wird nicht verleugnet. Es wird jedoch die bewußte Entscheidung getroffen, keine Energie auszutauschen, sondern sie statt dessen zu konservieren, damit eine Erfahrung der Gottheit erreicht werden kann. Dies gilt jedoch nicht für die Form des Zölibats, wie sie bei uns praktiziert wird. Nach Ansicht der westlichen Religionen wohnt Satan unten, sozusagen im Untergrund, und damit er nicht in unser Leben treten kann, sollen wir den Energiestrom, der aus der Erde - von unten - kommt, blockieren - das erste Chakra muß ausgeschaltet werden. Dieses Abschneiden des elektromagnetischen Stromes aus der Erde hat zu einem Mangel an »Geerdetsein« sowohl innerhalb des in den westlichen Religionen praktizierten Zölibats als auch in der gesamten Christenheit geführt. Der religiösen Praxis des Ostens liegt die Überzeugung zugrunde, daß die Erde ebenso wie der Himmel heilig ist; es gibt keine satanische Macht, die im Untergrund lauert. Daher existiert auch weder die Notwendigkeit noch der Wunsch, die Erdenenergie bzw. die Kundalini zu unterdrücken.

Alle Kräfte der Kundalini haben mit dem Verschmelzen zu tun; das beinhaltet auch das Verschmelzen mit Gott. Wann immer wir die Sexualität dazu benutzen, uns von anderen abzutrennen, um Verantwortung zu vermeiden oder um uns auf irgendeine Weise zu betäuben, haben wir uns gegen diese Kraft »versündigt«. Wir haben »das Ziel verfehlt«, haben die Gelegenheit versäumt, uns wieder mit der Einheit zu verbinden, die uns für einen - wenn auch nur kurzen - Augenblick das Gefühl der Vereinigung mit Gott zu geben vermag[99].

Sexualität und Dienen

Die Sexualität ist ein Teil des Ruhe- und Regenerationskreislaufs aller Lebewesen auf der Erde. Besonders wichtig ist sie für Menschen, die anderen Menschen dienen, weil sie mehr oder weniger ihr ganzes Leben in der Gegenwart negativer Energiefelder wie Krankheit, Depression und Sucht verbringen. Wenn diejenigen, die ihr Leben im Dienste anderer verbringen, nicht »aufgeladen« bleiben, heften sich diese negativen Energien an sie. Und wenn die Kundalini nicht fließt und das Feld erschöpft ist, entsteht ein Vakuum. Ein Feld, das sich in diesem Zustand befindet, tendiert dazu, andere Felder anzuziehen, die stärker sind oder mehr Energie enthalten. Wenn wir uns ständig in der Nähe negativer Kraftfelder befinden, werden diese Felder einen entsprechenden Einfluß auf uns ausüben. Wenn Menschen müde sind, wenn ihre energetischen Nährsysteme geschlossen bleiben, wenn sie sich nicht in ihrem Körper befinden, sind sie eine leichte Beute für alle Negativität in ihrer Umgebung. Die beste Methode, solche Situationen zu vermeiden, besteht darin, so offen zu sein, daß die Kundalini ununterbrochen fließt und das System immer bewußt ist.

Sexuelle Aktivität ist für jeden von uns eine Gelegenheit, einen Zugang zu dieser Energie und diesem Bewußtsein zu finden. Das sexuelle Ideal ist ein offenes System, das große Energiemengen aufzunehmen, zu verarbeiten und auszutauschen vermag. Die sexuellen Verhaltensmuster eines Menschen - die Art, wie er sich in diesem Bereich Energie zu erschließen vermag und wie er Energie austauscht - spiegelt sich in jedem Aspekt seines Lebens. Anders ausgedrückt ist die Kundalini-Energie die Grundlage für jeglichen Erfolg im Leben: für gute Gesundheit, geschäftlichen Erfolg, erfüllte Beziehungen und sinnvollen Dienst am Nächsten. Ohne das Fließen der Kundalini durch das Chakrasystem ist der Mensch nicht in der Lage, auf einen anderen Menschen bzw. auf seine Umgebung so einzuwirken, daß eine Veränderung herbeigeführt wird, ein Wunsch in Erfüllung geht oder ein Erfolg eintritt.

Wenn vom »Offensein« oder »Gewärtigsein« die Rede ist, so ist damit gemeint, daß die Kundalini-Kraft fließt und das Niveau des Energieaustauschs so hoch ist, daß man sich der Art der Energie und der Erfahrung bewußt ist, die in das eigene Feld eintritt - ob sie positiv, negativ oder neutral ist. Dieses Bewußtsein wiederum befähigt uns, Negativität aus dem System zu entfernen, Ungesundes oder Unerwünschtes zu eliminieren und Gesundes und Wünschenswertes zu behalten. Wenn dieses Gewahrsein besteht, befindet sich der betreffende Mensch in einem Zustand von Sicherheit: Vielleicht kann er nicht immer verhindern, daß er Negativität aufnimmt, doch ist er in der Lage, dies zu erkennen und dann die unerwünschte Energie aus seinem Kraftfeld zu entfernen.

Manche Menschen versuchen, sich vor schädlichen oder negativen Energien zu schützen, indem sie weißes Licht um ihren Körper visualisieren. Das Problematische an dieser Methode ist jedoch, daß weißes Licht *jegliche* Energie abweist, negative wie positive. Das macht Veränderungen unmöglich und beschränkt uns auf das Bewußtsein, das wir in diesem Moment bereits haben - für niemanden ein erstrebenswerter Idealzustand, und für diejenigen von uns, die anderen Menschen dienen und helfen wollen, eine besonders unakzeptable Situation. Wir müssen bereit sein, uns zu verändern. Unser Ziel sollte sein, in unseren Wahrnehmungen immer empfänglicher, offener und feinfühliger zu werden. Diese Qualität der Wahrnehmung, dieses Gewahrsein ist abhängig von der Kraft und Offenheit der Kundalini.

Das Kundalini-Chakra und Karma

Ob im Akt des sexuellen Verschmelzens oder im Aufsteigen der Kundalini bei einer spirituellen Initiation - in jedem Fall ist das Ziel des ersten Chakras und seiner Energien *Gewahrsein*: und zwar nicht nur ein Gewahrsein unserer eigenen Lebenskraft, während sie uns durchfließt, sondern ein Gewahrsein unserer Verbindung zu jener Kraft, die im ganzen Universum das Leben kreiert und erhält. Als Chakra, das dieses Gewahrsein ermöglicht, ist das erste Zentrum das Hauptchakra, in dem unsere karmische Reise beginnt.

Karma wird gewöhnlich definiert sowohl als Handlung als auch als das, was aus dieser Handlung entsteht[100]. Jede Aktivität hat gewisse Konsequenzen, und gemäß der Karma-Lehre wird unser Leben (mittels unserer unterbewußten Tendenzen) durch unsere eigenen Handlungen in der Vergangenheit (einschließlich früherer Inkarnationen) beeinflußt[101]. Durch jede Handlung entsteht neues Karma, und da Karma immer zugleich Ursache und Wirkung ist, gibt es im karmischen Prozeß viele Lektionen zu lernen. Wenn das erste Chakra nicht das erforderliche Gewahrsein ermöglicht, werden diese Lektionen übersehen und verpaßt. Mit anderen Worten: Während die Energien von den Füßen durch das Kundalini-Zentrum und entlang der Wirbelsäule aufwärts fließen, entscheidet sich im ersten Zentrum, ob wir lange genug bewußt zu bleiben vermögen, um die entsprechende Lektion zu verstehen.

Solange das Kundalini-Chakra nicht weit genug geöffnet ist, können sich manche der von uns gewünschten Veränderungen nicht manifestieren, weil wir einfach nicht genügend Energie dafür haben. Wieviel Kraft uns zur Verfügung steht, hängt davon ab, wie gut wir unsere karmischen Lektionen zu lernen vermögen und ob wir in der Lage sind, unsere Seele ihrem evolutionären Ziel immer näher zu bringen.

KAPITEL 9

Die Wissenschaft und die Chakras

Die Rolf-Studie

Obgleich es nie möglich sein wird zu beweisen, daß die karmische Reise eines Menschen im ersten Chakra beginnt, sind die Realität, die Energien und die Beziehung dieses Chakras zu unserer Vitalität und unserem Überleben sicher mehr als bloße Theorie. Mitte der siebziger Jahre bewiesen die Ergebnisse unserer Forschungen über die Rolf-Studie nicht nur, daß die rote Frequenz des ersten Chakras existiert, sondern daß sie darüber hinaus tatsächlich mit dem Gewahrsein einer körperlichen Empfindung verbunden ist. Außerdem gab uns diese Untersuchung empirische Daten in bezug auf die Frequenzen und tatsächlichen Funktionen aller Chakras (siehe Anhang I).

Hier eine kurze Zusammenfassung:

Die Versuchspersonen wurden gebeten, sich auf einen Tisch zu legen, um »sich rolfen zu lassen«. Der Bereich der Studie, an dem ich selbst mitgearbeitet habe, beschäftigte sich mit der Auswirkung der Rolfing-Behandlung auf das Energiefeld des Betreffenden. Am Kopf der Versuchsperson wurden EEG-Elektroden angebracht, während andere Elektroden an wichtigen Chakra- und Akupunkturpunkten befestigt wurden. Während des Rolfings las ich die Aura sowohl der Versuchspersonen als auch des Rolfers und wies auf jede Veränderung in Farbe, Form oder Bewegung der Energiefelder hin. Gleichzeitig wurden die Frequenzen der elektromagnetischen Strahlung, die aus dem Körper der Versuchsteilnehmer austrat, auf einem Oszillographen angezeigt. Überwacht wurde dies alles von Frau. Dr. Hunt in einem vom Versuchsraum völlig isolierten Beobachtungsraum. Einer der Teilnehmer, selbst ein Wissenschaftler, hat den gesamten Vorgang wie folgt beschrieben:

> »Die an der Universität von Kalifornien durchgeführte Rolf-Studie, die im Januar 1975 begann, hat gezeigt, daß Rolfing – eine Form der Tiefenmassage – erhebliche Veränderungen der elektrophysischen

Muskelaktivität herbeiführt. Von noch größerer Bedeutung ist die während des Versuchs im Energiefeld des Körpers (der Aura) festgestellte Veränderung. Das Energiefeld wurde von Rev. Rosalyn Bruyere beschrieben, während Frau Dr. Valerie Hunt gleichzeitig die elektrophysische Aktivität des Körpers protokollierte. Zum Erstaunen aller Beteiligten stimmten die beiden Protokolle überein. Da ich selbst Wissenschaftler und in der Forschung tätig bin, war es für mich äußerst interessant, diesen Prozeß sowohl als Versuchsteilnehmer als auch Beobachter zu verfolgen.

Im Laboratorium für Bewegungsverhalten der Abteilung für Kinesiologie brachten Frau Dr. Hunt und ihre Assistenten Elektroden an verschiedenen Stellen meines Körpers an. Die beiden ›Rolfer‹, die an der Untersuchung teilnahmen, wechselten einander während der zehn Sitzungen, die aufgezeichnet wurden, in der Behandlung ab. Rosalyn las die Aura, während Valerie in ihrer schalldichten Zelle für physiologische Aufzeichnungen stand. Die meisten dieser zehn Sitzungen begannen mit einer Manipulation an Händen oder Füßen, und sie endeten in der Regel mit einer Korrektur der Hals-, Schulter-, Wirbelsäulen- oder Beckenmuskulatur. Zum Zeitpunkt der Untersuchung wußte ich noch nicht viel über Chakras, Akupunkturmeridiane und den Fluß der geistigen Energie; doch ich verspürte immer ein warmes, prickelndes Gefühl sowie eine gewisse Leichtigkeit im Kopf, kurz nachdem der Rolfer seine Hände auf meinen Körper gelegt und mit der Massage begonnen hatte. Ähnliche Empfindungen kenne ich vom Meditieren oder von der Hypnose.

Rosalyn stellte in der Aura der Versuchspersonen eine verstärkte Aktivität in den Bereichen des Kehlchakras, des dritten Auges und des Kronenchakras fest, wenn die Betreffenden über jenes ›leichte‹ Gefühl berichteten, sowie eine verstärkte Aktivität in den Beinen. Frau Dr. Hunts Aufzeichnungen zeigten ein ähnliches Muster. In den ersten Sitzungen war ich etwas ängstlich, weil ich nicht wußte, wie schmerzhaft die Rolfing-Behandlung werden würde; und wann immer diese Angstgefühle auftauchten, war die Aktivität des Energiefeldes im Bereich meines Herz- und Kehlchakras am stärksten.

Die Aura-Analyse von Schmerz und Angst war vermutlich eines der faszinierendsten Ergebnisse der Rolf-Studie. Manchmal bewegen sich die Hände des Rolfers über lange Muskelstränge, und ein starkes, brennendes Gefühl entsteht in der behandelten Körperregion. Wenn ein Rolfer in einem Bereich arbeitet, in dem Muskeln verknotet oder Muskelschichten miteinander verklebt sind, massiert er sehr tief mit den Knöcheln seiner Finger, Faust und Ellbogen. Dies kann sehr starken Schmerz hervorrufen. Manchmal dachte ich: ›Das war gar nicht so schlimm, wie ich befürchtet hatte‹, wohingegen ich zu anderen Zeiten von Angst erfüllt war und mich fragte: ›Auf was habe ich mich hier nur eingelassen?!‹ Zwar war es aus technischen Gründen nicht möglich, die elektromagnetischen Impulse genau an den Muskeln aufzuzeichnen, an denen der Rolfer gerade arbeitete, doch beobachtete Rosalyn, daß über den Körperbereichen, in denen die Versuchsperson während der Behandlung Schmerzen empfand, ein roter Blitz auftrat. Wenn die Tiefenmassage fortgesetzt wurde, veränderten sich die roten Wellenformen des ersten Chakras und pendelten zwischen Rot und Orange hin und her. Orange ist die Farbe des zweiten Chakras, das mit der Emotionalität in Verbindung gebracht wird. Die emotionale Verarbeitung dauerte eine Weile. Andererseits wurde die Farbe Gelb gesehen, wenn Versuchsteilnehmer sich intellektuell mit ihrer Erfahrung auseinandersetzten und versuchten, ihren Schmerz mit Hilfe des Willens zu überwinden. Grün, das mit einem Zustand des Übergangs und mit einer liebevollen Haltung einhergeht, tauchte im Verlauf der Studie nur selten auf. Die Farbe Blau trat auf, wenn eine Versuchsperson sich an frühere Lebenserfahrungen erinnerte; und die ganze Bandbreite violetter Wellenmuster trat in den Vordergrund, wenn die Behandelten sich eine Erfahrung vorstellten. Violett wanderte vom dritten Auge zum Kehlchakra und dann wieder zurück zum dritten Auge, unmittelbar bevor die Versuchsperson berichtete, sie habe sich etwas bildlich vorgestellt. Oft kam es zur gleichen Zeit am Kronenchakra zu einer Ausstrahlung von weißem Licht. Die Aura war reinweiß, wenn die Versuchsteilnehmer erzählten, sie befänden sich in einem höheren Bewußtseinszustand.

Die Hände und Arme der Rolfer waren meistens von einer großen blauen oder weißen Corona umgeben. Doch wenn die Versuchsperson über Schmerzen berichtete (Kundalini-Rot), wurde die Aura der Rolfer plötzlich violettrosa (die Farbe der mitfühlenden, spirituellen Liebe), was das Energiefeld des Behandelten zu beruhigen schien. Nach den ersten Sitzungen schienen die Versuchsteilnehmer weniger stark auf den Schmerz zu reagieren, der mit Rolfing-Behandlungen normalerweise verbunden ist. Rot war in ihrem Energiefeld nicht mehr zu finden, und das Zusammenzucken der Muskeln ließ nach. Die Behandelten flossen sozusagen mit dem Schmerz, wenn sie das lindernde Violett der Rolfers akzeptierten.

Obwohl die Farben der sieben Chakras des menschlichen Körpers von medial Begabten seit Jahrhunderten immer wieder beschrieben worden sind, wurden diese Farben im Rahmen der Rolf-Studie erstmals mit bestimmten Frequenzen der elektrophysiologischen Aufzeichnungen in Verbindung gebracht. Es stellte sich heraus, daß Rot, Gelb und Blau die primären Farben waren. Dies sind die Farben, die dem ersten Chakra (Kundalini-Zentrum), dem dritten (Nebenniere- oder Solarplexus-Chakra) und dem fünften (Kehlchakra) zugeordnet werden. Die mit diesen drei Farben in Verbindung stehenden physiologischen Frequenzen waren Signalstrukturen (Wellenformen) mit Bandbreiten von 640 bis 800 Hertz, 400 bis 600 Hertz und 100 bis 240 Hertz ... In der Fourier-Analyse[102] war das Muster der roten Wellenform die unregelmäßige Gruppierung von kurzen Spitzen, wohingegen Gelb an eine sanfte, runde Sinuswelle erinnerte und Blau große, scharfe Spitzen und Wellentäler mit kleinen darauf reitenden Ausschlägen zeigte. Bei den Audio-Aufzeichnungen erinnerte der Klang von Rot an eine Sirene, der von Gelb ähnelte einem musikalischen Ton, und der von Blau erinnerte an rollenden Donner. Die Sekundärfarben Orange, Grün und Violett standen mit dem zweiten Chakra (im Bauch), dem vierten (Herz) und sechsten (drittes Auge) in Verbindung. Die Aufnahmen physiologischer Frequenzen zeigte, daß die Signalstruktur von Orange eine Kombination der Frequenzen von Rot und Gelb war; die Signalstruktur von Grün aus den Frequenzen von Gelb und Blau zusammengesetzt war, und daß Violett die hohen Rot-Frequenzen mit den niedrigen Blau-Frequenzen verband. Die weiße Corona, die am Kronenchakra beobachtet wurde, war - genau wie im Farbspektrum[103] - eine Kombination aller Frequenzen.« (Siehe die Abbildungen im Anhang I.)

Die Aurafarbe Rot auf dem Oszilloskop

Wenn wir die rote Frequenz auf einem Oszilloskop untersuchen, ähnelt sie fortlaufenden Spiralen, die durch Sinuswellen miteinander verbunden sind - ein ununterbrochenes Flackern, eine unregelmäßige Gruppierung kurzer Spitzen (siehe Abbildung 73). (Man könnte die Sinuswelle als die »Schlange« innerhalb des roten Frequenzbandes bezeichnen.) Das Wellenmuster der Aurafarbe Rot auf dem Oszilloskop zeigt, wie die rote Energie tatsächlich fließt. Bei der Energiearbeit übertragen die meisten Heiler nichtzyklische Energie, also sozusagen »Gleichstrom«. Roter Gleichstrom erzeugt einen »Berg-und-Talbahn«-Effekt; es kommt zu einem Anstieg und anschließend zu einem Abfallen des Energiestroms (dies wird durch die Sinuswelle dargestellt). Dieses Muster wiederholt

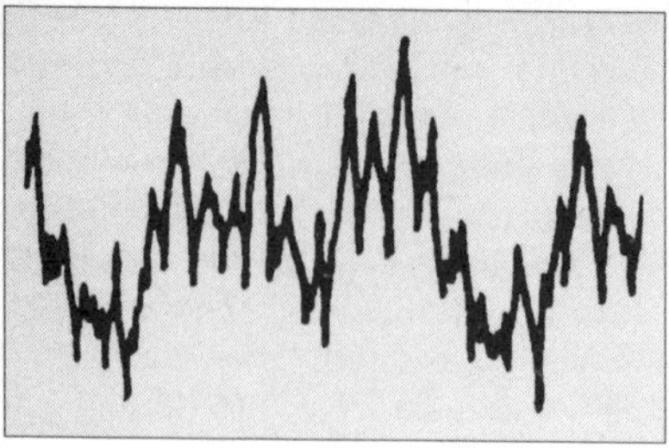

Abb. 73 Rot. Darstellung der Wellenform von Rot auf dem Oszilloskop.

sich mehrere Male. Ich nehme an, daß es das Abfallen der Energie ist (es erinnert an ein Gefühl der Abwärtsbewegung bzw. des Fallens), was unsere Angstgefühle hervorruft. Wir erfahren dann keinen Ansturm von Rot mehr, sondern es dominiert die Empfindung des »Sinkens« – die gleiche Empfindung, die wir bei Wut erleben. Wut erzeugt den gleichen Effekt, wenn sie aufbricht; sie steigt auf, durchläuft eine Phase der Depression und steigt erneut auf. Hierbei handelt es sich um einen völlig natürlichen Zyklus: Den guten Zeiten des Lebens folgt meist eine Periode relativer Stagnation, dann eine Krise, dann wieder eine Stagnation usw.

Die Aurafarbe Rot bei der Rolfing-Behandlung und beim Heilen

In den Jahren meiner diesbezüglichen Forschungsarbeit habe ich eine große Menge Gelb im ersten und zweiten Chakra gesehen. Während der Rolfing-Behandlung selbst jedoch habe ich im ersten Chakra nur Rot beobachtet. Daraus könnte man schließen, daß bei einem Menschen, der unter Schmerz leidet, das erste Chakra nach »Leben« schreit. Laut den Worten der verstorbenen Begründerin des Rolfings, Frau Dr. Ida Rolf, wird der Schmerz beim Rolfing überbewertet. Das Ziel der Rolfing-Behandlung ist es nicht, Schmerz zu verursachen. Entscheidend ist das Hervorlocken der Lebenskraft. Heilenergie muß zumindest ein Trägerband dieser lebenserhaltenden roten Frequenz enthalten. Zum Beispiel ist es notwendig für die Produktion roter Blutzellen. Auch zur Auflösung von Kalzium ist Rot erforderlich – starkes, warmes Rot. Die meisten mir bekannten Heiler heilen mit Purpur; dabei wird die stark regenerierende rote Frequenz mit dem »kühleren«, beruhigenden Blau verbunden.

Eine der Folgen von Energieübertragung beim Menschen ist eine Erweiterung der Blutgefäße, was sich in einer Rötung der Haut zeigt, wenn sich Personen einer Heilbehandlung unterziehen. Die Hautrötung geht Hand in Hand mit einer Verstärkung der Durchblutung. Beide Phänomene stehen mit der Bewegung der roten Energie im Körper in Verbindung. Einer meiner Heil-Lehrer pflegte rote Energie zwischen dem ersten und zweiten Chakra zu übertragen, um das Energiesystem zu stimulieren. Mit anderen Worten: Er benutzte seine eigene Kundalini-Energie, um mit der Kundalini-Energie des Klienten in Kraft zu treten. Wenn das Energiesystem auf diese Weise angeregt wird, fließt die Kundalini vom Punkt der Stimulation aus direkt in die Herzkammer. Da die Durchblutung verstärkt ist, entspannen sich die Herzmuskeln. Durch den aufsteigenden Kundalini-Strom tritt der Klient in einen veränderten Bewußtseinszustand ein, wobei sich gleichzeitig das Herzchakra öffnet.

Der Gleichstromschub

Wir hatten das Glück, den im folgenden beschriebenen Prozeß während unserer Untersuchungen aufzeichnen zu können. In einer unserer Rolfing-Sitzungen beobachtete ich, daß rote Energie zum Herzen einer Untersuchungsteilnehmerin strömte. Sobald die Energie das Herzzentrum erreichte, sah es für mich so aus, als sei das Herz »geplatzt«. In diesem Augenblick schien die normalerweise müde, gelbe Aura der Frau weiß zu werden und sich ungefähr einen halben Meter um ihren Körper herum auszudehnen. Nicht nur ich sah die Veränderung, auch das Oszilloskop bestätigte diese Erscheinung. Während ich das »Platzen« beobachtete, zeigten alle Elektroden die Frequenzen von Weiß an. Auf dem Oszilloskop sieht Weiß so aus, als würden alle Frequenzen gleichzeitig angezeigt (siehe Abbildung 74).

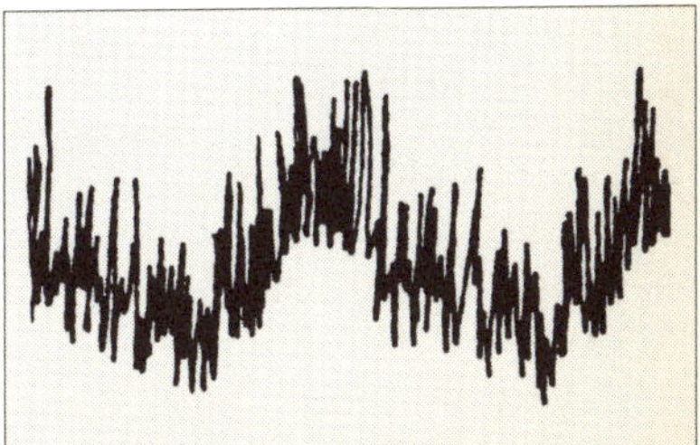

Abb. 74 Weiß. Darstellung der Wellenform von Weiß auf dem Oszilloskop.

Ich kann mich noch gut daran erinnern, daß die Versuchsperson in diesem Augenblick sagte:

»Ich weiß nicht, was mit mir los ist. Ich schwebe über meinem Körper. Ich kann alle unter mir sehen, obwohl ich nicht nach unten schaue. Ich habe keine Verbindung zu meinem Körper, aber ich kann ihn spüren. Ich fühle meinen ganzen Körper - das ist mir noch nie passiert. Wie kann ich meinen Körper spüren, wenn ich mich nicht darin befinde?«

Was wir da aufgezeichnet hatten, war die »Öffnung« des Herzchakras. Als wir die aufgenommenen Signale genauer untersuchten, wurde uns klar, daß die Implikationen dieses wunderbaren Ereignisses und damit verbundenen Prozesses noch wesentlich bedeutsamer waren, als wir zunächst dachten. Wir hatten offenbar den Prozeß des Aufsteigens der Kundalini aufgezeichnet. Ich war sicher, die fast augenblickliche Erweiterung der Aura der Versuchsteilnehmerin von einem ziemlich müden Zustand zu einer riesigen weißen Corona beobachtet zu haben. Doch vollzog sich dieser Vorgang in Wahrheit nicht ganz so »augenblicklich«. Bei näherem Hinsehen entdeckten wir, daß ich aufgrund der Geschwindigkeit der Veränderung ein sehr wichtiges Stadium übersehen hatte. Die Aura hatte sich nicht sofort von Gelb nach Weiß verfärbt, sondern sich zunächst nach Blau verlagert und sich erweitert, bevor sich ihr Ausmaß verdreifachte und sie die Farbe Weiß angenommen hatte. Unsere Geräte hatten einen Prozeß der Bewußtseinserweiterung aufgezeichnet. Dies zeigt, was geschieht, wenn die Kundalini sich so schnell aufwärts bewegt, daß sie alle anderen elektrischen Prozesse im Körper »überrennt«: Der Betroffene wird in einen veränderten Bewußtseinszustand hineinkatapultiert.

Unsere weiteren Untersuchungen enthüllten noch eine Menge anderer interessanter Informationen über die Kundalini. Je erschöpfter und gestreßter wir sind, desto wahrscheinlicher ist es, daß wir einen veränderten Bewußtseinszustand erleben - oder, um den hierfür mittlerweile gängigen Fachausdruck zu benutzen, eine »Gipfel-Erfahrung«[104]. Dies steht im Gegensatz zu dem, was Meditationslehrer uns häufig vermitteln wollen, wenn sie sagen, daß wir uns - um uns zu »öffnen« - tiefer entspannen müßten, damit mehr Energie zur Verfügung steht. Außerdem haben wir gelernt, daß sich unsere Energie nach dem Aufsteigen der Kundalini wieder nach unten bewegt, wenn wir den veränderten Bewußtseinszustand verlassen.

Während eines solchen veränderten Zustandes wird die Aura erweitert

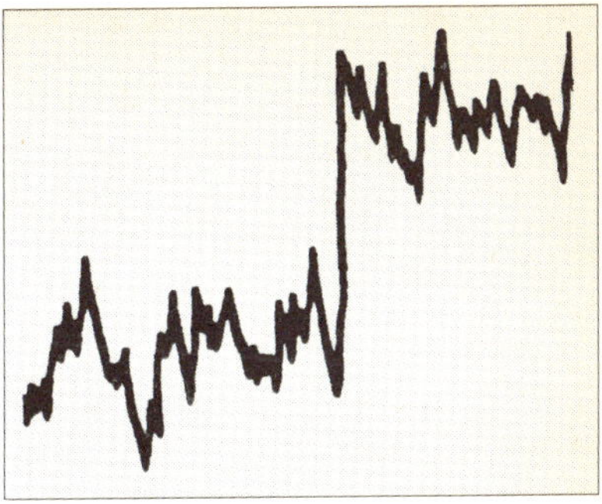

Abb. 75 Darstellung eines Gleichstromschubs auf dem Oszilloskop.

und vergrößert, worin sie sich vom durch Drogen verursachten erweiterten Bewußtseinszustand unterscheidet, bei dem sie sich zwar ausdehnt, aber gleichzeitig diffus wird (siehe Abbildung 75).

Wenn die Kundalini aufzusteigen beginnt und wir zulassen, daß sich mehr Energie durch uns hindurchbewegt, so führt dies im Aurafeld zum Auftreten des elektromagnetischen Gleichstroms, mit anderen Worten: zu einem »Gleichstromschub«. Der Fluß der Elektronen im Nervensystem steigt dabei an und wird in einem solchen Maße verstärkt, daß alle unsere inneren Prozesse beschleunigt und erweitert werden und wir plötzlich Zugang zu Gedanken, Gefühlen und Erinnerungen haben, die uns im »normalen« Bewußtseinszustand unzugänglich sind. Dieser »Gleichstromschub« verschafft uns also Zugang zu unserem Unterbewußten.

Ein anderer Vorteil des Gleichstromschubs besteht darin, daß er uns befähigt, mehr als eine Empfindung zu einem bestimmten Zeitpunkt zu haben. Das Problem jedoch ist, daß wir über diese Empfindungen normalerweise nichts zu sagen vermögen. Die meisten Veruchsteilnehmer, die im Verlauf unserer Studie mystische Erfahrungen oder veränderte Bewußtseinszustände erlebt haben, hatten Schwierigkeiten, über ihre Erfahrungen klar zu berichten. Ich bin davon überzeugt, daß die Verbalisierung dieser Erfahrungen durch die Sprache selbst behindert wird, die aufgrund ihrer Struktur jeweils nur über ein Thema zu informieren vermag. Daraus folgt, daß bei dem Versuch, derartige Erlebnisse zu beschreiben, sprachliche Schwierigkeiten kaum zu vermeiden sind.

Die wichtigsten Fakten, die wir bei unserer Untersuchung an der Universität von Kalifornien aufgezeichnet haben, sind mittlerweile von anderen Wissenschaftlern in den Bereich der sogenannten »Geistfeld-Forschung« einbezogen worden. Wir haben die Theorie dieser Forschung bereits früher erwähnt: Sie besagt, daß der Geist sich nicht nur im Gehirn befindet, sondern daß er in Wahrheit im Körper, durch ihn und um ihn herum fließt. Der Gleichstromschub ermöglicht uns nicht nur den Zugang zu Gedanken, Gefühlen und Erinnerungen, die zuvor im Unterbewußten verschlossen lagen, sondern dieser elektromagnetische Zustand öffnet den Geist auch für alles, was sich in der Umgebung befindet - für Worte, Bilder, Emotionen usw. Aus diesem Grund ist der Gleichstromschub auch als »offenes Geistfeld« bezeichnet worden[105]. Die Bedeutung dieser Tatsache besteht darin, daß wir jedes Mal, wenn wir diese Bewußtseinsverschiebung erleben - also immer dann, wenn wir in einen veränderten Bewußtseinszustand eintreten, egal ob infolge von Meditation, Hypnose, Trance, Streß, Krankheit oder in einem Traum - in höchsten Maße programmierbar sind.

Trauma und Gleichstromschub: ein Zugang zum Unterbewußten

Traumata sind die häufigsten Ursachen für einen Gleichstromschub. Bei den meisten von uns sind die wichtigsten Traumata tatsächlich während eines Gleichstromschubs aufgezeichnet worden - deshalb befinden sie sich noch in unserem Unterbewußten und wirken nach wie vor »traumatisch«; sie stellen unsere Programmierung dar. Da sie nur mit Hilfe eines Gleichstromschubs Zugang zum Unterbewußten gefunden haben, können Informationen, die während eines traumaähnlichen Zustandes ins Unterbewußte gelangen, erst dann freigesetzt werden, wenn es zu einem erneuten Schub von gleicher Intensität kommt. Infolgedessen können wir - obwohl wir uns vielleicht an das traumatische Ereignis erinnern - die daraus resultierende Einstellung zum Leben nicht ohne weiteres verändern. Auch können wir die Erfahrung selbst nicht loslassen, ehe wir nicht die Intensität des ursprünglichen traumatischen Ereignisses erneut erreichen.

Beispielsweise kommt es durch den Geburtsvorgang beim Baby zu einem Gleichstromschub. Potentiell ist jeder von uns in der Lage, sich an alles zu erinnern, was während unserer Geburt geschah - wozu es allerdings normalerweise nie kommt. Wenn jedoch ein Mensch in Hypnose versetzt (Hypnosen rufen einen veränderten Bewußteinszustand hervor) und zu seiner Geburt zurückgeführt wird, so ist es ihm möglich, in allen Einzelheiten zu berichten, was damals geschah[106]. Um die Einzelheiten eines Traumas ins Bewußtsein zurückzurufen, muß auf irgendeine Weise erneut jenes erweiterte Feld aktiviert werden, das zum Zeitpunkt des traumatischen Ereignisses bestand. Unsere Untersuchungen haben gezeigt, daß Körpertherapien wie zum Beispiel Rolfing (sowie auch die Energien, die bei Heilungsprozessen übertragen werden und die ebenfalls einen Gleichstromschub herbeiführen) die Möglichkeit bieten, um diese erweiterten Energiefelder wieder herzustellen. Sobald das erreicht ist, sind wir auch in der Lage, Verhaltensweisen und Gefühle zu verändern, die sich aufgrund der traumatischen Erfahrung in unserem Unterbewußten festgesetzt haben. Wegen ihrer Verbindung zu Trauma und Schmerz sind diese Verhaltensweisen, Lebenseinstellungen und Gefühle häufig negativ oder destruktiv; mit ziemlicher Sicherheit wirken sie restriktiv. Vom Unterbewußten aus beeinflussen sie weiterhin unsere Gedanken und Ansichten, ohne daß wir es bemerken. Sobald diese Verhaltensweisen dem Bewußtsein zugänglich werden, können wir sie näher untersuchen und uns einfach von ihnen befreien, so daß Raum für gesündere Einstellungen, Verhaltensweisen und Gefühle entsteht. Oft kommt es im Verlauf einer Rolfing-Behandlung oder einer Sitzung mit einem Heiler plötzlich zu einem solchen Loslassen, meistens begleitet von einer Flut von Emotionen. Häufig nehmen diese Emotionen die Form von Wutausbrüchen oder Tränen oder einer Kombination von beiden an. Sobald der Betreffende die alten Wutgefühle und Ängste freigesetzt und losgelassen hat, weichen die alten Muster neuen und gesünderen.

Viel von dem oben Beschriebenen wurde durch unsere Untersuchungen bestätigt. Auch meine eigenen Beobachtungen und persönlichen Erfahrungen, die ich seither gemacht habe, bestätigen die Untersuchungsergebnisse und haben mein Interesse an weiteren Studien geweckt. Die Bedeutung der Rolf-Studie kommt meines Erachtens am besten in Frau Dr. Hunts abschließendem Kommentar zum Ausdruck:

> »Was bedeuten diese detaillierten Ergebnisse? Die möglichen Interpretationen sind erstaunlich. Bei den aufgezeichneten Signalen handelt es sich um Strahlungen, die unmittelbar von der Körperoberfläche abgelesen wurden - quantitativ in einem natürlichen Zustand gemessen -, und die Muster und Frequenzen aufwiesen, welche durch wissenschaftlich akzeptierte Signal-Verarbeitungprozesse isoliert wurden. Drei verschiedene Arten der Weiterverarbeitung - in Wellenform, durch Fourier-Frequenzanalyse und mittels Sonogramm-Frequenz-Repräsentation - führten alle zu den gleichen Ergebnissen; Unterschiede traten nur hinsichtlich der Genauigkeit der Definition auf. Außerdem standen die aus den Chakrabereichen ermittelten Beobachtungen in direkter Beziehung zu den Beschreibungen der Auraleserin über die Chakra-Energie und entsprechen häu-

fig dem Erscheinungsbild der gesamten Aura. Nachdem Sensitive seit vielen Jahrhunderten die Ausstrahlungen der Aura gesehen und beschrieben haben, ist dies der erste objektive elektronische Beweis für diese Phänomene, der durch Ermittlung von Frequenz, Amplitude und Dauer die subjektiven Beobachtungen der Farbausströmung bestätigt.

... Überdies sind die umfangreichen Konsequenzen für weitere Untersuchungen in den Bereichen Gesundheit, Krankheit, Schmerz, Psychopathologie und für jede Form menschlichen Verhaltens unter Verwendung der in dieser Studie angewandten Methoden von unschätzbarem Wert.«[107]

KAPITEL 10

Krankheit und Funktionsstörung

Sichelzellen-Anämie und Krebs: ein Mangel an Kraft

Wenn wir die Bedeutung von Rot erforschen wollen, müssen wir uns besonders mit dem Blut beschäftigen. Blut ist ein wichtiges Symbol; Blut ist das Rot, das durch den Körper fließt; es ist die Lebenskraft selbst, wie schon die Naturvölker wußten. Das ist der Grund, warum verschiedene alte Religionen verschiedene Arten des Blutopfers in ihre Rituale integrierten. Zum Beispiel entstand in der letzte Periode der Religion der Göttin (2800 bis 1800 v. Chr.) der Brauch, daß die Hohepriesterin jedes Jahr für ein Jahr einen König wählte, der am Ende des Jahres auf blutige Weise »entlassen« wurde[108]. Die uralte Institution des Gottkönigtums hat ihren Ursprung in der Vorstellung, daß das Wohlergehen von Natur und Gesellschaft von der Vitalität des Königs abhing, weshalb dieser getötet werden mußte, wenn seine Kräfte nachzulassen begannen. An seine Stelle trat dann ein gesünderer Nachfolger[109].

Eine weit verbreitete Blutkrankheit ist die Anämie. Interessanterweise sagt man in unserem Kulturkreis, daß Frauen aufgrund ihres Menstruationszyklus an Eisenmangel-Anämie leiden. Sie kann zwar tatsächlich durch ernährungsbedingten Eisenmangel entstehen, doch wahrscheinlicher ist, daß der Grund in einem Mangel von Kraft zu suchen ist, unter dem die Frauen in unserer Kultur leiden, und nicht so sehr am Nährstoffmangel. Symbolisch repräsentiert Anämie einen Mangel an Kraft.

Eisenmangel-Anämie ist jedoch nicht die einzige Krankheit, die mit der Thematik von Macht und Kraft in Zusammenhang steht. Sowohl Sichelzellen-Anämie als auch Krebs, eine der gefürchtetsten Krankheiten unserer Zeit, stehen beide im Zusammenhang mit der Frage des Verfügens, des Inbesitznehmens und des richtigen Umgangs mit der Kraft bzw. der Macht. Man kann deshalb sagen, daß diese Krankheiten mit dem ersten Chakra in Verbindung stehen, da Kraft und Macht ihren Ursprung in diesem Zentrum haben.

Sichelzellen-Anämie ist eine Krankheit, von der hauptsächlich Schwarze heimgesucht werden. Sie entsteht durch ein abnormes Hämoglobin (Hämoglobin SS oder Hb SS), das empfindlich auf Sauerstoffmangel reagiert. Bei reduziertem Sauerstoff werden die roten Blutzellen länglich verformt und starr und nehmen die Form einer Sichel an. Die Verformung ist irreversibel; sie behindert die Blutzirkulation und führt schließlich zum Zerfall der roten Blutkörperchen; man könnte sagen, daß es zu einer Art »Explosion« kommt.

Auf symbolischer Ebene kommt es zu dieser »Explosion«, weil die Kraft, die mit einer bestimmten Lebensweise verbunden ist, unterdrückt wird. Statt zum Ausdruck zu kommen bzw. eine Umgebung zu finden, in der sie zum Ausdruck kommen kann, bleibt sie im Körper, was schließlich den Tod herbeiführt. Die wunderbare Lebenskraft wird erstickt, anstatt entwickelt und benutzt zu werden. Es wäre interessant zu wissen, ob diese Blutkrankheit weniger häufig aufträte, wenn unsere Kultur sich nicht mehr durch die mächtige Lebenskraft bedroht fühlte.

Krebs ist vielleicht mehr als jede andere Krankheit das Anzeichen für einen Mißbrauch von Kraft bzw. Macht. Immer wenn die Zellen »Amok laufen« – wie es bei Krebs der Fall ist –, deutet dies auf ein Kraft- oder

Abb. 76 Normale rote Blutzellen, 10 000fache Vergrößerung. Die Form normaler roter Blutzellen mit ihrer Oberfläche, die Energie aufnehmen kann.

Machtproblem hin. Bei Krebs verhält sich der Körper so, als müsse er den von ihm erzeugten Tumor schützen und sich ihm gegenüber genauso verhalten wie bei einer Verletzung. Daher versorgt er den Tumor mit Blut und nährt ihn auf diese Weise.

Der Körper benutzt die falsche Art von Kraft für das falsche Ziel am falschen Ort. Er glaubt, er würde eine Zelle »reparieren«, während er in Wirklichkeit einen tödlichen Tumor nährt. Der Körper schickt dem Tumor rote Blutzellen, obwohl zur Bekämpfung des Tumors weiße Blutzellen erforderlich wären.

In der Regel betrachten sich Krebspatienten, als hätten sie nichts Besseres verdient. Ihr Leben ist voll von Krisen und Verlusten[110]. Sie haben Schwierigkeiten damit, ihre Kraft zu akzeptieren und zu nutzen. Mangel an Vitalkraft im ersten Chakra, Mangel an Frequenzen von Orange im zweiten Chakra, mißbräuchliche Nutzung von Kraft bzw. Macht sowie Leid, unverarbeitete Trauer und Angst stehen im Zusammenhang mit der Unfähigkeit des Körpers, weiße Blutzellen zu produzieren, durch die bösartige Wucherungen bekämpft werden können. Wenn es Krebspatienten

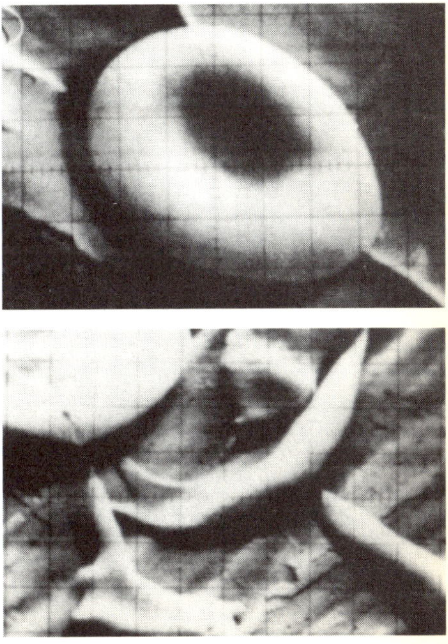

Abb. 77 Normale rote Blutzellen im Vergleich zu Sichelzellen. Die Sichelzelle scheint »explodiert« zu sein und ist nicht in der Lage, Informationen richtig zu empfangen.

gelingt, ihre psychologisch-seelische Situation zu verändern, wird ihr Körper die Krankheit bekämpfen und oft auch besiegen.

Die Krebszelle

Eine Krebszelle ist eine embryonale Zelle mit niedriger Frequenz und geringer Amplitude. Dies bedeutet, daß die Zelle nicht in der gleichen Frequenz wie der Körper, sondern in einer wesentlich langsameren schwingt, nämlich in der gleichen wie embryonale Zellen[111]. Wenn eine Zelle ihre Schwingung verlangsamt, denkt der Körper, es handelt sich um ein Embryo; daher gestattet er es der Zelle, sich schnell zu vermehren und zu teilen. Auf diese Weise entsteht ein Tumor, wobei der Körper die neu entstandenen Zellen mit Blut versorgt. Die meisten Tumore wachsen, wenn sie nicht behandelt und zum Stillstand gebracht werden, in der gleichen Geschwindigkeit wie ein Embryo in der Gebärmutter. Daher besteht eine geeignete Krebsbehandlung – die bereits unter Laborbedingungen erforscht wurde[112] – darin, die Frequenz der wuchernden Zelle zu erhöhen. Im Labor hat man zu diesem Zweck in der Umgebung von Tumoren Elektroden befestigt und einen elektrischen Strom appliziert, der

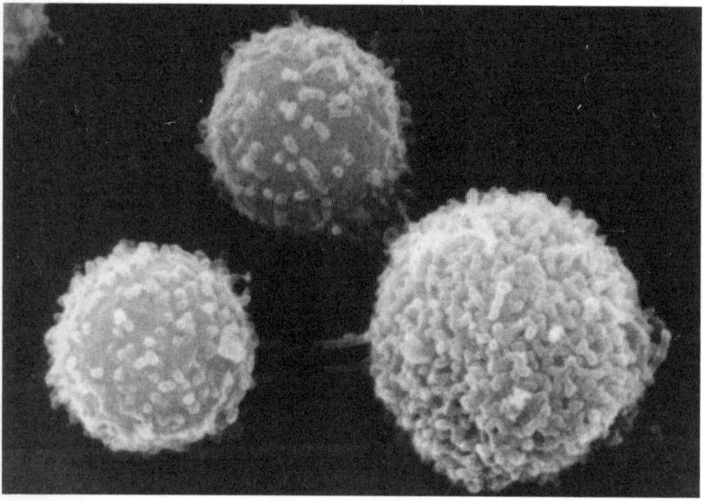

Abb. 78 Lymphozyten. B- und T-Zellen (Scanner-Elektronenmikroskop-Photographie).

Abb. 79 T-Lymphozyten. T-Lymphozyten-Immunzelle (kleine Zelle) greift zwei große Tumorzellen an (Scanner-Elektronenmikroskop-Photographie).

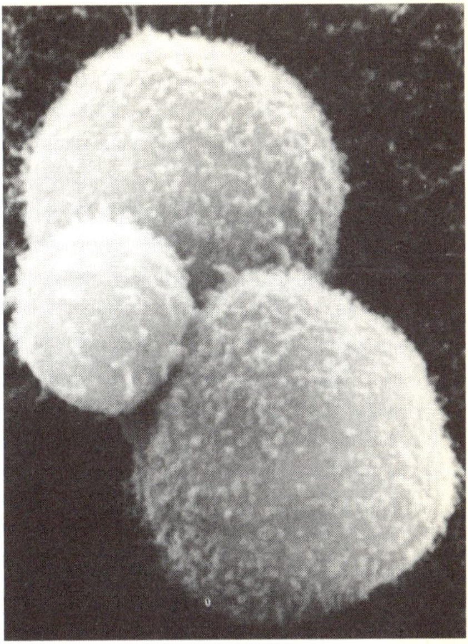

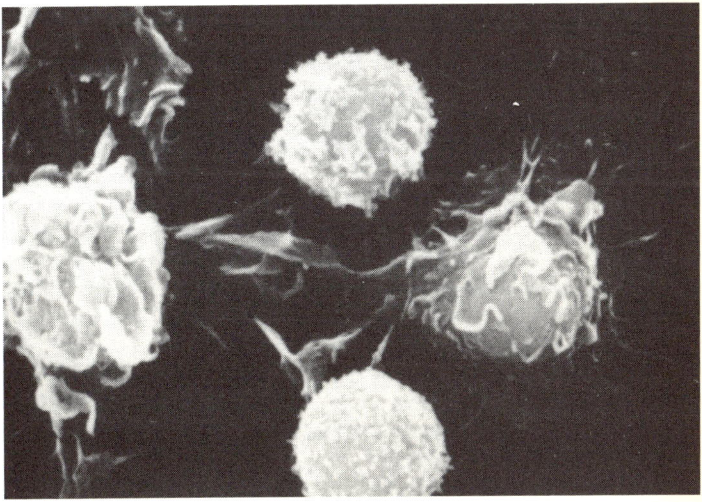

Abb. 80 Krebszellen (links und rechts im Bild). Oben und unten sich teilende Lymphozyten (Scanner-Elektronenmikroskop-Photographie).

in der Grundfrequenz des Körpers schwingt (ungefähr 8,5 Hertz). Obwohl der Tumor dadurch nicht kleiner wurde, trat eine Veränderung in den Zellen ein: Sie waren nicht mehr embryonal, sondern glichen den normalen Zellen in der Umgebung des Tumors[113]. Etwas Ähnliches geschieht beim Heilungsprozeß. Bei einem Brusttumor beispielsweise spüren Heiler, wie der Krebs unter ihren Händen »schmilzt«. Das tut er zwar in Wirklichkeit nicht, aber seine Zellen verlieren ihren embryonalen Charakter. Diese Transformation auf zellularer Ebene ist das Ziel des Heilers.

Krebsbehandlung

Die Grundbehandlung zur Heilung von Krebspatienten beginnt damit, daß man die »Nährsysteme« des Körpers öffnet - jene Bereiche, die den Körper ständig mit Energie versorgen. Dann muß festgestellt werden, ob sich die Chakras in einem ausgewogenen Zustand befinden, und schließlich folgt die Arbeit an dem geschädigten Organ bzw. an dem Tumor, wo immer er sich befinden mag. Anschließend müssen wir das Energiefeld versiegeln, damit der Klient weiterhin seine Energie regenerieren kann und sie nicht gleich wieder verliert.

Mit den Nährsystemen des Körpers sind hauptsächlich die Füße, Knie, Hüften, Schultern und Hände gemeint. Wir leben in einem Kraftfeld, und unsere Füße und Knie sind die Stellen, an denen die Energie in den Körper eintritt. Wir müssen feststellen, ob diese Bereiche offen sind. Sowohl in den Fußwölbungen als auch in den Handflächen befinden sich Chakras; Hüften und Schultern sind primäre Kraftzentren. Die Knie sind sekundäre, die Füße und Hände tertiäre Kraftzentren. Die beiden Chakras in den Händen drehen sich in einander entgegengesetzter Richtung, und wenn die Handflächen zusammengelegt werden, ergänzen sich die beiden Chakras. Die Energie der Füße und Knie sollte ebenfalls gegenläufig fließen. Dabei spielt es keine Rolle, in welche Richtung sich die Energie bewegt - im oder entgegen dem Uhrzeigersinn -, solange die Energie des linken Fußes und Knies in entgegengesetzter Richtung zur Energie des rechten Fußes und Knies fließt. Wenn man eine Handfläche auf die Fußsohle legt, kann man damit normalerweise schon das Nährsystem öffnen. Es ist sehr wichtig, diese Energieströme im Fluß zu halten; das gilt insbesondere für Krebspatienten, idealerweise aber für uns alle.

Bei der Krebsbehandlung müssen Heiler noch einen weiteren wichtigen Punkt beachten. Höchstwahrscheinlich unterzieht sich der Patient gleichzeitig auch einer Strahlen- oder Chemotherapie bzw. er hat diese gerade hinter sich. Daher muß der Heiler zunächst alle Verunreinigungen entfernen, die durch solche Therapien entstehen. Dies können wir erreichen, indem wir Energie in Leber und Nieren des Patienten übertragen und indem wir ihn jedes Mal, wenn er zur Behandlung kommt, *chelieren*. Chelieren ist ein Prozeß des Klärens und Aufladens der Aura (siehe Abbildung 81). Im Chelierprozeß leiten wir Schritt für Schritt Energie in den Körper des Patienten, beginnend mit den Füßen durch alle Chakras bis zum Kopf, und bringen die beiden Gehirnhälften ins Gleichgewicht. Da Kraft normalerweise aus der Erde gezogen wird, bringt der Chelierprozeß auf die natürlichste Weise Energie in den Körper. Die höheren Frequenzen von Purpur und Indigo sind besonders wirksam, wenn es darum geht, das Energieniveau des Patienten zu erhöhen, damit seine Grundschwingung höher wird als die der bösartigen Wucherung in seinem Körper.

Während Strahlungs- und Chemotherapie zwar das Wachstum des Krebstumors verlangsamen, senken sie gleichzeitig auch die Grundschwingung des Körpers, was später zur Entstehung neuer Wucherungen führen kann[114]. Oft entwickelt sich etwa 18 Monate nach der letzten Strahlenbehandlung und infolge dieser Behandlung ein neuer Tumor[115]. Durch diese Behandlungsform erhalten neu entstehende Gruppen von Zellen nicht genügend Energie, so daß sich erneut Krebszellen bilden. Deshalb müssen wir das Energieniveau des ganzen Kör-

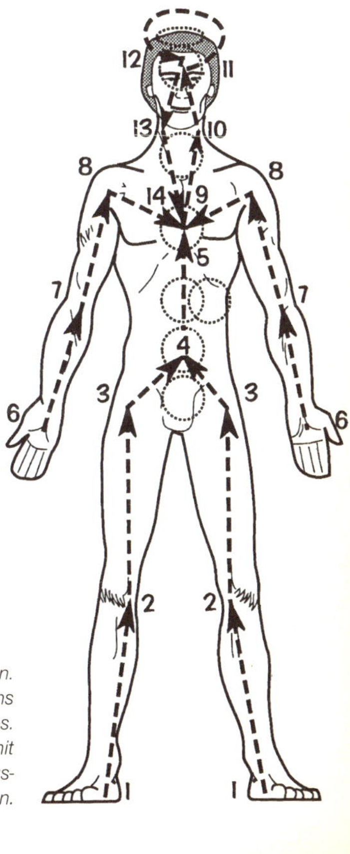

Abb. 81 Chelationsplan. Chelation ist ein Prozeß des Aufladens und Reinigens des Aurafeldes. Die Chelation soll die Aura mit Energie aufladen und sie in einen ausgewogenen Zustand bringen.

pers erhöhen, wir müssen dafür sorgen, daß es so hoch ist, daß neue, gesunde Zellen entstehen können. Daher sollten Krebspatienten auch nach einer »spontanen Remission« weiterhin von einem Heiler behandelt werden.

Doch in der Regel ist der Krebspatient so froh und glücklich über seine »Genesung«, daß er zum Heiler geht und sagt: »Ich fühle mich jetzt gesund und werde nicht mehr zur Behandlung kommen.« In diesem Fall sollte der Heiler antworten: »Nicht so eilig! Ich kann Ihre Entscheidung, die Behandlung an diesem Punkt abzubrechen, nicht befürworten.« Dies ist für den Heiler nicht der geeignete Zeitpunkt, sich aus Freude über seinen »Erfolg« auf seinen Lorbeeren auszuruhen. Der Krebspatient ist soeben den Klauen des Todes entronnen, und jetzt muß er erneut lernen zu leben. Wenn er darauf beharrt, die Behandlung sofort abzubrechen, muß der Heiler ihm die möglichen Auswirkungen der Bestrahlungen erklären. Es ist unverzichtbar, den Körper des Patienten von den Auswirkungen der Bestrahlung und der Chemotherapie zu reinigen, um ihn auf seinem neuen Weg ins Leben zu unterstützen.

Arthritis, Kolitis und die Alzheimer-Krankheit

Mit dem ersten Chakra stehen noch einige andere Krankheiten in Verbindung, unter anderem die Alzheimer-Krankheit. Man schätzt, daß zwei bis drei Millionen Amerikaner davon befallen sind[116], wobei ein langsamer, unaufhaltsamer Verfall der intellektuellen Funktionen der Betroffenen charakteristisch ist. Zunächst glaubte man, Alzheimer sei eine Form der Senilität oder sie entstehe durch Altersschwachsinn. Mittlerweile jedoch hat man erkannt, daß die Krankheit selbst die Hauptursache für geistigen Verfall sowohl bei älteren als auch bei Menschen mittleren Alters ist. Untersuchungen haben gezeigt, daß bei Alzheimer-Patienten der Neurotransmitterspiegel verringert ist (Neurotransmitter sind wichtige Gehirnmoleküle, die eine Kommunikation zwischen den Gehirnzellen ermöglichen.) Bei einem Laborversuch wurde festgestellt, daß das P-Hormon – es ist in der Lage, die Blut-Gehirn-Grenze zu überwinden – das Absterben von Neuronen in Rattengehirnen verhindern kann, und es besteht die Hoffnung, daß es auch bei Alzheimer-Kranken das Signal chemischer Übertragungen verändern kann. Der Beweis steht jedoch noch aus. Die Ursache der Alzheimer Krankheit ist bis heute ungeklärt, doch gibt es eine Vielzahl von Theorien darüber – angefangen von umweltbedingter Aluminiumvergiftung über Virusinfektionen bis hin zu genetischen Abnormitäten oder vorzeitiger Alterung des Gehirns. Interessanterweise ist vor kurzem erstmals die Alzheimer-Krankheit mit dem Down-Syndrom (Mongolismus), einer genetisch bedingten Fehlentwicklung des Embryos, in Verbindung gebracht worden: Zwei kürzlich durchgeführte Studien zeigten Symptome der Alzheimer-Krankheit bei etwa 25 Prozent der erwachsenen Mongoloiden[117]. Noch bedeutsamer ist folgendes Untersuchungsergebnis: Bei mikroskopischer Untersuchung der Gehirne von Mongoloiden wurden häufig Abnormitäten festgestellt, die jenen glichen, die man in den Hirnen von Alzheimer-Opfern gefunden hat. Diese abnormen Strukturen - neuritische (entzündliche) Veränderungen des Nervengewebes und »verfilzte« Neuronen - scheinen durch die Degeneration von Nervenzellen zu entstehen[118]. Die typischen Symptome der Alzheimer-Krankheit sind Verwirrung, Desorientierung und schwerer Gedächtnisverlust. Dieses letzte Symptom - totaler Gedächtnisverlust - weist eindeutig darauf hin, daß der Kundalini-Strom völlig versiegt ist, da es die Kundalini ist, die dem Energiestrom ermöglicht, Information auf die Ebene des Bewußtseins zu befördern. Ein mir befreundeter Heiler hat einmal gesagt, man müsse einen Alzheimer-Patienten »von der Wurzel bis zur Krone« behandeln. Dies ist tatsächlich ein guter Rat, wenn es um die Behandlung von Krankheiten geht, die das gesamte Bewußtsein betreffen. Und Alzheimer ist eine solche Krankheit.

Auch Arthritis ist Folge einer Fehlfunktion des ersten Chakras. Der Arthritiker hat seine Lebenskraft - seine rote Energie - auf die Gelenke konzentriert. Die an den Körper gerichtete Botschaft, rote Energie zu den Gelenken zu schicken, ist die Folge der Unfähigkeit des Betreffenden, seine Wut auszudrücken oder sie zu erfahren. Sobald sich das Rot in den

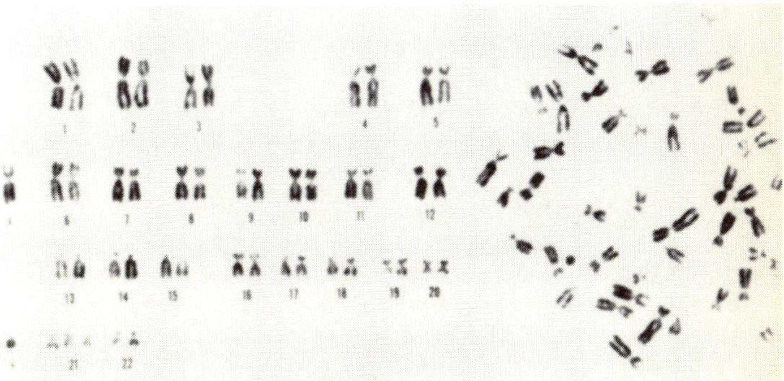

Abb. 82 Zellulare Abnormität beim Down-Syndrom. Zellveränderungen bei Männern mit Down-Syndrom (Mongolismus).

Gelenken angesammelt hat und dort Schmerzen erzeugt, leistet der Patient Widerstand gegen den Schmerz, wodurch dieser noch stärker wird. Man könnte Arthritis als eine »Widerstandskrankheit« bezeichnen: Der Kranke leistet zunächst gegen jeden Ausdruck von Wut Widerstand und später gegen den Schmerz der Entzündung (der Wut) in den Gelenken. Die beste Behandlungsmethode bei Arthritis ist abwechselnde Übermittlung von roten und weißen Frequenzen. Bei rheumatischer Arthritis muß zunächst die Entzündung in den betroffenen Gelenken geheilt werden: Die rote (Entzündungs-)Frequenz muß mit Hilfe von Grün und Blau umgewandelt werden. Wenn dies geschehen ist, muß der Heiler die Gelenke wiederherstellen, indem er die regenerative rote Frequenz stärkt.

Ebenso wie Arthritis ist auch Kolitis eine Entzündungskrankheit (hier des Dickdarms). Während der Arthritiker versucht, Wut zu vermeiden, versuchen Kolitis-Patienten, sämtliche Gefühle zu vermeiden; bei ihnen dreht sich das zweite Chakra stets rückwärts. Der Kolitis-Kranke hat die Informationsschleife durch die Umkehrung der Bewegung des zweiten Chakras unterbrochen. Wenn ein Mensch aus irgendeinem Grund nicht will, daß sich eine bestimmte Information oder ein Stimulus durch sein (energetisch-physisch-geistiges) System bewegt, wenn er es nicht mag, wie dieser Stimulus sich anfühlt, dreht er ein Chakra in die entgegengesetzte Richtung, was zur Folge hat, daß die Informationsschleife unterbrochen wird. Ein Kolitis-Patient dreht sein zweites Chakra in die falsche Richtung, wodurch die gesamte, von unten aufwärts strömende Lebenskraft auf seinen emotionalen Körper trifft und von dort sogleich wieder abwärts geleitet wird, was zu einer Verstärkung der peristaltischen Bewegung oder zum »Dumpingsyndrom« führt (Mageninhalt wird ganz plötzlich in den Dünndarm entleert). Dadurch dringen die Emotionen nie in einen Bereich vor, wo sie bewußt gemacht und zum Ausdruck gebracht werden können.

Bei jeder Kolitis oder Divertikulitis, die ich behandelt habe, hat sich das zweite Chakra entgegen dem Uhrzeigersinn gedreht, was zu einer Fehlfunktion im ersten Chakra und zu einer Darmentzündung führt. Entzündung bedeutet »übermäßig gerötet«; das Rot befindet sich nicht nur an seinem Platz, sondern überall, wodurch der Entzündung immer neue Energie zugeführt wird. Der gesamte Darm ist betroffen. Wäre es dem Patienten möglich, auch nur ein einziges, ehrliches Gefühl zuzulassen, würde sich das Chakra sofort wieder in der richtigen Richtung drehen, und der Heilungsprozeß könnte beginnen.

Entzündungskrankheiten: Wut, Angst und Schmerz

Die meisten Entzündungskrankheiten - wo immer im Körper sie sich befinden mögen - haben normalerweise auf indirekte Weise mit Wut oder Angst zu tun und ganz offensichtlich mit Schmerz. Wie bereits erwähnt, gilt dies insbesondere für Arthritis und Kolitis. Während Wut, Angst und Schmerz natürliche Reaktionen sind, mit denen der Körper sich schützt, deuten fehlgeleitete oder unterdrückte Wut, verdrängte oder exzessive Angst und chronischer Schmerz allesamt auf einen unausgewogenen Zustand des ersten Chakras hin.

Vergessen Sie nicht, daß Wut in reiner Form für den Körper oft ein (positiver) Auslöser ist, jedoch häufig in Form von Gewalt ausgedrückt wird. Daher unterdrücken Menschen oft ihre Wut, denn sie fürchten, daß sie gewalttätig werden. Unterdrückt ein Mensch jedoch seine Wut aus diesen Gründen, so hat er damit negiert, daß der Körper - genauer gesagt das Chakrasystem - in der Lage ist, einen Verarbeitungsprozeß durchzuführen. Wenn wir aufhören, unseren Zorn zu verdrängen, und lernen, darauf zu vertrauen, daß unser Körper mit Wut umzugehen weiß, werden wir erkennen, wie wundervoll unser System funktioniert. Wut entsteht, wird zu einem Gefühl, dann zu einer Meinung und schließlich zu einem zweiten Gefühl. Wenn irgendein Teil dieses Prozesses übergangen wird, besteht die Gefahr, daß die Wut in Form von Gewalt zum Ausdruck kommt oder daß wir jemanden körperlich verletzen.

Angst residiert sowohl im ersten als auch im zweiten Chakra, je nachdem ob wir unsere eigene Angst fühlen oder von der Angst eines anderen angesteckt werden. Wenn ich zum Beispiel Angst in mir selbst habe, ist diese im ersten Zentrum verankert, was dazu führt, daß ich die Angst dann am untersten Punkt meiner Wirbelsäule spüre. Wenn Sie hingegen Angst haben und Ihre Angst mich beeinflußt, werde ich mir dieses Gefühls zuerst in meinem zweiten Zentrum bewußt.

Während unsere eigene Angst sich im ersten Chakra konzentriert, verlagert sich die Angst, die sich von anderen Menschen auf uns überträgt, vom zweiten Chakra in das erste. Folglich kann man sagen, daß der Körper jede Angst im ersten Chakra spürt. Wenn die Quelle der Angst außerhalb von uns selbst liegt, müssen wir uns darüber klarwerden, welchen Schaden sie anrichten könnte und ob dieser potentielle Schaden lebensbedrohlich ist. Wenn dies der Fall ist, sollte sich die Angst im ersten Chakra zeigen, damit wir geeignete Maßnahmen treffen können, um das Fortbestehen der Lebenskraft zu sichern.

Angst vor dem Leben und vor Gefühlen treibt Menschen häufig in chronische Schmerzen. Die Betreffenden verlagern ihre gesamte rote

Energie - Wut, Zorn, Angst und Leidenschaft - in andere Bereiche, um jedes Gefühl von Lebendigkeit zu vermeiden. In vielen Fällen verstärkt die Sexualität - falls sie noch stattfindet - das Leiden zusätzlich. Sie kanalisiert den zusätzlichen Input an Rot sofort in den Schmerzbereich, wodurch der Schmerz noch stärker wird.

Ein Mensch, der unter Schmerzen leidet, isoliert sich selbst: Um im Zustand des Schmerzes zu verharren, muß er die rote Energie lange Zeit außerhalb des ersten Chakras halten. Diese Verhaltensweise zu verändern ist sehr schwierig, weil die für eine solche Transformation notwendige Kraft - das Rot - verschoben worden ist.

Folglich müssen Heiler bei der Behandlung von Patienten, die an chronischen Schmerzen leiden, einige wichtige Punkte beachten. Erstens: Wenn einem Klienten, der unter Schmerzen leidet, rote Energie übermittelt wird, so wird er diese Energie in den Schmerzbereich verlagern, was zur Folge hat, daß der Schmerz noch verstärkt wird. Deshalb ist Rot für Schmerzpatienten nicht die geeignete Heilenergie, zumindest so lange nicht, bis der Schmerz entfernt oder zu einem großen Teil gelindert worden ist. Man sollte in solchen Fällen eine »kühlere« Frequenz wählen, zum Beispiel Grün oder Blau. Zweitens: Wenn ein Körper eine bestimmte Energiefrequenz falsch benutzt, kann der Heiler dem Klienten helfen, diese Energie wieder ihrer richtigen Verwendung zuzuführen. Beispielsweise kann die in einem entzündeten Gelenk befindliche rote Energie bessere Dienste bei der Produktion roter Blutzellen leisten. Wenn das Rot oder die Entzündung aus dem Körper entfernt wird, so bedeutet das keineswegs, daß nun das erste Chakra unter einem Mangel an roter Energie leidet; schließlich versetzen wir den Klienten ja nicht in eine Art »Kurzschluß«.

Wenn die rote Energie so fließt, wie sie sollte, bewirkt sie in jedem Körper das gleiche. Wenn wir die Lebenskraft nachhaltig in Bewegung bringen - durch Jogging, Gymnastik oder Übertragen von Energie -, so bekommen wir Muskelschmerzen; wir empfinden heiße oder kalte Schauer im Körper oder ein Gefühl, das an einen Strom warmen Wassers erinnert; außerdem werden die Kapillargefäße erweitert, was sich in Form eines Prickelns äußert. Wir verspüren viele eigenartige, feine Empfindungen, die ein Hinweis darauf sind, daß unser Körper wächst oder sich verändert, um die neue Energie aufzunehmen. Die Körper von Heilern verändern sich auf dramatische Weise, je länger und je intensiver sie Heilung übertragen; sie entwickeln die notwendigen Leitungen, um immer höhere Frequenzen zu übermitteln. Als erstes fühlen sie den Widerstand gegenüber der höheren Energie, die sie übertragen; mit anderen Worten: Sie laufen auf 220 Volt, obwohl sie nur für 110 Volt ausgerüstet sind. Während sich der Körper der neuen Energie anzupassen versucht, treten diverse, vielleicht ungewohnte Symptome auf. Aber mehr ist es auch nicht, und man sollte diesen Symptomen nicht mehr Aufmerksamkeit schenken, als ihnen gebührt, indem man registriert, daß da im eigenen Körper irgend etwas vor sich geht.

Bluthochdruck und Herzkrankheiten

Ebenso wie Krebs sind auch Herzkrankheiten die Folge einer falschen Nutzung der roten Energie. Herzkrankheiten und insbesondere Herzinfarkt wie auch der potentiell zum Herzinfarkt führende Risikofaktor Bluthochdruck zählen zu den am weitesten verbreiteten Krankheiten des ersten Chakras.

Bluthochdruck ist häufig eines der ersten Anzeichen für eine Herzerkrankung. Genau wie Arthritis entsteht auch Bluthochdruck durch fehlgeleitete Wut. Während bei Arthritis die Wut in die Gelenke verlagert wird, steigt sie den Bluthochdruckpatienten in den Kopf. In der Aura von Menschen, die unter Bluthochdruck leiden, ist kein Kronenchakra zu erkennen, sondern statt dessen zwei gelbe »Federn«, die aus den beiden Akupunkturpunkten auf der Kopfoberfläche »sprießen«. Um Bluthochdruck zu behandeln, muß der Heiler die Energie abwärts in den Körper leiten und die rote Energie wieder in das erste Chakra befördern. Besonders wichtig ist dies, wenn der Patient blutdrucksenkende Mittel einnimmt. Diese Medikamente sollen die Reaktion des Körpers auf Stimuli verringern, wobei sie damit auch oft die Sexualfunktion schwächen. Der Heiler muß die rote Energie und die Wut wieder dorthin leiten, wo sie hingehört - nämlich in das erste Chakra -, damit sich der Patient wieder lebendig fühlen kann und nicht buchstäblich von der eigenen Wut umgebracht wird.

Anschließend sollte der Heiler die Chakras nacheinander in einen ausgewogenen Zustand bringen. Dazu muß er Rot in das erste Chakra übermitteln, Orange in das zweite, Gelb in das dritte, Grün in das vierte, Blau in das fünfte, Violett in das sechste und Weiß in das Kronenchakra. Danach muß er die Farben in den Chakras stabilisieren. Wenn der Heiler den an Bluthochdruck leidenden Menschen dazu bringen kann, in der Meditation die jeweils adäquaten Farben zu visualisieren, so wird dadurch der Heilungsprozeß nachhaltig unterstützt.

Ähnlich wie beim Arthritiker beginnt auch bei Menschen, die unter Bluthochdruck leiden, die Krankheit gewöhnlich mit Verhaltensweisen, die Feindseligkeit unterdrücken sollen. Wenn wir bedenken, daß Herz-

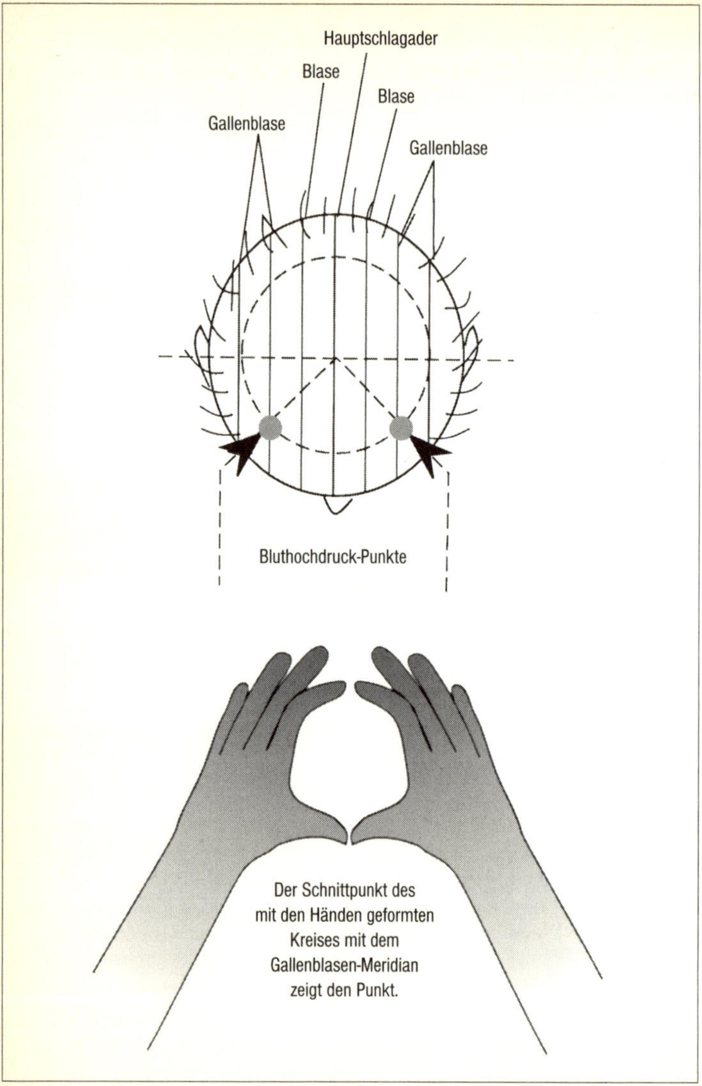

Abb. 83 Blutdruck-Meridiane. Zwei Meridian-Punkte auf dem Kopf sind besonders wichtig bei der Behandlung von Bluthochdruck.

krankheiten in der westlichen Welt zu den häufigsten Todesursachen zählen, so sollten wir uns auch einmal mit der Einstellung unserer Gesellschaft zur Wut beschäftigen. In unserer (amerikanischen) Kultur ist es schwierig, Wut auf angemessene Weise zum Ausdruck zu bringen. Sexualität läßt sich häufig noch auf irgendeine subtile Art ausdrücken, doch bei Wut ist das anders. Und wenn Wut und Feindseligkeit fehlgeleitet werden und ihren Ausdruck in der Sexualität finden, so entstehen dadurch schwerwiegende gesellschaftliche Probleme. Unsere Kultur hat noch nicht erkannt, daß Kraft auf sexuelle, aktive, kreative, emotionale Weise - in Form von Wut und in Form von Leidenschaft - gelebt werden kann. Es gibt viele Möglichkeiten, Feuer zum Ausdruck zu bringen.

Genetische Erkrankungen

Da das erste Chakra die Lebenskraft beherbergt, die für die Erschaffung des physischen Körpers verantwortlich ist, müssen genetische Krankheiten als Krankheiten des ersten Chakras betrachtet werden. Zur Zeit vermehren sich genetisch übertragene Krankheiten auf unserem Planeten rapide. Seit wir entdeckt haben, wie man ein Atom teilen kann - was als unmöglich galt - gibt es auch im Bereich des Bewußtseins immer wieder »atomähnliche« Explosionen.

Die horrende Möglichkeit der völligen Vernichtung unserer Welt hat das Gefühl des einzelnen Menschen für seine Überlebensfähigkeit und sein Vertrauen in die Kraft, seine Situation wirklich verändern zu können, zusehends verkümmern lassen. Die daraus entstehenden Ängste und Verwirrungszustände manifestieren sich auf zellularer Ebene. Das Atomzeitalter hat unser bisheriges Konzept der Wirklichkeit gesprengt und unsere zellulare Integrität in Frage gestellt. Das Tay-Sachs-Syndrom (Idiotie), Sichelzellen-Anämie, Krebs und Aids sind allesamt Krankheiten auf zellularer Ebene, bei denen die Gesundheit der Zelle gefährdet wird.

Leider habe ich festgestellt, daß die Behandlung genetisch bedingter Krankheiten einer der Bereiche ist, in denen Aura-Heilungstechniken kaum Erfolg zu bringen scheinen. Zwar haben einige zellulare Krankheiten - beispielsweise Krebs - gut auf Heilerbehandlungen angesprochen, doch von genetischen Krankheiten kann das bedauerlicherweise nicht behauptet werden. Vielleicht muß sich die Art und Weise, in der wir Menschen mit Energie umgehen, grundlegend verändern, bevor wir auch in diesem Bereich wirksamer zu heilen vermögen. Eins ist jedenfalls sicher: Wenn wir verhindern wollen, daß genetisch bedingte Krankheiten in unserer Gesellschaft zur Norm werden, müssen wir nicht nur eine kreativere Form des Umgangs mit der Atomenergie, sondern auch in uns selbst die Integrität finden, die es uns ermöglicht, unsere eigene fragmentierte Energie in die ihr bestimmten Bahnen zu lenken, damit wir unsere eigene Kraft und Macht nutzen können.

Bakterien- und Virusinfektionen, Knochenbrüche und Gewebsverletzungen: Heilen mit der roten Frequenz

Genetische Krankheiten, Krebs, Arthritis und Alzheimer sind allesamt schwere Erkrankungen, die mit einem unausgewogenen Zustand der Energien des ersten Chakras zu tun haben. Es gibt jedoch auch weniger schwerwiegende Gesundheitsstörungen, die ebenfalls in einer Beziehung zu diesem Chakra stehen und daher mit der roten Frequenz behandelt werden können. Ich möchte hier kurz auf diese Störungen eingehen.

Es gibt wahrscheinlich niemanden, der sich nicht irgendwann schon einmal entweder mit Bakterien oder mit Viren infiziert hat. Der Bereich der Bakterien ist die unterste rote Oberschwingung. Da dies jedoch eine sehr starke Frequenz ist, können sich durch Bakterien verursachte Infektionen schnell im ganze Körper ausbreiten. Interessanterweise kann man durch Übermittlung einer großen Menge roter Energie die Bakterien tatsächlich beseitigen, denn sie werden gezwungen, sich in die nächsthöhere Oberschwingung von Rot zu begeben, und in dieser Oberschwingung können sie nicht existieren.

Auch Knochenbrüche können mit der roten Frequenz geheilt werden. Genauer gesagt benutze ich in solchen Fällen abwechselnd rote und weiße Frequenzen. Die weißen Frequenzen weichen die Bruchstelle des Knochens auf, während die roten das Knochengewebe regenerieren; beides ist notwendig, um eine spätere Narbenbildung im gebrochenen Knochen zu verhindern. Durch Vernarbungen würde ein Frequenzwiderstand entstehen; deshalb sollte man Narbenbildung nach Möglichkeit verhindern.

Überall im Körper, wo infolge von Verletzungen oder Operationen Zellen verletzt worden sind, bilden sich neuroblastische, fibroblastische und osteoblastische Reparatursysteme. Kürzlich wurde von Wissenschaftlern eine Tatsache dokumentiert, die Heilern schon seit langem bekannt ist: Verletzte Zellen können nicht in ausreichendem Maße mit Energie versorgt werden und sich daher nicht zu ihrer perfekten Form entwickeln, weil an den Bruchstellen zu viele neue Zellen entstanden sind[119]. Somit ist Narbengewebe unterentwickeltes Gewebe; dies ist auch der Grund für seine Dicke und für seine isolierende Eigenschaft. Wir müssen es bei der Behandlung mit genügend machtvoller roter Energie aufladen, damit seine Zellen sich wieder normalisieren können. Allgemein gilt, daß wir immer, wenn wir etwas aus dem Körper »herausbrennen« wollen oder wenn es um irgendeine Form von Regeneration geht, die machtvolle rote Frequenz des ersten Chakras benutzen müssen.

Behandlung von Überdosen

Da Suchtverhalten mit einer unterdrückten Kundalini in Verbindung steht, können Überdosen von Drogen - auch wenn es sich dabei nicht in jedem Fall um einen Krankheitszustand handelt - eine Fehlfunktion des ersten Zentrums verursachen. Wenn jemand mit dem Gesicht nach unten auf dem Boden liegt, bleibt uns nicht viel Zeit, darüber nachzudenken, was wir tun könnten. Die erste und wichtigste Maßnahme ist in solchen Fällen, daß wir Erste Hilfe leisten. In diesem Zusammenhang ist jedoch ein Wort der Vorsicht geboten. Starke Überdosen der meisten Drogen können Schockzustände verursachen. Ein Mensch, der infolge einer Überdosis einen Schock erlitten hat, befindet sich in einem kritischen Zustand. Die Eliminierung der Droge ist in solchen Fällen davon abhängig, daß zunächst der Blutdruck stabilisiert wird. Anschließend muß der Blutspiegel der Droge so schnell wie möglich gesenkt werden. Die schnellste Methode für einen Heiler, dies zu erreichen, besteht darin, daß er Energie in Leber und Nieren übermittelt, damit das Gift herausgetrieben wird.

Kokain ist mittlerweile nach Alkohol die am häufigsten mißbrauchte Droge; sie färbt die gesamte Aura silbern, eine Farbe, die mit der hohen Frequenz des achten Chakras - Atman - assoziiert wird, das mit der göttlichen Macht in Verbindung steht. Das ist der Grund, warum Menschen unter Kokaineinfluß so oft glauben, sie seien unverletzbar. Die rote Energie beseitigt das Metallische, indem sie das »Silber« in eine »erdhaftere« Schwingung transformiert.

Gynäkologische Probleme und die Auswirkungen der Hysterektomie

Vor allem in unserem westlichen Kulturkreis gibt es leider viel zu viele gynäkologische Probleme. Um diese Probleme zu vermeiden, muß bei den Frauen das Kundalini-Zentrum geöffnet sein. Während manche Frauen, die leicht gebären, im ersten Chakra relativ offen sind, ist die Mehrheit der westlichen Frauen von Schwierigkeiten in diesem Bereich geplagt. Diese Schwierigkeiten reichen von unregelmäßigen Monatsblutungen über chronische Vaginitis bis hin zu Orgasmusstörungen. Alle diese Störungen weisen darauf hin, daß das erste Chakra geschlossen ist und daß die betreffenden Frauen sich nicht gestatten, den Kontakt zu ihrer eigenen Feuerenergie aufrechtzuerhalten. Sie haben Angst vor ihrer eigenen Kraft, vor dem Verlust von Liebe, ihrer beruflichen Stellung, einer Beziehung oder vor dem Scheitern einer Ausbildung. Wenn ein Mensch fürchtet, etwas zu verlieren, das ihm das Gefühl des Lebendigseins gibt, so kann dies dazu führen, daß er sein erstes Chakra verschließt.

Im allgemeinen sollten Heiler die meisten sexuellen Fehlfunktionen mit roten und grünen Frequenzen behandeln. Grün ist die Kraft hinter Rot. Das Problem hinter den meisten sexuellen Störungen ist der Mangel an Vertrauen. Vertrauen wiederum ist eine Qualität, die ihren Sitz im Herzzentrum hat. Mit anderen Worten: Ein Mangelzustand des Herzchakras ist ein Hauptgrund für sexuelle Störungen. Mangel an Offenheit, Mangel an liebevollem Körperkontakt - also Faktoren, die mit dem Herzzentrum in Zusammenhang stehen - beeinflussen die Kundalini. Deshalb muß eine sexuelle Fehlfunktion des ersten Chakras in der Regel sowohl mit roten als auch mit grünen Frequenzen behandelt werden.

In unserer Kultur raten die Schulmediziner Frauen, die seit langer Zeit unter gynäkologischen Störungen leiden, meistens zu einer Hysterektomie (Entfernung der Gebärmutter). Eine Hysterektomie wirkt sich jedoch sehr störend auf den Energiefluß des ersten Chakras aus. Bei einer solchen Operation werden drei Meridiane durchschnitten, wodurch die Fähigkeit des ersten Chakras, Rot zu produzieren - die Lebenskraft selbst -, ernstlich gefährdet wird.

Das bedeutet, daß nach einer Hysterektomie die Meridiane der betreffenden Frau energetisch wieder verbunden werden müssen; es muß erreicht werden, daß das Chakra seine kreisende Bewegung wieder aufnimmt. Solange die Energie des ersten Chakras kontinuierlich produziert wird und fließt, bleibt der Körper der Frau auch nach einer Hysterektomie gesund und vital. Manchmal wird die Verbindung der Meridiane ohne äußere Hilfe vom Körper wiederhergestellt. Ist dies jedoch nicht der Fall, so sollte der Heiler rote Energie übermitteln, um die erwünschte Verbindung zu ermöglichen.

Nach einer Gebärmutter- und Eierstockentfernung oder auch in der Menopause verschreiben die Ärzte den Frauen gerne das Hormon Östrogen, um den Produktionsausfall infolge der Entfernung der Eierstöcke auszugleichen. Östrogen wird in geringem Umfang auch in den Nebennieren produziert. Solange die Eierstöcke dieses Hormon produzieren, wirkt die Haut der betreffenden Frau jung. Der Alterungsprozeß wird verlangsamt, denn das Hormon Östrogen ist der Frequenzmodulator für die roten Schwingungen im gesamten Energiefeld. Überall, wo rote Energie in ausreichendem Maße vorhanden ist, reproduzieren sich die Hautzellen wie eh und je. Demnach ist die tatsächliche Östrogenmenge nicht der entscheidende Faktor, sondern die Stetigkeit des Östrogenspiegels. Die Konstanz, mit der jene Schwingung erzeugt wird, hält uns jung und vital. Wichtig ist letztlich nicht, daß Östrogen vorhanden ist, sondern daß ständig rote Energie in ausreichendem Maß zur Verfügung steht. Östrogen ist einfach der Modulator für diese äußerst wichtige Frequenz.

Opportunistische Viren und Infektionen: Behandlung von Geschlechtskrankheiten

Unter den Krankheiten, die mit dem ersten Chakra in Verbindung gebracht werden, stehen die durch Sexualverkehr übertragenen vermutlich an erster Stelle. Die in unserer Gesellschaft wohl am weitesten verbreitete Geschlechtskrankheit, die sowohl Männer als auch Frauen befällt, ist Herpes. Bei der Behandlung von Herpes muß der Heiler ebenso wie bei der Krebsbehandlung die Zellstruktur verändern. Einige Heilkundige und Forscher glauben sogar, daß das Herpesvirus ebenso wie auch andere

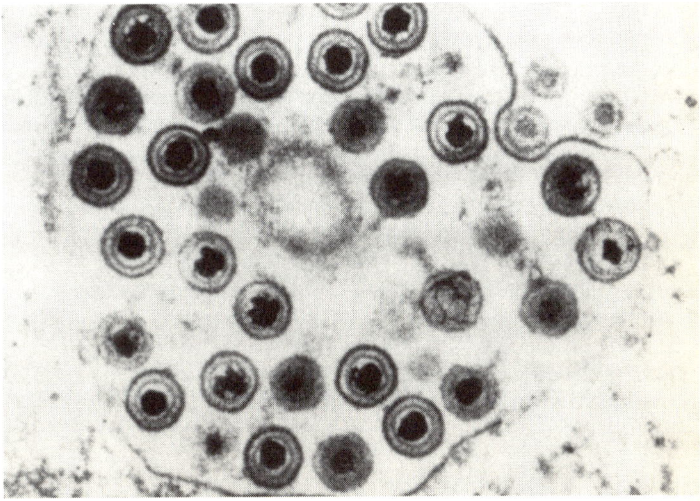

Abb. 84 Herpes-simplex-Virus.

Viren ein Vorläufer gewisser Arten von Krebs ist. In jedem Fall bewegt und vermehrt sich das Herpesvirus sehr schnell und ist in hohem Maße ansteckend. Im Gegensatz zur Bakterie, einem Mikroorganismus, der vom Körper und der Energie des Körpers lebt, ist ein Virus so winzig, daß er in einer einzelnen Zelle (der Wirtszelle) leben und sich vermehren kann. Von dort aus kann er sich bald in jede beliebige Richtung ausbreiten und andere Zellen kolonialisieren.

Nachdem ein Virus in einen Körper eingedrungen ist, bemerkt man zunächst keine Veränderung, da das Virus im Verborgenen der Wirtszelle lebt, wo es sich vermehren und schließlich die Zelle zerstören kann. Oder es kann die Wirtszelle dazu bringen, auf abnorme Weise zu wachsen und sich in eine Krebszelle zu verwandeln. Einige Viren erzeugen latente Infektionen, die in einem chronischen, unbemerkbaren Zustand im Körper fortbestehen und nur gelegentlich in akuten Perioden aufflackern. Die Herpes-Infektion ist eine solche Krankheit.

Während eine bakterielle Infektion darauf hinweist, daß wir etwas an unserer Art zu *fühlen* ändern müssen (meistens in bezug auf Wut), deutet eine Virusinfektion darauf hin, daß wir etwas an der Art, wie wir denken, ändern sollten; dabei geht es nicht um bestimmte Ansichten, sondern eher um eine umfassende Veränderung des Bewußtseins.

Viele der neuen, durch Geschlechtsverkehr übertragenen Krankheiten sind Virusinfektionen, weil ein großer Teil unserer Generation es versäumt hat, beim Sexualverkehr die volle Vitalität und Leidenschaft des Wurzelchakras zum Ausdruck zu bringen. Wir spalten wichtige Teile unserer Energie ab und halten dadurch die Lebenskraft sowohl von uns selbst als auch von unseren Partnern ab. Durch diesen Mangel an Feuer entsteht eine Umgebung, in der sich ein Virus – das auf einer höheren, »kühleren« Frequenz existiert als eine Bakterie – in unserem Körper ansiedeln kann.

Bei der Behandlung von sexuell übertragenen Krankheiten wie Herpes und Aids müssen die Ethik, die Ansichten und das Bewußtsein des Klienten hinsichtlich der Rolle der Sexualität und der Kraft in seinem Leben berücksichtigt werden. Die Zeit der unverbindlichen sexuellen Kontakte ist eindeutig vorüber. Durch das Auftauchen dieser Viren ist das Gewahrsein unumgänglich geworden, daß die sexuelle Vereinigung die heilige Verbindung zweier Lebenskräfte ist. Wir müssen fortan bewußter entscheiden, mit welcher Art von Energie wir verschmelzen wollen.

Bakterien neigen dazu, Entzündungen hervorzurufen, weil sie in der langsameren, »wärmeren« Oberschwingung von Rot-Orange leben. Anders als die Viren, können sie in den höheren, schnelleren und »kühleren« Frequenzen nicht wachsen. Aus diesem Grund muß der Heiler

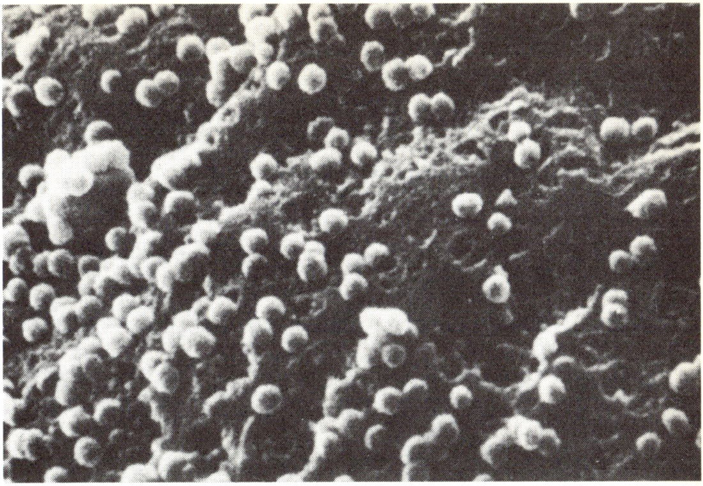

Abb. 85 Aids-Virus.
50 000fache Vergrößerung (Scanner-Elektronenmikroskop-Photographie).

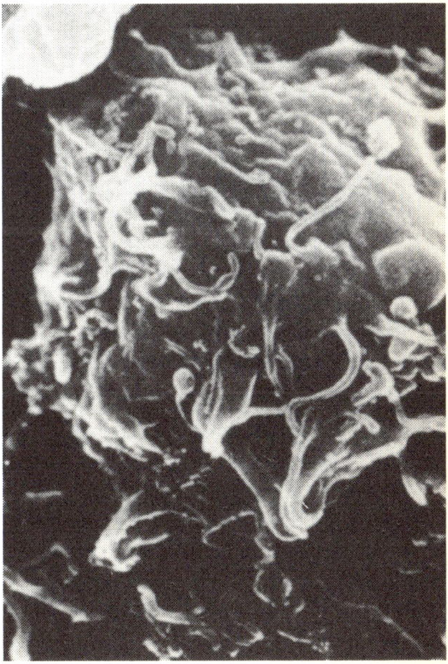

Abb. 86 HTLV-3. Infizierte T-4-Lymphozyten. Das Bild zeigt, wie das Virus aus der Plasma-Membrane herauswächst. Auf diese Weise vermehrt sich das Virus und breitet sich aus, ohne vom Körper erkannt zu werden.

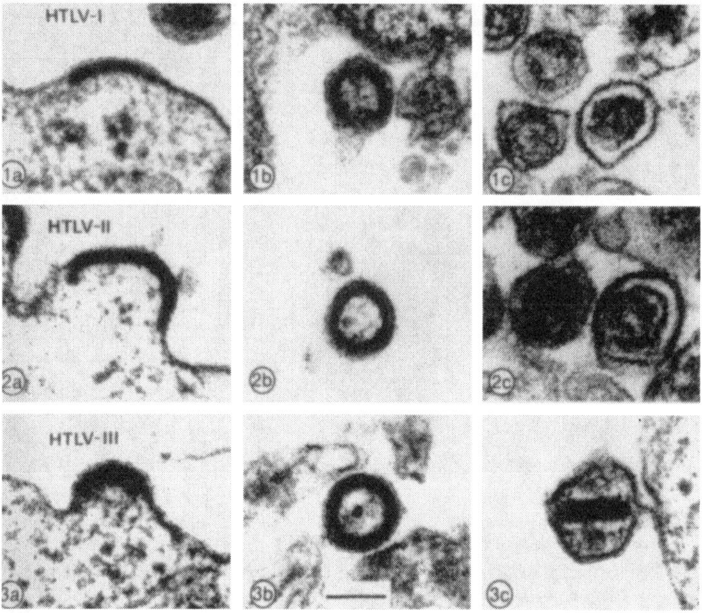

Abb. 87 HTLV I, II, III. Aids-Virus.

»kühle« Energie wie Blau und Grün übermitteln, um die Bakterien an der weiteren Vermehrung zu hindern. (Die Abbildungen 85 und 86 zeigen, wie Aids-Viren Lymphgewebe verlassen, wo sie sich lange genug versteckt haben, um sich reproduzieren zu können.)

Bei der Behandlung von Viren habe ich die Erfahrung gemacht, daß mit Frequenzen von Rot-Purpur die beste Wirkung erzielt wird; Purpur veranlaßt die Seele, die notwendigen Veränderungen im Bewußtsein herbeizuführen, während Rot die Lebenskraft wieder stärkt. In gewissem Sinne muß der Heiler versuchen, nicht nur das Virus »auszubrennen«, sondern auch, bestimmte Aspekte des Bewußtseins seines Klienten »wegzubrennen«, die seiner Ganzheit entgegenstehen. Das Bewußtsein eines Virus ist ein Zusammenwirken von Gedankenkraft (der Art, wie wir denken) und Lebenskraft (der Art, wie wir leben). Diese oft fragmentierten oder einander widersprechenden Aspekte müssen in einen Zustand des Gleichgewichts gebracht werden. *Ganzheit* bedeutet *Heilsamkeit;* es bedeutet, daß wir in der Lage sind zu erkennen, welche Menschen und

Dinge uns Licht und Leben bringen und uns mit ihnen umgeben, daß wir aber auch den »Feind« identifizieren können - das, was uns Licht und Leben raubt. Wir müssen lernen, uns vor dem zu schützen, was uns schaden könnte. Wir müssen lernen, Wut und Sexualität auf eine Weise zum Ausdruck zu bringen, die den Körper reinigt, spirituelles Wachstum fördert und unsere Vitalität und Lebenskraft stärkt. Es ist ohnehin schon eine viel zu große Belastung für unsere Generation, ständig mit der Bedrohung eines nuklearen Infernos leben zu müssen, die wie eine dunkle Wolke drohend über unseren Köpfen hängt. Ohne die Fähigkeit, wählen zu können, was »gut« für uns ist - das heißt, ungefährlich, gesund und lichtvoll -, kann und wird unser Immunsystem uns nicht vor den Angriffen - und in manchen Fällen der Zerstörung - durch heimtückische Viren und Krankheiten schützen.

Einige der schwersten und verheerendsten Erkrankungen - wie beispielsweise Aids - sind die direkte Folge einer Schwächung des körpereigenen Immunsystems. Hierbei handelt es sich um sogenannte *opportunistische* Viren und Infektionen; ihren Namen verdanken sie der Fähigkeit, wie »Opportunisten« die Gelegenheit zu nutzen, das geschwächte System anzugreifen, wann immer der Körper erschöpft und nicht auf der Hut ist. Abgesehen von Aids, der schlimmsten aller opportunistischen Erkrankungen, gibt es noch zwei weitere »Opportunisten«, die in letzter Zeit vermehrt aufgetaucht sind. Es handelt sich bei ihnen einmal um *Candidiasis* bzw. *Candida*, einer systemischen Pilzerkrankung, und um das *Epstein-Barr-Virus* (EBV).

Candidiasis wird oft vereinfacht als »Hefe«-Infektion bezeichnet, weil sie durch einen hefeähnlichen Pilz namens *Candida albicans* hervorgerufen wird, einen seit langer Zeit bekannten regulären Bewohner von Mund, Vagina und Darmtrakt. Längere Behandlung mit Breitband-Antibiotika (in erster Linie Tetrazyklinen) scheint Menschen dazu zu prädestinieren, daß sie an Candidisais erkranken, da derartige Antibiotika-Behandlungen häufig die normalerweise ebenfalls in unserem Körper lebenden natürlichen Feinde (Antagonisten) dieses Pilzes abtöten.

Obwohl Candida verschiedene Körperbereiche befallen kann, äußert sich die Krankheit meist in Form von periodisch auftretenden Entzündungen des Darms und der Vagina. Das größte Problem bei Candida besteht darin, die oft damit einhergehenden allergischen Reaktionen zu behandeln. Der Körper kann durch Candida hypersensibel auf Stoffe reagieren, mit denen er vorher keinerlei Probleme hatte.

Häufig verschreiben Ärzte den betreffenden Patienten *Nystatin*, ein speziell gegen Pilzerkrankungen wirkendes Antibiotikum. Zudem wird in der Regel empfohlen, Milchprodukte, Zucker und hefehaltige oder gegorene Nahrungsmittel zu meiden. Candidiasis wird aktiv und gedeiht besonders gut in warmem, feuchtem Klima. Daher sind aus der Sicht des Heilers die höheren (»kühleren«) Energiefrequenzen besonders zur Behandlung geeignet. In jedem Fall ist die Krankheit schwer zu behandeln, weil der Verteidigungsmechanismus des Körpers - das Immunsystem - wie bei allen »opportunistischen« Infektionen geschwächt worden ist.

Das Epstein-Barr-Virus ist das fünfte und zuletzt entdeckte Herpes-Virus (siehe Tabelle 2)[120], und wie alle anderen Herpesviren bleibt auch das EBV in latenter Form lebenslang im Körper des Infizierten. Abgesehen von der Rolle, die das EBV bei akut infektiöser Mononukleose (Drüsenfieber) spielt, hat man es auch mit dem afrikanischen Lymphom *(Burketts Lymphoma)* in Verbindung gebracht, einer selten auftretenden Form von Lymphkrebs, für die das unkontrolliert auftretende Wachstum von EBV-modifizierten, weißen Blutzellen (B-Lymphozyten) charakteristisch ist[121]. Das Vorhandensein des EBV im Speichel oder die Präsenz von infizierten Zellen im Blut eines Menschen müssen allerdings kein Zeichen für eine Erkrankung sein; für die meisten Menschen scheint es keinerlei nachteilige Folgen zu haben, daß sie ihr Leben lang ein EBV mit sich herumtragen[122].

Virus	*gewöhnliches Infektionsalter*	*Infizierte mit 40 Jahren (in Prozent)*	*wichtigste Begleit-krankheiten*
Herpes simplex 1	Kindheit	50–70	Herpesbläschen an Mund, Augen oder Haut
Herpes simplex 2	Jugend/ Erwachsenenalter	20–50	Bläschen an Genitalien und angrenzender Haut
Varizella-Zoster	Alle Altersstufen	80–90	Windpocken, Herpes-Zoster
Zytomegalie	Alle Alterstufen	50–70	Hepatitis, Mononukleose, kongenitale Infektionen
Epstein-Barr	Kindheit bis Jugend	80–100	Infektionen, Mononukleose

Tab. 2 Epstein-Barr-Virus. Beziehung zwischen EBV und anderen menschlichen Herpes-Viren. (Aus: Medical and Health Annual, Encyclopaedia Britannica, 1987, S. 472.)

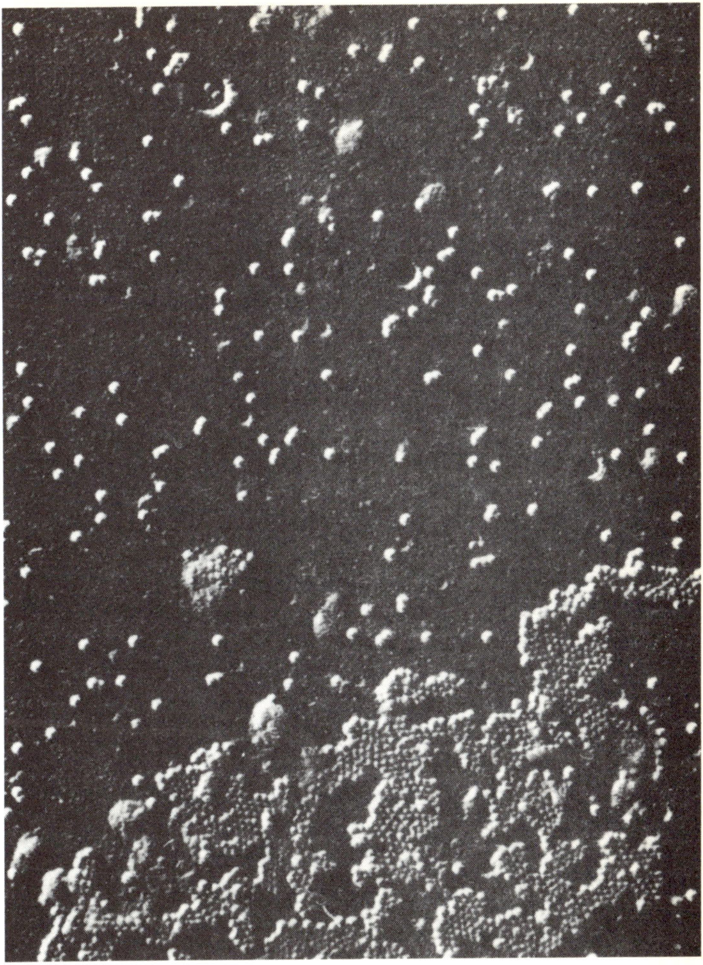

Abb. 88 Polio-Virus.

Die Epstein-Barr-Krankheit wird übrigens gelegentlich auch als »Yuppie«-Krankheit bezeichnet, weil sie vorwiegend unter jungen, relativ wohlhabenden Freiberuflern mit guter akademischer Ausbildung auftritt. Das Virus hat ebenso wie viele der Menschen, die von ihm befallen werden, die Tendenz, in einem geschwächten System »gut zu leben«. Jemand, der von EBV infiziert ist, kann Symptome entwickeln, die denen der Mononukleose (ein Zuviel an mononuklearen Zellen im Blut) ähneln – Fieber, Halsschmerzen, angeschwollene Drüsen und extreme Erschöpfungszustände. Erschöpfung ist das charakteristischste Symptom: Der Körper ist völlig erschöpft. Doch ignorieren die meisten Menschen gewöhnlich alle Signale für Erschöpfung. Auf einer gewissen Ebene ist das so, als würde das Gefühl intellektueller Überlegenheit den Betroffenen daran hindern zu glauben, daß sein Immunsystem geschwächt sein könnte. Die Situation wird noch komplizierter, wenn wir einen weiteren Faktor einbeziehen, der spezifisch für das EBV ist. Nicht nur die Tatsache, daß es sich hier um einen Virus handelt, macht eine Behandlung dieser Krankheit schwierig, sondern zudem ist dieses Virus innerhalb des Körpers auch noch völlig ortsungebunden. Es greift den jeweils schwächsten Nerv seines Wirts an. Das bedeutet, daß sich das EBV bei verschiedenen Menschen nicht nur unterschiedlich manifestiert, sondern daß es auch im Laufe der Zeit beim gleichen Menschen in völlig verschiedenen Körperbereichen auftreten kann.

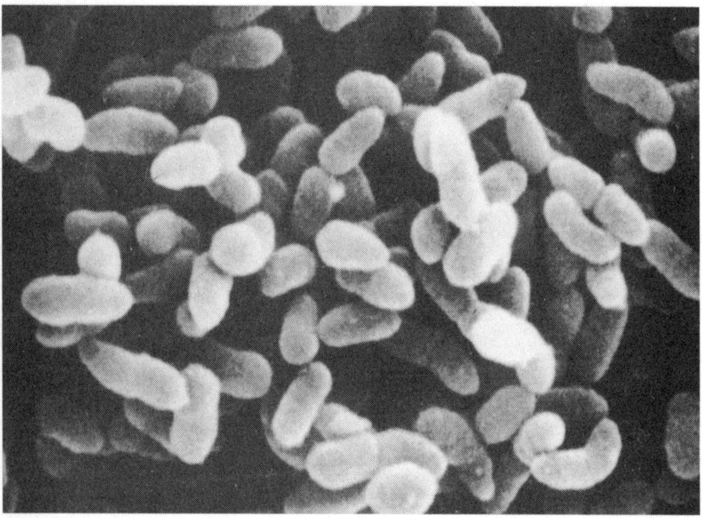

Abb. 89 Bakterien. Wenn man Abbildung 88 mit dieser Abbildung vergleicht, wird anschaulich, warum eine Bekämpfung von Viren so schwierig ist: Sie sind so winzig, daß sie innerhalb einzelliger Bakterien leben können.

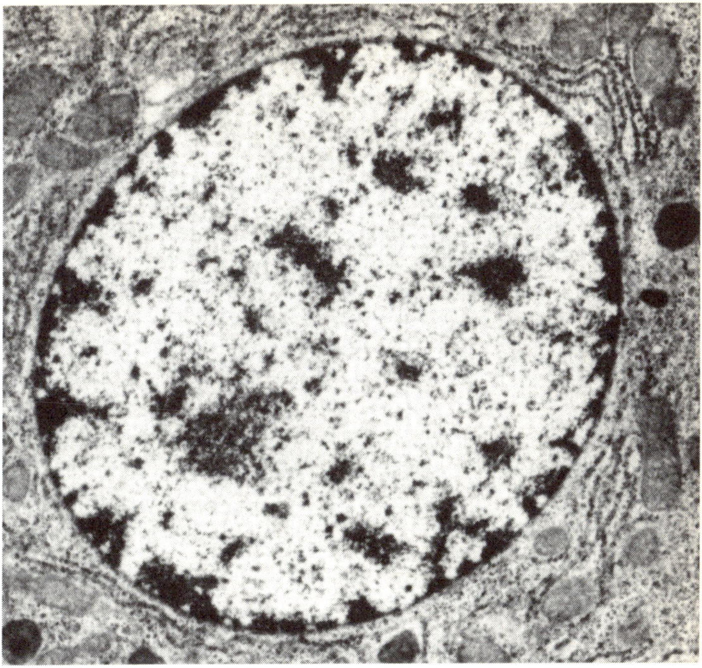

Abb. 90 Die Zelle. Die Zelle besteht aus mehreren Strukturen. Auf dieser Abbildung ist der Zellkern zu sehen, in dem die Muster für die zellularen Aktivitäten entstehen. Aus dem Zellkern wandert das genetische Material durch Poren in der Zellmembran in das umliegende Zytoplasma. Der dunkel eingefärbte Bereich um die innere Peripherie und die schwarzen Flecken im Kern zeigen Chromatin an – die unorganisierte Form, die Chromosomen annehmen, wenn eine Zelle nicht im Prozeß der Teilung begriffen ist. Der graue Bereich, der den Zellkern umgibt, ist das Zytoplasma, in dem sich eine große Zahl winziger Körper befinden, die auf die Instruktionen des Zellkerns reagieren. Die schwarzen Streifen sind Stränge von endoplasmatischem Retikulum, die Ribosomen enthalten. Hier findet die Proteinsynthese für die Zelle statt. Viele der hellgrauen, an Würstchen erinnernden und einige der ovalen Gebilde sind Mitochondrien, die Energie freisetzen und es auf diese Weise der Zelle ermöglichen, zu wachsen und sich zu teilen.

Je mehr wir über die Natur von Viren erfahren und über die Funktionsweise unterschiedlicher Viren im Körper wissen, um so offensichtlicher wird es, daß alles, was wir heute über Viren erforscht haben, unser Wissen vom Körper auf die gleiche Weise revolutionieren wird, wie die

Entdeckungen über Bakterien die Perspektive der Medizin im letzten Jahrhundert verändert hat. Obwohl Bakterien lebenden Organismen vergleichbar sind, können sie in jeder Umgebung leben - auf der Erde, im Wasser, in der Luft und in organischer Materie sowie in den Körpern von Pflanzen und Tieren. Ein Virus hingegen wird mit hoher Wahrscheinlichkeit zu einem leblosen Partikel, sobald es sich nicht mehr innerhalb einer lebenden Zelle befindet. Dennoch ist eine Viruserkrankung schwieriger zu behandeln als eine bakterielle Infektion. Einer der besonders erschwerenden Faktoren bei solch einer Behandlung ist die Größe der Viren: Zwar sind sowohl Bakterien als auch Viren mikroskopisch klein, doch ist eine Bakterie ein einzelliger Organismus, während Viren so winzig sind, daß sie - wie bereits erwähnt - in einzelnen Zellen leben, wachsen und sich vermehren können. Verglichen mit einer Bakterie könnte man ein Virus als »atomar« bezeichnen. Wir stellen uns eine Bakterienkolonie so vor, als hätte sie eine eigene Persönlichkeit, sozusagen ein individuelles Sein. Ein Virus hingegen ähnelt wesentlich mehr einem »mutierenden Atom« ohne spezifische Persönlichkeit; man könnte auch sagen, daß sich die »Persönlichkeit« eines Virus ständig verändert. Es ist so, als würde die Natur des Virus in Gegenwart jedes lebendigen Feldes mutieren und dessen Persönlichkeit annehmen. Wenn dies zutrifft, so versuchen Viren offensichtlich, uns auf die Tatsache des Wandels sowie auf die Notwendigkeit von Veränderungen hinzuweisen.

Der Kundalini zuhören

Der Lebensprozeß, der Weg zum Bewußtsein beginnt mit dem physischen Körper. Wir können nichts »erkennen«, bevor wir es nicht spüren oder erfahren. Persönliche Entscheidungen sollten aus der Kundalini »heranwachsen«. Da unser Körper jedoch normalerweise ziemlich empfindungslos ist, kann dies ein langwieriger Prozeß sein.

Man sollte damit beginnen, sich Freunde, Lehrer und Gefährten anhand der Qualität ihres Lichts auszusuchen; nicht aufgrund dessen, wie sie aussehen oder was sie zu sein vorgeben, sondern aufgrund dessen, was unser Körper in ihrer Gegenwart empfindet. Oft wählen wir unsere Freunde und Geliebten aus den völlig falschen Gründen. Viele von uns kommen aus Familien, in denen die Eltern nicht viel Licht in sich trugen oder ein Licht ausstrahlten, das für uns sogar auf irgendeine Weise schädlich war. Deshalb neigen wir häufig dazu, Menschen, die Energie im Überfluß haben, zu meiden, während wir Personen mit niedrigem Energieniveau als ungefährlich oder gar als angenehme Gesellschaft empfinden. Dieses Verhalten ist uns nicht dabei behilflich, jenes kraftvolle, vitale Leben zu führen, das die meisten von uns sich erträumen. Die Kundalini hat uns etwas zu erzählen; wir müssen als Individuen und auch als gesamte Kultur lernen, dieser Geschichte zu lauschen: Es ist die Geschichte unseres Lebens selbst.

Das einzige konstante Thema in der Geschichte des Lebens ist Veränderung. Vorbei sind die Tage, als wir noch glauben konnten, daß sich »nichts verändert«. Im Gegenteil: Die Lektion unserer heutigen Zeit besteht darin, daß es nichts gibt, was sich *nicht* verändert - dies gilt sowohl im politischen, im gesellschaftlichen und individuellen Bereich als auch auf der Zellularebene. Die Herausforderung, der wir uns in diesem Neuen Zeitalter stellen müssen, besteht darin, die Veränderung sowohl zu *akzeptieren* als auch zu *kontrollieren*, das heißt zu steuern. Auf zellularer Ebene wissen wir, daß unkontrollierte Veränderungen zu tödlichen Krankheiten wie Krebs führen können, während ein *Fehlen* von Veränderung unvermeidlich zur Atrophie (Verkümmerung) und zum Tode führt. Nur wenn wir die Veränderung *steuern*, indem wir unser Leben bewußt reorganisieren und uns auf die Elemente zubewegen, die Licht in sich tragen, können wir hoffen, zerstörerischen Krankheiten standzuhalten und uns gegen sie verteidigen zu können. Nur durch die bewußte Entscheidung, Veränderung sowohl anzunehmen als auch zu kontrollieren, können wir damit beginnen, unsere Ganzheit bewußt zu entwickeln. Diese Tatsache sollte jeder Heiler im Auge behalten, wenn er Krankheiten behandelt. Überhaupt sollte jeder von uns dies berücksichtigen, der sein Energiesystem stark und gesund zu halten wünscht, auf daß es den immer neuen Herausforderungen eines sich ständig verändernden Planeten und eines sich entwickelnden Bewußtseins gewachsen ist.

ANHANG I

Die Rolf-Studie

Auszug aus dem Projekt-Bericht:
Eine Studie der Strukturellen Integration unter Berücksichtigung neuromuskulärer, energetischer und emotionaler Herangehensweisen

Kapitel VI: Energiefeld-Studien
Elektronische Aura-Studie
von Valerie V. Hunt. Ed. D.

Die Begründungen und Verfahrensweisen, die in dieser Studie zur Gewinnung elektronischer Aufzeichnungen zum Tragen kommen, stammen aus vier verschiedenen Pilotstudien und einer früheren SI-(Strukturalen-Integration-)Studie, bei denen EMG-Geräte benutzt wurden.

Die während der vier Rolfingsessions gewonnenen Daten über Muskelaktivitäten zeigten bei Empfindung von Schmerz, emotionalen Erlebnissen und Erinnerungsblitzen eine sich verändernde Grundlinie in verschiedenen Teilen des Körpers. Sie äußert sich in Wellenformen von ununterbrochen niedriger Spannung, die keine Ähnlichkeit mit Muskel-Depolarisation hatten. Meditationserfahrene Versuchspersonen und ein Tänzer erreichten ihren eigenen Angaben zufolge nach einigen Minuten der Meditation veränderte Bewußtseinszustände, die ähnliche Muster darstellten.

Diese gleichen niedrigen Spannungssignale wurden von den Chakra-Bereichen einer Versuchsperson aufgezeichnet, die eine »aurische Behandlung« durch einen schamanistischen Heiler erfuhr, der singend um die liegende Versuchsperson herumging. Während der Behandlung zeichnete Rosalyn Bruyere, eine in den USA bekannte Auraleserin, die Veränderungen in der Form und Bewegung des Feldes auf. Eine Analyse der gewonnenen Daten zeigte, daß die Geräusche, die spezifischen Handlungen und die Qualität der Bewegungen des Schamanen keine direkte Beziehung zu den Ausbrüchen von Aktivität, ihrem Ursprungsort im Körper und ihrem Muster hatte. Es bestand jedoch eine auffallende Übereinstimmung zwischen dem Bericht der Auraleserin und den elektronischen Aufzeichnungen ...

Verfahren

Während der zehn SI-Sitzungen wurden von vier Versuchspersonen (Gruppe II) kontinuierlich Aurafeld-Aufzeichnungen gemacht.

An den wichtigsten Chakrabereichen und Akupunkturpunkten wurden bipolare Silber- bzw. Silberchlorid-Elektroden auf die Haut geklebt. Die Meßdaten wurden mit folgenden Meßinstrumenten aufgezeichnet: einem Vierkanal-Signatron, Modell 4200 FM, einem EMG-Telemetrie-Instrument – und zwar auf den IRIG-Kanälen 11, 12, 13, 14 – und auf dem Hochfrequenzkanal eines 20000-Hertz-Trägerbandes. Die Aufzeichnung erfolgte auf Spur 1 eines zweispurigen Tonbandgerätes vom Typ Nagra III. Gleichzeitig mit den elektronischen Daten zeichnete Rosalyn Bruyere einen fortlaufenden Bericht über Farbe, Größe und Energiebewegung der Chakras und der Aura der Versuchsperson sowie über die Aurafelder der Rolfer auf Spur 2 auf. Mittels eines zweiten Mikrofons konnten die Versuchspersonen während der Rolfing-Sitzungen ihre spontanen Erfahrungen, inneren Bilder und Gefühlszustände mitteilen. Die Projektleiterin verfolgte alle eintreffenden Tonsignale und elektronischen Meßwerte über Kopfhörer und an zwei Oszilloskopen, die sich in einer gläsernen Instrumentenkabine befanden; außerdem stand sie über einer separaten Sprechanlage in direkter Verbindung mit der Auraleserin. Dadurch konnte sie diese zu Veränderungen in den elektrischen Signalen befragen und auf der Datenspur alle wichtigen Informationen registrieren, die ihr an den Meßwerten oder an der Situation während der Sitzung auffielen. Während der Aufzeichnung erhielt die Auraleserin selbst keinerlei Hinweise über eventuelle Veränderungen der Signale ...

Allgemeine Ergebnisse

Schon in der zweiten Sitzung wurden bestimmte charakteristische Signalstrukturen (Wellenformen) erkennbar, während die Auraleserin verschiedene Farben im Bereich einzelner Chakras beschrieb. Dies war eine so erstaunliche Beobachtung, daß die Projektleiterin bei einer Veränderung der Wellenform die Auraleserin ausdrücklich nach deren Beobachtungen in bezug auf Farbveränderungen fragte, sofern sie nicht sowieso eine Bemerkung gemacht hatte. Nachdem die Wellenformen erkennbar geworden waren, stellte sich heraus, daß bei allen Aufzeichnungen jedes Mal eine direkte Beziehung bestand zwischen diesen Wellenformen und den Beschreibungen der Auraleserin über die Primär- und Sekundärfarben in den einzelnen Chakras. Es wurden allerdings keine unterscheidbaren Wellenformen für Mischfarben wie Malve (Blauviolett), Türkis oder Aprikose (Gelborange) erkannt. Als bei einer Gelegenheit alle Aufzeichnungen in ihrer Amplitude verdächtig weit herabsanken, beschrieb die Auraleserin, daß sich das Aurafeld der betreffenden Person fast zwei Meter vom Körper entfernt und keine Verbindung mehr zum Körper hätte ...

Im einzelnen wurden nach Auswertung der elektronischen Daten und der Beobachtungen der Auraleserin folgende Ergebnisse ermittelt:

1. Während der zehn Sitzungen zeigte sich eine stetige Verbesserung des aufwärts gerichteten Energieflusses. In den ersten Sitzungen waren die Chakras unausgeglichen, klein, mit niedriger Frequenz und Amplitude, während sich in der Aura unklare, dunkle Primärfarben zeigten. In späteren Sitzungen glichen sich die Chakras hinsichtlich ihrer Größe einander an, ihre Farbe wurde heller, und es traten Signale mit größerer Amplitude und Frequenz auf. Einige Chakras waren während der ersten Sitzungen geschlossen, und es konnten nur verschwindend geringe Meßwerte registriert werden. Nachdem sich diese Chakras geöffnet hatten, entfalteten sie ein ganzes Kaleidoskop von Farben: Dunkelblau, Gelb, Rotorange und Olivgrün. Die Auraleserin berichtete, sie habe vor den Veränderungen im Zentrum des Körpers einen vertikalen inneren Stromfluß wahrgenommen.
   In der zweiten Behandlungsstunde wurde die Energie in den Beinen stärker, und es entwickelte sich eine vermehrte Aktivität sowohl in den Chakras als auch in der Aura. Während der ersten bis dritten Sitzung berichtete die Auraleserin mehrfach über diverse abwärts gerichtete Farbverschiebungen, wobei der Kundalini-Bereich dunkelbraun, der Kehlbereich purpurrot und der Kniebereich gelb erschien. In der fünften Sitzung hatten alle Versuchspersonen eine leuchtend blaue Aura, die von der Auraleserin mit der Manifestation des Aurafeldes eines kreativen Menschen verglichen wurde.
   Während der fünften und sechsten Sitzung entstand bei einer Versuchsperson eine zweite, rosafarbene Aura mit einem Radius von 1,5 bis 3 Metern. Die Amplitude der elektronischen Aufzeichnungen sank ab; das Signal entsprach jedoch weiterhin der Wellenform der blauen Aura. Die Versuchsperson wirkte ruhig und sehr friedvoll. Die Auraleserin erklärte, die Versuchsperson befände sich in einem veränderten Bewußtseinszustand. Während der siebten und achten Sitzung überwogen

helle Mischfarben: Pink, Pfirsich, Eisblau und Creme. Die Versuchspersonen bezeichneten die Behandlung in dieser Phase als angenehm, und die aufgezeichneten Meßwerte wiesen höhere Frequenzen auf.
Während der achten Sitzung zeigte sich bei allen Versuchspersonen eine cremefarbene Aura, die während der neunten und zehnten Sitzung bestehen blieb. Sie war auch in der Zeit zwischen den Sitzungen sichtbar sowie während der Nachuntersuchung, die eine Woche nach der letzten Sitzung durchgeführt wurde.
Obwohl die Veränderungen bei den einzelnen Versuchspersonen große Ähnlichkeiten aufwiesen, zeigten sich von der ersten Sitzung an auch individuelle Chakraveränderungen. Beispielsweise wurde bei einem körperorientiert arbeitenden Psychologen mit Meditationserfahrung die größte Aktivität im Kehlzentrum und im Bereich des dritten Auges beobachtet; bei einer Tänzerin trat die Veränderung im Bereich der Füße und Beine auf, bei einer Schauspielerin im Herzzentrum, der Kundalini und dem Caducaeus und bei einem Maler im Bereich des Kronenchakras.

2. Die Chakras zeigten häufig die Farben, mit denen sie in der metaphysischen Literatur in Verbindung gebracht werden, beispielsweise Rot für das Kundalini-Chakra, Orange für den Bereich des Unterbauchs oder für den emotionalen Körper, Gelb für die Milz, Grün für das Herz, Blau für die Kehle, Violett für das dritte Auge und Weiß für das Kronenchakra; allerdings wurden diese Farben nicht immer an den entsprechenden Stellen beobachtet. Die Energie bewegte sich dynamisch im Körper auf und ab, wobei die Chakrafarben während der ersten Sitzungen nach unten verschoben waren und in späteren Sitzungen nach oben ...
3. Bestimmte Chakras schienen in einer direkten Beziehung zueinander zu stehen. Gesteigerte Aktivität der Kundalini (rot) wirkte sich auch auf das Kehlchakra (blau) aus, während eine Aktivierung des Unterbauchs bzw. des emotionalen Körpers (orange) sich auch auf das dritte Auge (violett) auswirkte. Herz- und Kehlchakra waren generell die aktivsten Zentren. Wenn die Versuchsteilnehmer Angst zum Ausdruck brachten, wurde die Amplitude in diesen Bereichen größer ...
4. Die Teilnehmer machten zahlreiche emotionale Erfahrungen; sie berichteten über Bilder und Rückerinnerungen, wenn die Rolfer an bestimmten Körperbereichen arbeiteten. Dies bestätigt Wilhelm Reichs Anschauung, wonach Erinnerungen im Gewebe des ganzen Körpers gespeichert werden. Außerdem schien die Aktivität der Chakras zum Inhalt der geistigen Bilder in Beziehung zu stehen. Beispielsweise berichteten sowohl Männer als auch Frauen von Männer-Images, wenn

ihr rechtes Bein »gerolft« wurde; wurde das linke Bein behandelt, so tauchten Bilder von Frauen auf. Dies stimmt mit den Konzepten der männlichen und weiblichen Aspekte des Körpers überein, wie sie im chinesischen Yin-Yang-System und auch in Jungs Begriffen »Anima« und »Animus« zum Ausdruck kommen. In verschiedenen Sitzungen trat bei vier der Versuchspersonen unmittelbar vor einer bildlichen Vorstellung plötzlich eine der violetten Aurafarbe entsprechende Signalstruktur von hoher Frequenz und großer Amplitude auf, die sich vom dritten Auge zum Kehlchakra und wieder zurück zum dritten Auge verlagerte. Es wird ausdrücklich betont, daß ein solches Umkehrungsmuster nur zwischen dem Kehlbereich und drittem Auge beobachtet wurde, und stets unmittelbar vor visuellen Vorstellungen. In diesen Fällen berichtete die Auraleserin, daß der zentrale vertikale Energiefluß schwächer geworden sei, daß es wolkig aus dem Kronenchakra strömte und daß sich in 1,5 Meter Abstand vom Körper eine zweite violett-blaurote Aura gebildet habe...

5. Gewöhnlich waren die Hände und Arme der Rolfer von einer großen blauen und weißen Corona umgeben, die sich während der gesamten Sitzung nur minimal veränderte. Wenn die Versuchsperson Schmerz zum Ausdruck brachte, färbten sich einige ihrer Chakras rot, während die Aura des Rolfers plötzlich eine violettrosa Färbung annahm, was sich beruhigend auf das Aurafeld des Klienten auswirkte. Die violettrosafarbene Aura wird mit Zuständen der Spiritualität, des Mitgefühls und der Liebe in Verbindung gebracht.
   Nach den ersten Sitzungen schien die Schmerzempfindlichkeit der Versuchspersonen nachzulassen. Rot tauchte in ihren Aurafeldern nicht mehr auf, und die Muskelreaktionen wurden schwächer. Sie schienen durchlässig für den Schmerz zu werden, indem sie das lindernde Violett annahmen, das die Rolfer ihnen anboten. Wenn die Versuchsteilnehmer über höhere Bewußtseinszustände oder über visuelle Eindrücke berichteten, war die Aura des behandelnden Rolfers reinweiß. In Sitzungen mit einem der Rolfer traten bei allen Versuchsteilnehmern Rückerinnerungen an frühe Erlebnisse auf...

Wellenformen (Signalstrukturen)

Da die Informationen über die Chakras bei allen Sitzungen mit Oszilloskopen und Lautsprechern überwacht wurden, stellte man fest, daß es kontinuierliche Wellenformen gab, die ganz bestimmte Charakteristika aufwiesen und denen bestimmte Klänge entsprachen, die in Verbindung mit den Berichten der Auraleserin als eine reine Farbe beschrieben werden konnten. Die Oszilloskop-Meßwerte bewegten sich im niedrigen Bereich von 0–30 mV, bei einer Abtastgeschwindigkeit von 5–50 msec/cm, basierend auf dem Frequenzbereich des Signals.

Die folgenden Darstellungen von Signalen, die einer reinen Farbe entsprechen [jeweils links in den folgenden Abbildungen], wurden mit Hilfe eines Biomation Transient Recorders No. 802 realisiert, der das Signal speichert, vergrößert und zwecks Fotografie auf ein Oszilloskop projiziert. Bei der Einstellung des Transient Recorders war nicht die Erfassung spezifischer Frequenzinformationen ausschlaggebend, sondern die bestmögliche Darstellung der Einzelheiten des jeweiligen Signals.

Primärfarben wiesen die charakteristischsten Muster auf. Mischfarben und schwache Farben erzeugten unregelmäßige, unzusammenhängende Muster. Sekundärfarben hatten weniger eindeutige Formen, jedoch ebenfalls noch spezifische Charakteristika.

Frequenzanalyse

[Um die unterschiedlichen Frequenzen innerhalb eines Wellenmusters zu bestimmen, wurden] Stichproben von diesen Signalstrukturen mittels der Fourier-Analyse mit einem Spektrum-Analyzer weiter aufbereitet...

Da sich herausstellte, daß die meisten Frequenzen dieser Daten zwischen 110 und 1000 Hertz lagen, wurden die Frequenzmessungen des Spektrum-Analyzers bei 100 Hertz auf der X- oder Horizontal-Achse des Oszilloskops dargestellt... [Es ist jedoch möglich], daß die Trägerfrequenzen der fünf Telemetriekanäle (7350 Hz, 10 500 Hz, 14 500 Hz, 20 000 Hz und 22 000 Hz) die Aufzeichnung der höheren Frequenzen behindert haben. Mit noch feineren Meßinstrumenten und Aufbereitungsverfahren könnte sich herausstellen, daß die Chakraenergien auch in den höheren Kilohertz-Bereichen erscheinen.

Durch die Frequenzanalyse vieler Proben wurden für jede Farbe – unabhängig von den Chakras – klar unterscheidbare Frequenzbänder ermittelt, die alle beträchtlich unter dem des Lichtspektrums lagen. Wie auf den [folgenden Frequenzanalyse-]Darstellungen zu sehen ist, enthielten die Signale jeder Farbe alle Frequenzen von 100 bis 1000 Hertz. Die Unterschiede zwischen den Aurafarbsignalen ergaben sich aus der größeren Energiemenge in einem bestimmten Bereich des Breitbandes (bzw. in einem Bereich von 10 bis 20 dB oberhalb anderer Frequenzen). Interessant ist, daß die Primärfarben eine größere Bandbreite aufwiesen als die Sekundärfarben.

Die Frequenzanalysen der Energien, die als Sekundärfarben bezeichnet werden, wiesen ein schmaleres Band auf, das zwischen den Bändern der benachbarten Primärfarben lag und sich leicht mit diesen überschnitt. Wie die Signalstrukturen der Sekundärfarben, so vermischten sich auch die Frequenzspektren.

Ausgedruckte Ergebnisse des Oszilloskops und des Spektrum-Analyzers

Primärfarbe Rot

Rot [als *Wellenform*] wies große, scharfe Gruppen regelmäßiger und unregelmäßiger positiver und negativer Spitzen von kurzer Dauer auf, die mit Plateaus kleiner Spitzen von höherer Frequenz durchsetzt waren (Abbildung 91 links). Der Klang erinnerte an den hohen Ton einer Sirene.

Rot hatte ein breites *Frequenzband* von 640–800 Hertz, das sich im unteren Bereich mit Orange und im oberen mit Blau vermischte (Abbildung 91 rechts). Rote Wellen setzten eindeutig dann ein, wenn die Versuchsperson durch Schreien oder heftige Muskelbewegungen Schmerz ausdrückte. In diesem Experiment traten die roten Frequenzen jeweils nur kurzzeitig auf. Wenn die Rolfing-Behandlung zeitweilig unterbrochen wurde, schwankte die Welle zwischen Rot und Orange, obgleich die emotionale Verarbeitung noch im Gange war. In der Literatur werden rote Aurafelder mit starken, reinen, natürlichen Gefühlszuständen in Verbindung gebracht, mit körperlicher Vitalität, mit der Lebenskraft und mit den Energien der Instinkte. Aus diesen und anderen Beobachtungen des

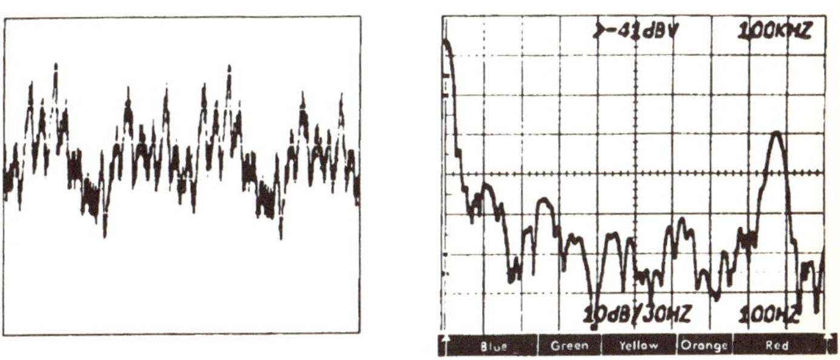

Abb. 91 Links: Rote Wellenform. Rechts: Fourier-Frequenz-Analyse.

Aurafeldes leiten wir die Annahme ab, daß die Erfahrung von Schmerz möglicherweise eine Alarmreaktion auslöst, die die roten Frequenzen bzw. die Lebenskraft aktiviert.

Sekundärfarbe Orange

Orange [als *Wellenform*] wies scharfe Spitzen von kurzer, gleichmäßiger Dauer und geringer Amplitude auf, unterbrochen von scharfen Spitzen längerer Dauer und größerer Amplitude. Das Bild ähnelte hinsichtlich der Schärfe der Spitzen in Verbindung mit Plateaus von geringer Amplitude dem der roten Wellenform. Es näherte sich der Regelmäßigkeit des Gelb, doch war die Bewegung schneller, und die kleinen übergelagerten Spitzen fehlten. Orange unterschied sich von Violett durch die längere Dauer der großen Spitzen, und es wies auch nicht den Sägezahneffekt des Violett auf (Abbildung 92 links). Der Klang des Orange war niedriger als der des Rot, und er enthielt ein wenig von den wandernden tonalen Eigenschaften des Gelb.

Die orangefarbenen Wellenformen, die aufgrund der Auralesungen ermittelt wurden, bewegten sich in einem engen *Frequenzband* zwischen Gelb und Rot, im Bereich von 600–740 Hertz (Abbildung 92 rechts). Die ungefilterten Signale erinnerten an Rot und Gelb.

Die Daten bezogen sich in diesem Fall überwiegend auf eine einzige Versuchsperson, bei der es zu längeren Perioden emotionalen Ausdrucks kam, verbunden mit Weinen, Fäusteballen und Hämmern mit den Fäusten. Diese Gefühle waren offensichtlich von großem Schmerz und intensiven inneren Bildern begleitet. Die Literatur über Auralesen stimmt generell darin überein, daß orangefarbene Aurafelder mit emotionalen Zuständen in Verbindung stehen.

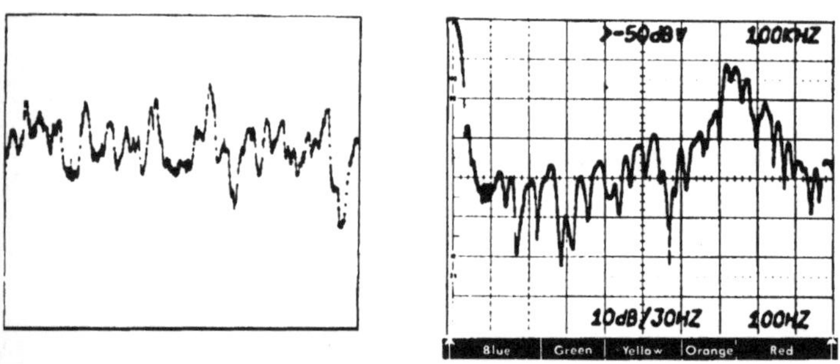

Abb. 92 Links: Wellenform von Orange. Rechts: Fourier-Frequenz-Analyse.

Primärfarbe Gelb

Gelb [als *Wellenform*] zeigte eine breite, sanft verlaufende Welle, die an eine ungleichmäßige Sinuswelle mit gelegentlichen langsamen, abgerundeten Spitzen erinnerte. Kleinere, unregelmäßige positive und negative Ausschläge überlagerten die gesamte Wellenform (Abbildung 93 links). Wandernde Töne waren hier der charakteristische Klangeindruck. Gelb enthielt *Frequenzen* von 400–600 Hertz (Abbildung 93 rechts).

Obwohl Gelb in dieser Untersuchung keine vorherrschende Farbe darstellte, wurde zeitweise bei allen Chakras ein Überwiegen dieser Frequenz festgestellt. Diese Farbe trat am häufigsten dann auf, wenn die Versuchspersonen den starken Willen, Schmerz zu überwinden, zum Ausdruck brachten, oder wenn sie versuchten, intellektuell mit Frustrationen fertig zu werden. Die metaphysische Literatur bringt die gelbe Aura mit dem intellektuellen Teil des Geistes, dem logischen Schlußfolgern und der Fähigkeit zu geistiger Synthese in Zusammenhang.

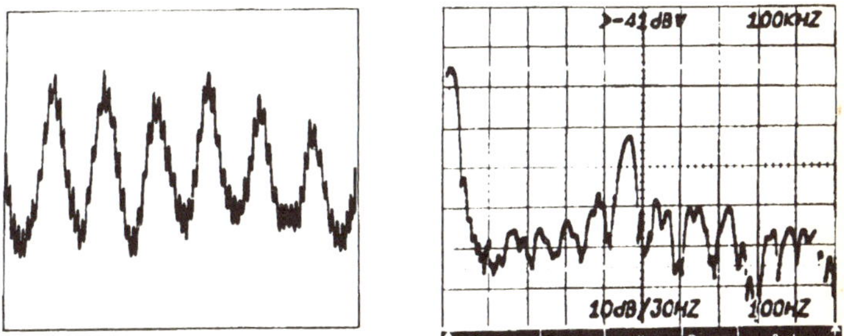

Abb. 93 Links: Wellenform von Gelb. Rechts: Fourier-Frequenz-Analyse.

Sekundärfarbe Grün

Grün (als *Wellenform*) hatte die allgemeinen Charakteristika einer breiten, ungleichmäßigen Sinuswelle, allerdings mit stärkeren, unregelmäßigen Abweichungen, die wie beim Blau Doppelspitzen aufwiesen. Wie bei Gelb waren auch hier der Hauptwelle kleine Zacken überlagert (Abbildung 94 links). Die wandernden Töne des Gelb verbanden sich hier mit dem rollenden Poltern von Blau.

Grüne *Frequenzen* zwischen 240 und 400 Hertz traten bei diesen Versuchspersonen während der Rolfing-Sitzungen nur selten auf (Abbildung 94 rechts). Doch liefern andere Pilotstudien genügend Daten, um das

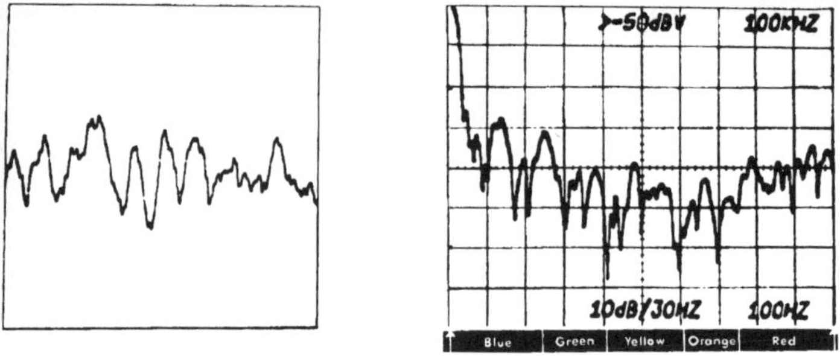

Abb. 94 Links: Wellenform von Grün. Rechts: Fourier-Frequenz-Analyse.

Bandspektrum zu verifizieren. Die ungefilterte Wellenform wies Charakteristika sowohl von Gelb als auch von Blau auf, und auch das Frequenzband von Grün lag zwischen diesen beiden Farben. Die Farbe Grün ist dem Übergang zugeordnet worden... In dieser Studie konnten keine klaren Beziehungen ermittelt werden.

Primärfarbe Blau

Blau [als *Wellenform*] wies mittelgroße, scharfe positive und negative Ausschläge mit Einzel- und Doppelspitzen am obersten Punkt der Ausschläge auf. Die großen an- und absteigenden Kurven der Hauptausschläge enthielten kleine Sägezahnspitzen (Abbildung 95 links). Der Klang war ein unregelmäßiges Poltern.

Blau, die vorherrschende Farbe bei diesen Versuchspersonen, erzeugte

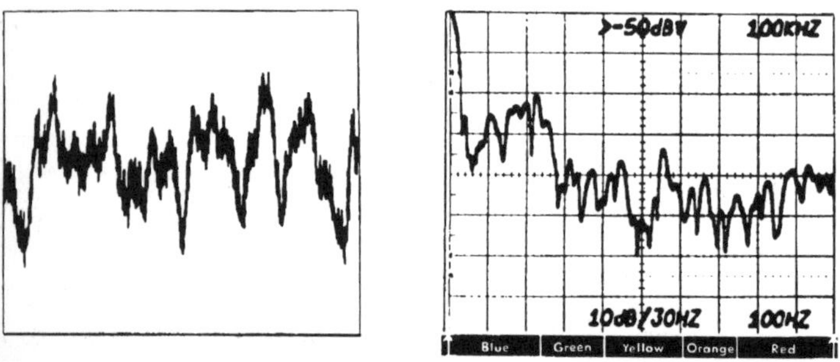

Abb. 95 Links: Wellenform von Blau. Rechts: Fourier-Frequenz-Analyse.

zwei *Frequenzbänder*, wobei das Schwergewicht im unteren Band von 100-240 Hertz lag, während sich das enge obere Band um 800 Hertz bewegte (Abbildung 95 rechts). Diese kontinuierliche Wellenform hatte keine Ähnlichkeit mit dem Auf und Ab der Muskeldepolarisation und wies eine geringere Amplitude auf als diese; allerdings enthielt sie immer noch die Frequenzen von 100-200 Hertz, die charakteristisch für die Aktion motorischer Einheiten sind.

In Verbindung mit der Tatsache, daß das untere Frequenzband zum Lichtspektrum phasenverschoben war, spekulierten wir, daß es von kleinen, hochfrequenten motorischen Einheiten oder von Muskelspindeln herrühren müsse. Die großen, langsamen Spitzen und die kleinen Sägezahnspitzen, die in den noch nicht weiterverarbeiteten Signalen zu erkennen sind, repräsentieren möglicherweise diese beiden Frequenzbänder. Alle anderen Farbfrequenzen sowie das obere Band von Blau lagen beträchtlich über den Frequenzen von Muskelmessungen mittels Oberschenkel-Elektroden, was uns auf den Gedanken brachte, daß es eine andere Energiequelle geben müsse, möglicherweise zellularer oder subatomarer Natur, so wie sie in der Literatur der Physik beschrieben wird.

Sekundärfarbe Purpurviolett

Purpurviolett [als *Wellenform*] enthielt kurze, schnelle, scharfe Spitzen von annähernd gleicher Dauer, jedoch unterschiedlicher Amplitude, mit gelegentlichen kleinen Plateaus - wie bei Rot - und einem kleineren, weniger klar zu erkennenden Sägezahneffekt, der an die Wellenform der Primärfarbe Blau erinnert (Abbildung 96 links). Das untere Hintergrundpoltern von Blau wurde durch einen höheren roten Sirenenklang überlagert.

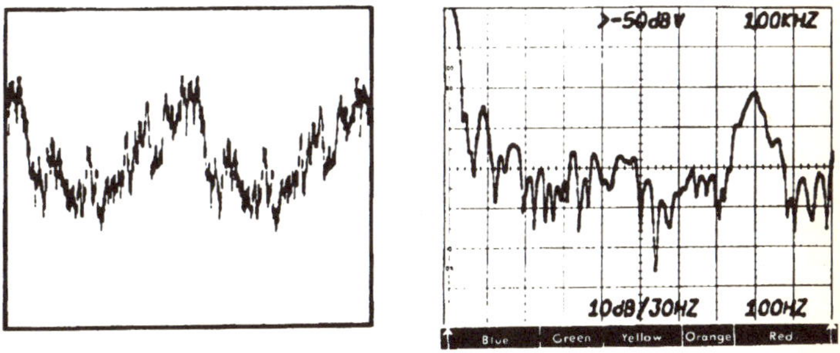

Abb. 96 Links: Wellenform von Purpurviolett. Rechts: Fourier-Frequenz-Analyse.

Die Sekundärfarbe Purpurviolett wurde von der Auraleserin kaum beobachtet. Statt dessen sah sie meist Schattierungen von Violett, Rotblau und Indigo. Die Auraleserin erklärte, daß Lila viele der hohen Frequenzen von Weiß enthalte und daher in helleren Schattierungen auftrete. Die Schattierungen von Lila, die meist in den mittleren und abschließenden Rolfing-Sitzungen auftauchten, bildeten ein enges *Frequenzband*, das sich um 900 Hertz bewegt (Abbildung 96 rechts).

Die Spektralanalyse zeigte ebenfalls ungefähr gleich hohe Spitzen um 100–200 Hertz (Blau) und 740–900 Hertz (Rot), genau wie die Wellenformen der Schattierungen von Lila ebenfalls diese Farbcharakteristiken enthielten. Lila wird mit einem hohen Bewußtseinsgrad assoziiert, der mit dem kreativen oder spirituellen Zustand in Verbindung steht.

Primärfarbe Weiß

Weiß (als *Wellenform*) schien an das »weiße Rauschen« zu erinnern, mit kurzen positiven und negativen Spitzen von großer Amplitude, wodurch jede andere Wellenform verwischt wurde. Wenn man die Signalstruktur von Weiß in einem Transient-Recorder verarbeitet, werden die hohen Spitzen von Blau, das unklare Gewirr von Gelb und die Plateaus des Rot sichtbar. Diese Charakteristika waren anhand der unverarbeiteten Signale nicht zu erkennen (Abbildung 97 links). Der Klang des Weiß war sehr spezifisch, jedoch schwer zu beschreiben. Er lag ähnlich hoch wie das weiße Rauschen, doch das Zufällige des weißen Rauschens wurde gelegentlich vom Poltern des Blau, von den Tönen des Gelb und vom Heulen des Rot unterbrochen.

[Die Spektralanalyse der Wellenform des] Weiß zeigte fast symmetrische, gleichmäßig verteilte *Frequenzen* im gesamten Spektrum von

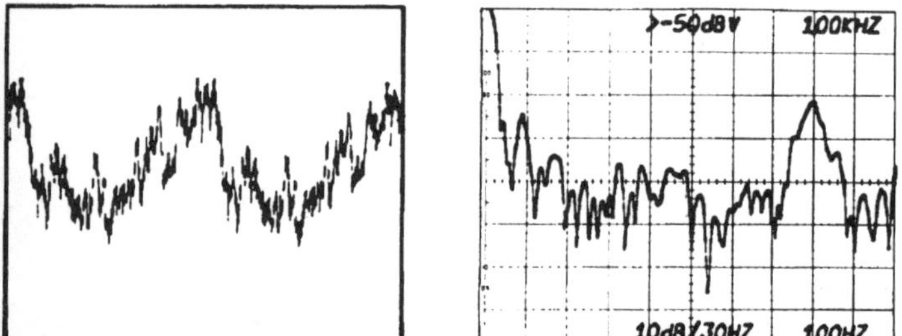

Abb. 97 Links: Wellenform des Weiß. Rechts: Fourier-Frequenz-Analyse.

100–1000 Hertz, und es gab keinerlei Hinweise auf charakteristische Farbbänder (Abbildung 97 rechts). Der Unterschiedsbereich lag bei fünf Dezibel oder weniger. Es tauchte eine konkave, aufsteigende Amplitudenkurve mit ein wenig geringeren Mengen der Grün- und Orangespektren von 300–600 Hertz auf sowie etwas größere Anteile der Spektren von Blau, Gelb, Rot und Violett. Weiß trat während der zehn Sitzungen eher zufällig auf; nur eine Versuchsperson produzierte häufig Weiß, wenn sie sich bei Schmerz oder bei Erscheinen unangenehmer innerer Bilder in einen veränderten Bewußtseinszustand hineinkatapultierte. Andere Versuchsteilnehmer produzierten eine weiße Aura und/oder aus dem Kronenchakra austretende weiße Lichtpfeile in Verbindung mit außerkörperlichen Erfahrungen. Weiße Aura-Emissionen sind mit der höchsten Ebene des Bewußtseins oder des Geistes in Verbindung gebracht worden sowie mit der Seele, begleitet von einer veränderten Wahrnehmung der gewöhnlichen Realität.

Sekundärfarbe Creme

Die Farbe Creme [als *Wellenform*] war allein aufgrund der unverarbeiteten Signale nicht von Weiß zu unterscheiden... [Detaillierte Analysen] zeigten die gleichen Spitzen hoher Frequenz wie Weiß, jedoch mit weniger breiten, blauen Spitzen und mehr von den undeutlichen Zähnelungen und Plateaus, die für Gelb und Rot charakteristisch sind. Der Klang erinnerte ebenfalls an den von Weiß. (Eine Illustration der Wellenform von Creme liegt nicht vor.)

Die Auraleserin beschrieb eine vorwiegend cremfarbene Aura von der achten Sitzung an. Sie berichtete, sie habe diese Aurafarbe nie zuvor gesehen und auch in der gesamten Literatur zu diesem Thema nie einen Hinweis auf diese Farbfrequenz gefunden. Die Struktur der unverarbeiteten Signale erinnerte mit ihren scharfen Spitzen von hoher Frequenz an Weiß, doch fehlten ansonsten jegliche Charakteristika. Die Spektralanalyse zeigte etwas weniger symmetrische Frequenzen von 100–1000 Hertz - wie bei Weiß -, jedoch eine etwas geringere Amplitude im 800–900-Hertz-Bereich von Blau und Violett und eine etwas größere Amplitude im 500–800-Hertz-Bereich von Rot und Gelb (Abbildung 98). Wie lange dieses Farbfrequenzmuster erhalten blieb, ist nicht bekannt. Fest steht, daß es in den letzten drei Sitzungen und während der Nachuntersuchung beobachtet wurde; generell ist es bei Personen, die sich einer Rolfing-Behandlung unterzogen haben, noch mehrere Monate nach der letzten Sitzung festgestellt worden.

Es gibt keine eindeutigen Anzeichen dafür, ob die in der Aura häufig

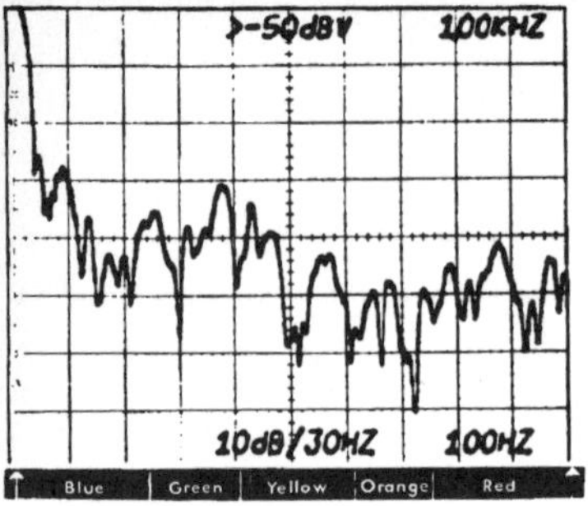

Abb. 98
Fourier-Frequenz-Analyse von Creme.

nach Rolfingbehandlungen auftretende Farbe Creme ein künstliches Feld ist, das durch eine systematische Reaktion auf die Manipulation am Bindegewebe entsteht; ob sie eine modulierte aktive Lebenskraft mit dem wachen sensorischen Verarbeitungssystem eines verfeinerten Bewußtseins auf hohem Niveau repräsentiert; oder ob sie aus bislang unbekannten Gründen auftritt und eine völlig andere Bedeutung hat. Weiterführende Untersuchungen des Energiefeldes und der physiologischen Phänomene werden dies hoffentlich klären.

Sonogramm-Frequenzanalyse

Um detailliertere Ergebnisse zu erhalten, die den ausführlichen Berichten der Auraleserin entsprechen, wurden die Datenschleifen, die die Wellenformen (den einzelnen Aurafarben entsprechende Signalstrukturen) und die Spektrum-Frequenzbänder erzeugt hatten, zusätzlich in einem Audio-Spektrum-Analyzer verarbeitet. [Zusätzliche Informationen über diesen Teil der Untersuchung sind in der vollständigen »Rolf-Studie« zu finden. Interessenten können an das Rolf Institut schreiben oder das Erscheinen eines angekündigten Buches von Dr. Valerie Hunt abwarten.]

Zusammenfassung

Was bedeuten diese detaillierten Ergebnisse? Die möglichen Interpretationen sind atemberaubend. Bei den aufgezeichneten Signalen handelt es sich um Strahlungen, die unmittelbar von der Körperoberfläche abgelesen und in einem natürlichen Zustand quantitativ gemessen wurden und die Frequenzen und Muster aufwiesen, die durch wissenschaftlich akzeptierte Signalverarbeitungsprozesse isoliert wurden. Drei unterschiedliche Arten der Weiterverarbeitung - in Wellenform, durch Fourier-Frequenzanalyse und mittels Sonogramm-Frequenzpräsentation - führten alle zu den gleichen Ergebnissen; Unterschiede traten nur hinsichtlich der Genauigkeit der Definition auf. Außerdem standen die aus den Chakrabereichen ermittelten Beobachtungen in direkter Beziehung zu den Beschreibungen der Auraleserin über die Chakraenergie und entsprachen häufig dem Erscheinungsbild der gesamten Aura. Nachdem Sensitive seit vielen Jahrhunderten die Ausstrahlungen der Aura beobachtet und darüber berichtet haben, ist dies der erste objektive elektronische Beweis für dieses Phänomen, der durch Ermittlung von Frequenz, Amplitude und Dauer die subjektiven Beobachtungen der Farbausströmung (durch Auraleser) bestätigt.

Die Tatsache, daß die in dieser Untersuchung ermittelten Frequenzen der Aurafarben nicht denjenigen des Lichts oder des Pigments entsprechen, macht die Ergebnisse der Untersuchung keineswegs zunichte. Wenn wir erkennen, daß das, was wir als Farben sehen, Frequenzen sind, die das Auge aufnimmt, die sich voneinander unterscheiden und denen wir verschiedene Wortsymbole zugeordnet haben, dann gibt es keinen plausiblen Grund, warum die Verarbeitungszentren im Auge und im Gehirn Farbe nur im Bereich der hohen Kilohertz-Frequenzen interpretieren sollten. Das letzte Kriterium für die Farbwahrnehmung ist die visuelle Interpretation der Frequenz-Repräsentation. Mit feineren Meßgeräten, verbesserten Aufnahme- und Signalverarbeitungstechniken jedoch wird man wahrscheinlich bald feststellen, daß die in dieser Studie erfaßten Signale, die nach dem derzeitigen Stand der Meßtechnik überwiegend in einem Bereich bis zu 1500 Hertz angesiedelt sind, mit ziemlich hoher Wahrscheinlichkeit noch wesentlich höhere Frequenzen enthalten.

Bei der Untersuchung wurden Energie-Emanationen von der Körperoberfläche entdeckt, die jenseits des Frequenzbereichs lagen, der bis zu diesem Zeitpunkt bei biochemischen Systemen ermittelt worden war. Zur Zeit sind diese Entdeckungen nur mit Hilfe eines Modells des Energiefeldes zu interpretieren.

Außerdem hat die Untersuchung gezeigt, daß Rolfing eine hochwirksame Methode ist, um dieses Feld so zu verändern, daß feinere Frequenzen der gleichen oder höheren Art darin vorherrschen. Die ungeheuer detailreichen Schilderungen der Auraleserin während 60 Rolfing-Sitzungen, in denen die individuellen Aurareaktionen der Versuchspersonen sowie Gruppenreaktionen auf Sitzungen und die Beziehung zwischen emotionalen Zuständen und Aurafarben enthalten sind, müssen als Fakten und nicht als subjektives Urteil verstanden werden. Viele der Erfahrungen, die die Versuchspersonen während der Sitzungen kontinuierlich dokumentierten, gingen mit großen dynamischen Veränderungen des Energiefeldes einher, die in ihrer Bedeutung nicht unterschätzt werden sollten.

Die ausführlichen und detaillierten Untersuchungen von Energiefeld-Emissionen aus dem Körper, die mit großer Genauigkeit aufgezeichnet und ausgewertet wurden, lassen definitive Schlußfolgerungen zu. Das Endergebnis war ein kohärenteres Energiefeld von allgemein höherer Frequenz bei allen untersuchten Versuchsteilnehmern. Die Implikationen für die psychophysische Gesundheit sind weitreichend und tiefgreifend.

Überdies sind die umfangreichen Konsequenzen für weitere Untersuchungen in den Bereichen Gesundheit, Krankheit, Schmerz, Psychopathologie und für jede Form menschlichen Verhaltens unter Verwendung der in dieser Studie angewandten Methoden von unschätzbarem Wert.

ANMERKUNG: *Dieser Bericht wurde leicht bearbeitet, damit er für Nichtfachleute besser nachzuvollziehen ist. Das Wesentliche ist jedoch trotz der vorgenommenen Änderungen erhalten geblieben. Der Wortlaut des Originaltextes ist übernommen worden, abgesehen von Stellen, die durch eckige Klammern oder Auslassungspunkte gekennzeichnet wurden.*

ANHANG II

Die Essenz der Hopi-Prophezeiung

Es würde viele Tage brauchen, die gesamte Hopi-Prophezeiung zu erzählen, und viele Leben, um sie völlig zu verstehen. Dies ist eine kurze Zusammenfassung der wichtigsten Punkte.

Das Gleichgewicht des Lebens

Als Verwalter des Lebens beeinflussen wir das Gleichgewicht der Natur in solchem Maße, daß unsere eigenen Handlungen ausschlaggebend dafür sind, ob die großen Zyklen der Natur Glück oder Unglück bringen. Unsere heutige Welt ist die Entfaltung eines Musters, das wir selbst in Bewegung gesetzt haben.

Unsere Abweichung vom natürlichen Gleichgewicht reicht in eine Zeit zurück, die der Existenz unserer derzeitigen physischen Form vorausgeht. Früher einmal waren wir in der Lage, nach Belieben aufzutauchen und zu verschwinden. Da wir jedoch aufgrund unserer Arroganz unsere Schöpferkraft als Selbstverständlichkeit betrachteten, vernachlässigten wir den Plan des Schöpfers. Die Folge war, daß wir in unserer physischen Form steckengeblieben sind, in einen ständigen Kampf zwischen unserer linken und rechten Seite verstrickt, wobei die linke weise, aber ungeschickt, die rechte schlau und mächtig, aber töricht ist und unsere ursprüngliche Bestimmung vergißt.

Der Zyklus der Welten

Diese selbstmörderische Spaltung sollte den gesamten Verlauf unserer Geschichte in allen aufeinanderfolgenden Welten beherrschen. Immer wenn die Quellen des Lebens im Einklang mit den Zyklen der Natur weniger reichlich flossen, versuchten wir, unsere Situation durch Eingriffe zu verbessern, weil wir glaubten, jeder Fehler sei durch neue Erfindungen zu korrigieren. In ihrer Schlauheit verloren die meisten von uns jedoch ihre ursprüngliche Bestimmung aus den Augen, verstrickten sich in einer selbstentworfenen Welt, wandten sich so letztlich gegen die Ordnung des Universums selbst und wurden geistlose Feinde der wenigen, die immer noch den Schlüssel zum Überleben in ihren Händen hielten.

In verschiedenen früheren Welten hat die Mehrheit der Menschen ihre Technologie auf diese Weise weiterentwickelt, sogar weit über die heutigen technischen Errungenschaften hinaus. Die damit einhergehenden Vergehen gegen die Natur und gegen die Mitmenschen verursachten schwerwiegende Disharmonien, die zu Kriegen, sozialen Auflösungserscheinungen und Naturkatastrophen führten.

Jedesmal, wenn eine Welt am Rand der völligen Vernichtung stand, überlebte eine kleine Minderheit, der es gelungen war, in fast völliger Übereinstimmung mit dem unendlichen Plan zu leben, so wie es im Namen »Hopi« ausgesagt ist, der »Die Friedvollen« bedeutet. In den Endphasen der Welten wurde diese kleine Minderheit innerlich mit Zeichen des Verfalls konfrontiert und äußerlich mit verlockenden Angeboten und schweren Bedrohungen bedrängt, deren Ziel es war, sie zu zwingen, sich der übrigen Welt anzuschließen.

Unsere derzeitige Welt

Unsere gemeinsamen Vorfahren gehörten zu der kleinen Gruppe, die auf wunderbare Weise aus der letzten Welt hervorgegangen ist, als diese zerstört wurde, obwohl auch sie mit dem Makel der Korruption befleckt waren. Die Keime der Krise, in der wir uns heute befinden, haben wir mitgebracht, als wir zum ersten Mal diese Welt betraten.

Nachdem unsere Vorfahren die derzeitige Welt errichtet hatten, begaben sie sich auf eine lange Wanderung, um den Großen Geist in der Form von Maasauu aufzusuchen, den Verwalter dieses Landes (der amerikanische Kontinent) und allen Lebens darin. Sie folgten einem bestimmten Plan, doch machte ein sehr ernstes Omen eine weitere Reise notwendig, um die extreme Störung auszugleichen, die in der zukünftigen Welt eintreten würde.

Der wahre weiße Bruder

Ein Hopi von heller Hautfarbe, der heute als der »wahre weiße Bruder« bezeichnet wird, verließ die Gruppe und reiste in Richtung der aufgehenden Sonne. Er nahm eine Steintafel mit, ähnlich der, die einer jener Vorfahren mitführte, die Maasauu an einem Ort namens Oraibi aufsuchten, wo sie nach seinen Anweisungen die heutigen Hopi-Dörfer erbauten.

Die Hopi sahen erwartungsvoll der Ankunft einer Rasse von hellhäutigen Menschen aus dem Osten entgegen und sagten viele ihrer Erfindungen voraus, die bei ihnen als Zeichen dafür galten, daß bestimmte Stufen der Entwicklung jenes Plans erreicht waren, den die Hopi von alters her erforscht hatten. Es war eindeutig vorausgesagt worden, daß die Besucher in ihrer Schlauheit ihre ursprüngliche Bestimmung aus den Augen verlieren und dann sehr gefährlich werden würden. Dennoch sollten die Hopi weiterhin nach jemandem Ausschau halten, der den spirituellen Pfad nicht verlassen hat und die Steintafel trägt.

Die Swastika und die Sonne

Im Verlauf zahlloser Jahrhunderte haben sich die Hopi in ihren Zeremonien die früheren Welten in Erinnerung gerufen, unser Auftauchen in der gegenwärtigen Welt und den Grund dafür. Periodisch haben sie ihr Versprechen an Maasauu erneuert, ein einfaches, bescheidenes Leben zu führen, so wie er es ihnen aufgetragen hatte, und um des Wohls aller Lebewesen willen das Gleichgewicht der Natur zu erhalten. Das Wissen um die Weltereignisse wurde in geheimen religiösen Gemeinschaften weitergegeben, die über die Entwicklung der einzelnen Stadien wachten.

Die Leiter dieser Gruppen hielten besonders nach einer Folge von drei welterschütternden Ereignissen Ausschau, die vom Auftauchen bestimmter Symbole begleitet sein würden, welche die uranfänglichen Kräfte umschreiben, die alles Leben regieren - vom Keimen eines Samenkorns bis zu den globalen Bewegungen wie Wetter, Erdbeben, Völkerwanderungen und Kriegen.

Die Kürbisrassel ist eines dieser Schlüsselsymbole. Der Kürbis ist ein Symbol für die Kraft des Samenkorns. Das Schütteln der Kürbisrassel in Zeremonien symbolisiert die Anregung der Lebenskräfte. Die Rassel ist mit den alten Symbolen der Swastika verziert; diese deuten die Kraftspiralen an, die in vier Richtungen von einem Samenkorn ausgehen, umgeben von einem Ring roten Feuers, der die umkreisende Durchdringung der Sonnenwärme repräsentiert, die den Samen zum Keimen und Wachsen veranlaßt.

Bei den ersten beiden welterschütternden Ereignissen würden die Kräfte eine Rolle spielen, die durch die Swastika und die Sonne symbolisiert werden. Aus der Gewalt und Zerstörungskraft des ersten Ereignisses sollte das stärkste beteiligte Element mit noch größerer Kraft hervorgehen und das zweite Ereignis herbeiführen. Wenn die erwarteten Symbole auftauchten, würde klar sein, daß dieses Stadium der Prophezeiung erfüllt war.

Der Kürbis voller Asche

Schließlich würde ein »Kürbis voller Asche« erfunden werden, der - wenn man ihn vom Himmel fallen ließe - die Meere zum Kochen bringen und das Land verbrennen würde, was zur Folge hätte, daß viele Jahre nichts mehr wachsen würde. Dies wäre für einen bestimmten Hopi das Signal, seine Lehren öffentlich bekanntzumachen. Auf diese Weise würde er versuchen, die Welt davor zu warnen, daß das dritte und letzte Ereignis bald eintreten und alles Leben vernichten werde, falls es den Menschen nicht gelänge, sich selbst und ihre Führer rechtzeitig dazu zu bringen, ihr Verhalten zu ändern.

Die Führer der Hopi glauben heute, daß die ersten beiden prophezeiten Ereignisse die beiden Weltkriege waren und daß der »Kürbis voller Asche« das Symbol für die Atombombe darstellt. Nach den Atombombenabwürfen über Hiroshima und Nagasaki wurden Lehren, die zuvor geheimgehalten worden waren, verglichen und der Weltöffentlichkeit zugänglich gemacht.

Der Tag der Reinigung

Die letzte Stufe, der »große Tag der Reinigung«, ist auch als ein »geheimnisvolles Ei« bezeichnet worden, in dem die Kräfte der Swastika und der Sonne sowie eine dritte Kraft, die durch die Farbe Rot symbolisiert wird, entweder zu einer totalen Wiedergeburt oder zur totalen Vernichtung führen - das Ergebnis steht noch nicht fest; es liegt in unseren Händen. Kriege und Naturkatastrophen können auftreten. Der Grad der Gewalt wird vom Grad der Ungerechtigkeit abhängen, die unter den Völkern der Welt herrscht, sowie vom Gleichgewichts- bzw. Ungleichgewichtszustand in der Natur. In dieser Krise werden Reiche und Arme gezwungen sein, Seite an Seite zu kämpfen, um zu überleben.

Daß dies alles sehr gewaltsam verlaufen wird, gilt mittlerweile unter den traditionell lebenden Hopi als sicher. Doch kann der Mensch die zu erwartende Gewalt immer noch mildern, wenn er seinen Umgang mit der Natur und mit seinen Mitmenschen verändern wird. Alte, auf Spiritua-

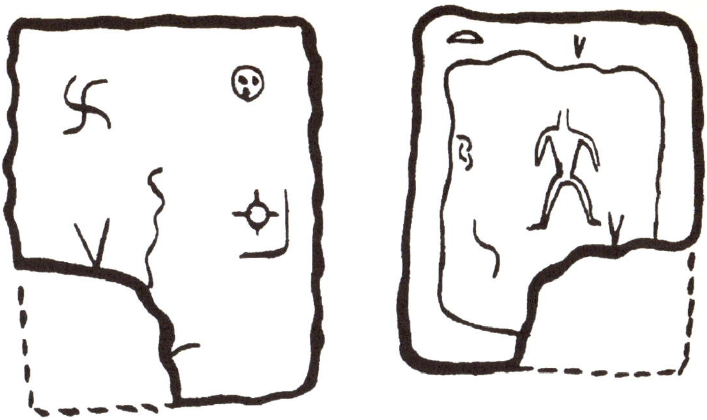

Abb. 99 Heilige Tafel des Feuerklans (Vorder- und Rückseite).

Abb. 100 Erste Tafel des Bärenklans (Vorder- und Rückseite). Beim Auftauchen in dieser Welt wurden dem Volk der Hopi von einem Schutzgeist vier heilige Tafeln übergeben. Sie enthalten symbolische Anweisungen darüber, wie das Volk den Ort erkennen kann, an dem es sich ansiedeln soll, und wie es dann dort leben soll.

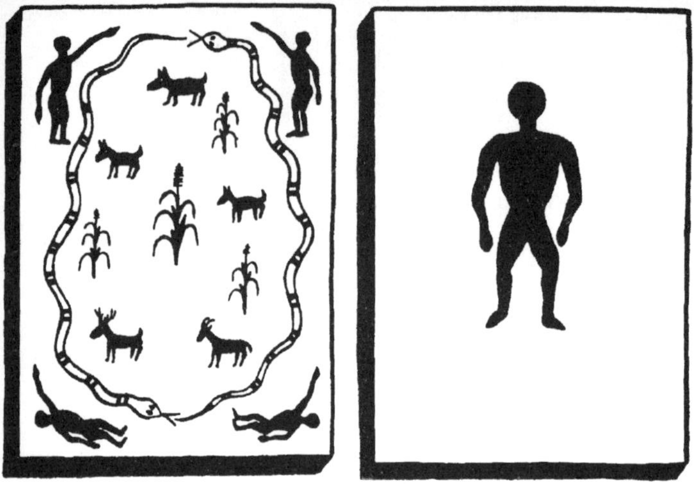

Abb. 101 Zweite Tafel des Bärenklans (Vorder- und Rückseite).

Abb. 102 Dritte Tafel des Bärenklans (Vorder- und Rückseite).

lität basierende Gemeinschaften wie die Hopi müssen unbedingt erhalten und dürfen nicht gezwungen werden, ihre von Weisheit geprägte Lebensweise und die natürlichen Ressourcen aufzugeben, die zu schützen sie sich verpflichtet haben.

Das Schicksal der Menschheit

Die Hopi spielen aufgrund ihrer lebendigen Kommunikation mit den unsichtbaren Kräften, die die Natur im Gleichgewicht halten, eine Schlüsselrolle beim Überleben des Menschengeschlechts. Sie dienen als Beispiel für eine praktische Alternative zu dem selbstmörderischen, von Menschenhand geschaffenen System und als Angelpunkt der Weltereignisse. Das Muster ist einfach: »Die ganze Welt wird erbeben und rot werden und sich gegen jene wenden, die die Hopi behindern.«

Das von Menschen geschaffene System, das heute die Hopi zu vernichten droht, ist tief in ähnliche Vergehen überall auf der Welt verstrickt. Die verheerende Wende, die in den Prophezeiungen vorausgesagt wird, ist Teil der natürlichen Ordnung. Wenn diejenigen, die von diesem System, seinem Geld und seinen Gesetzen leben, es schaffen, das System daran zu hindern, die Hopi zu vernichten, werden möglicherweise viele den Tag der Reinigung überleben und in ein neues Zeitalter des Friedens eingehen. Doch wenn niemand mehr übrigbleibt, um den Weg der Hopi fortzusetzen, wird sich die Hoffnung auf ein solches Zeitalter des Friedens nicht erfüllen.

Die Kräfte, denen wir ins Auge sehen müssen, sind gewaltig, aber die einzige Alternative ist die völlige Vernichtung. Doch das von Menschenhand geschaffene System kann nicht durch ein Mittel korrigiert werden, das erfordert, anderen den eigenen Willen aufzuzwingen, denn genau dies ist die Ursache des gesamten Problems. Wenn es den Menschen gelingen soll, sich selbst und ihre Führer zu verändern, muß die Kluft zwischen beiden verschwinden. Um dies zu erreichen, kann man sich nur auf die Energie der Wahrheit selbst verlassen.

Diese Herangehensweise, welche die Grundlage der Lebensweise der Hopi ist, stellt die größte Herausforderung dar, der sich ein Sterblicher stellen kann. Nur wenige werden sie annehmen. Doch wenn der Frieden erst einmal auf dieser Grundlage wiederhergestellt worden ist und wenn unsere ursprüngliche Lebensweise wieder erblühen kann, werden wir unsere Erfindungs- und Schöpfergaben weise nutzen können, so daß sie dem Leben förderlich ist, anstatt es zu bedrohen; dann können alle Menschen vom Reichtum der Natur profitieren, anstatt daß sich wenige auf

Kosten der vielen alles aneignen. Das Wohl aller Lebewesen wird dann hoch über den persönlichen Interessen des einzelnen stehen, und dies wird zu einem größeren Glück führen, als es vorher jemals möglich war. Dann werden sich alle Lebewesen einer dauerhaften Harmonie erfreuen.

Geschrieben von Thomas V. Tarbet, Jr., und überprüft von einem traditionellen Botschafter. Freie Kopien dieser Information können unter folgender Adresse angefordert werden:

Planting Stick
Route 3, Box 78
Santa Fé, NM 87501
USA

ANHANG III

Elektromagnetische Strahlung und ihr Spektrum

Elektromgnetische Strahlung ist die Fortpflanzung von Energie durch den Raum mit Hilfe elektrischer und magnetischer Felder, die sich in der Zeitachse verändern. Diese Strahlung kann anhand der Wellentheorie charakterisiert werden, und zwar entweder durch ihre Wellenlänge oder durch ihre Frequenz. Die *Frequenz* ist die Anzahl der Wellen, die einen bestimmten Punkt innerhalb einer Sekunde passieren... *Wellenlänge* ist die Länge einer vollständigen Welle bzw. die Strecke, die (mit Lichtgeschwindigkeit) in einer Schwingungsperiode zurückgelegt wird. Mathematisch stehen diese beiden Begriffe in einem reziproken Verhältnis zueinander durch die Formel: Frequenz = Fortpflanzungsgeschwindigkeit/Wellenlänge. Die geordnete Verteilung der Strahlung nach Wellenlänge oder Frequenz wird als *elektromagnetisches Spektrum* bezeichnet.

Obwohl Strahlung der häufiger benutzte Begriff ist, kann man sich den Elektromagnetismus auch als Feld vorstellen. Dieses Feld existiert im Raum um ein Objekt und besteht aus zwei Teilen: dem elektrischen und dem magnetischen Feld. Das magnetische Feld läßt sich messen anhand der Kräfte, die auf bestimmte Materialien einwirken, beispielsweise auf Eisen. Das elektrische Feld läßt sich messen anhand der Kräfte, die auf elektrisch geladene Partikel einwirken. Diese beiden Felder koexistieren an einem bestimmten Ort und zu einem bestimmten Zeitpunkt stets mit der gleichen Intensität. Daher sind sie im Grunde Teile ein und desselben Feldes, nämlich des elektromagnetischen. Jeder Körper, in dem ein elektrischer Strom fließt (der makro- oder mikroskopisch sein kann), besitzt auch ein elektromagnetisches Feld. Wenn das Feld statisch ist (sich nicht mit der Zeit verändert), überträgt es keine Energie. In den besonderen Fällen, in denen das Feld dynamisch ist (was durch einen variierenden oder oszillierenden Strom im Körper bewirkt wird), äußern sich Schwankungen in der Feldstärke in Form von Wellen, die von diesem Körper ausgehen. Diese Wellen übertragen Energie und werden als elektromagnetische Strahlung bezeichnet. Objekte, in denen ein elektrischer Strom

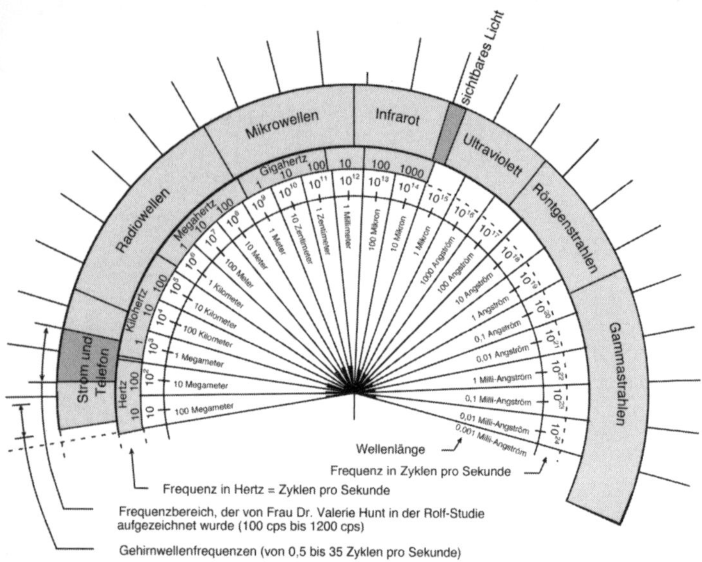

Abb. 103 Elektromagnetisches Spektrum

fließt, erzeugen auch ein entsprechendes elektromagnetisches Feld. Die Wellen verhalten sich wie Ströme von masselosen, ladungslosen Partikeln, die als Photonen bezeichnet werden. Sie umfassen ein elektrisches und ein magnetisches Feld, die senkrecht zur Welle und zueinander stehen ... Statische Felder werden oft als Potential bezeichnet, weil sich ihre Energie in einem gespeicherten Zustand befindet. Dynamische Felder werden als solche bezeichnet, weil ihre Stärke mit der Zeit variiert (man nennt sie auch kinetische Felder, weil sie eine Bewegung beinhalten) ...

Elektromagnetische Strahlung umfaßt ein ungeheuer großes Frequenzspektrum (siehe Abbildung 103). Die einzige Energie, die wir mit bloßem Auge wahrnehmen können, bewegt sich hingegen in einem sehr engen Frequenzspektrum, wie auf der Grafik zu sehen ist.

Die über dem sichtbaren Frequenzbereich liegenden höherfrequenten ultravioletten Strahlen (Röntgen- und Gammastrahlen) werden wegen ihrer Fähigkeit, hochreaktive Ionen dort zu produzieren, wo sie nicht sein sollten, als ionisierende Strahlen bezeichnet, wie zum Beispiel bei den Nuklearstrahlen. Die unterhalb der sichtbaren Lichtfrequenzen liegenden Strahlungen produzieren keine Ionen. Infrarotwellen werden als

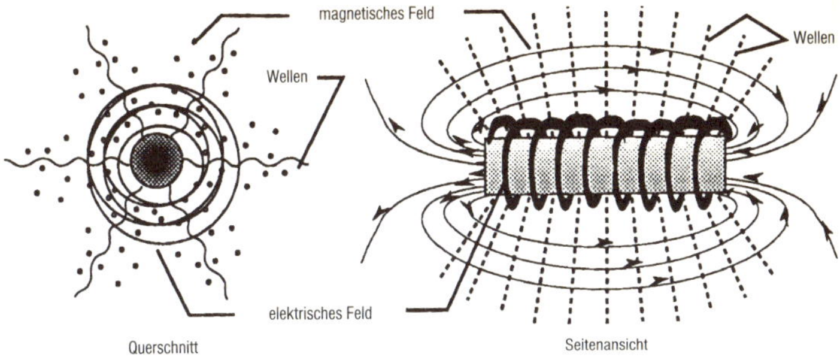

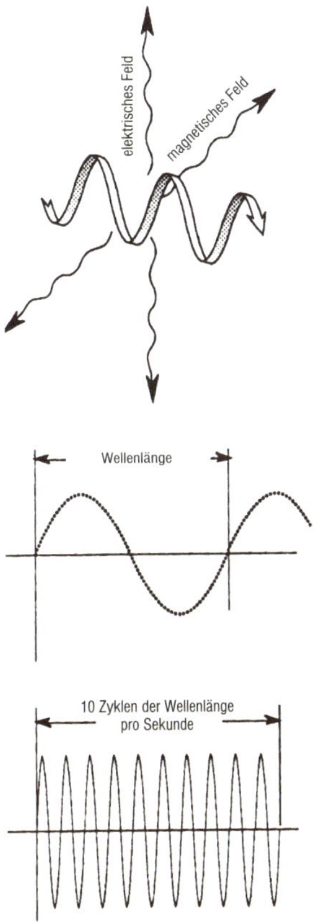

Wärme empfunden; Mikrowellen und Radiofrequenzen werden zur Kommunikation benutzt. Dieser Teil des Spektrums wird willkürlich in folgende Frequenzbereiche unterteilt: extrem hohe (EFH), superhohe (SHF), ultrahohe (UHF), sehr hohe (VHF), hohe (HF), mittlere (MF), niedrige (LF), sehr niedrige (VLF) und extrem niedrige (ELF). Gehirnwellen sind die niedrigsten im Spektrum; sie variieren zwischen 0,5 und 35 Schwinungszyklen pro Sekunde. Spezielle Meßinstrumente sind erforderlich, um diese niederfrequenten Wellen zu erkennen ... wie auch alle anderen Frequenzen, die außerhalb jenes winzigen Frequenzbereiches liegen, der für das menschliche Auge sichtbar ist. [Der *Encyclopaedia Britannica, Vol. 18, 1985,* und *The Body Electric* von Becker entnommen.]

Abb. 104 Elektromagnetische Welle. Definition der Wellenlänge, Frequenz und Richtung des von einer elektromagnetischen Welle ausgehenden magnetischen und elektrischen Feldes.

Die Sicht der Wissenschaft

In der *Encyclopaedia Britannica* heißt es, daß die Frage »Was ist Energie oder Materie?« zum Bereich der Metaphysik gehört, wohingegen das Verständnis dessen, wie diese Themen zum Universum und zu anderen physischen Phänomenen in Beziehung stehen, dem Bereich der Physik angehört. Seit kurzem sind diese beiden Disziplinen einander wesentlich näher gerückt, da man heute das Wesen der Energie und des Universums umfassender zu begreifen beginnt.

Energie

Aus technischer Sicht wird der Begriff *Energie* einfach definiert als die Fähigkeit, Arbeit zu verrichten. Energie tritt in vielen verschiedenen Formen auf - als Schwerkraft, als Wärme, als chemische, kinetische, elastische und elektrische Energie, als Strahlung, als Kernenergie und als Energie der Masse. Außerdem ist es möglich, Energie von einer Form in eine andere umzuwandeln. Egal in welcher Form sie vorhanden ist, sie kann stets durch die verrichtete Arbeit ausgedrückt werden. Die geleistete Arbeit wird definiert durch die Kraft (F) multizipliert mit der Strecke (s), auf welcher die Kraft wirkt. Energie ist in den meisten Fällen mit einem materiellen Körper verbunden; doch kann sie auch von Materie unabhängig sein, so wie es beim Licht und bei anderen Schwingungsformen des elektromagnetischen Spektrums der Fall ist.

Das Gesetz von der Erhaltung der Energie besagt, daß die Gesamtenergiemenge im Universum immer konstant bleibt. Mit anderen Worten: Energie kann umgewandelt, doch weder erzeugt noch zerstört werden. Überall da, wo Energie und die Fähigkeit, Arbeit zu verrichten, vorhanden sind, treten diese ausschließlich in zwei Formen auf: als kinetische Energie oder als Potential. Potential ist Energie in gespeicherter Form, die aufgrund des Vorhandenseins eines Körpers in einem Kraftfeld existiert, während kinetische Energie existiert, weil ein Körper sich bewegt. Ein Beispiel für die Interaktion dieser beiden Energiearten ist ein Ball, der in die Höhe geworfen wird. An einem bestimmten Punkt fliegt der Ball nicht mehr weiter hoch - er bleibt stehen und kehrt von diesem Kulminationspunkt zur Erde zurück. Wenn der Ball den höchsten Punkt seiner Flugbahn erreicht hat, spricht man von potentieller Energie, die die Form von kinetischer Energie annimmt, sobald de Ball beginnt, in Richtung Erde auf seinen Ausgangspunkt zurückzufallen. Elektrisches Potential tritt in einem elektrischen Feld auf und wird definiert als die Arbeit, die

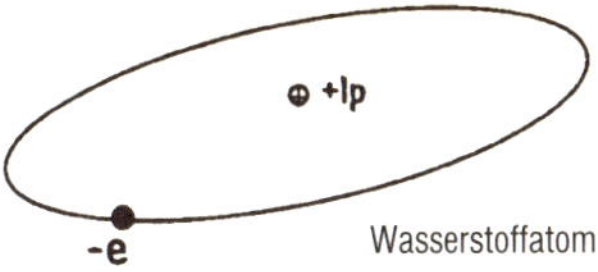

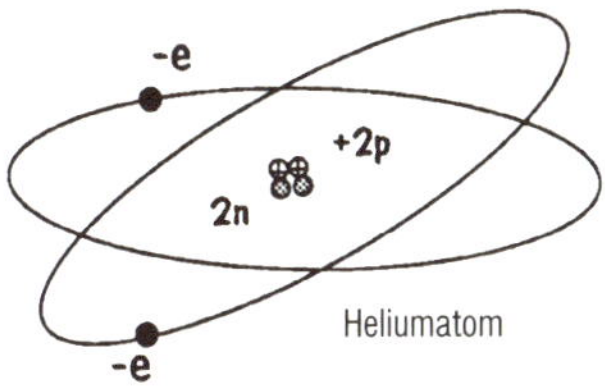

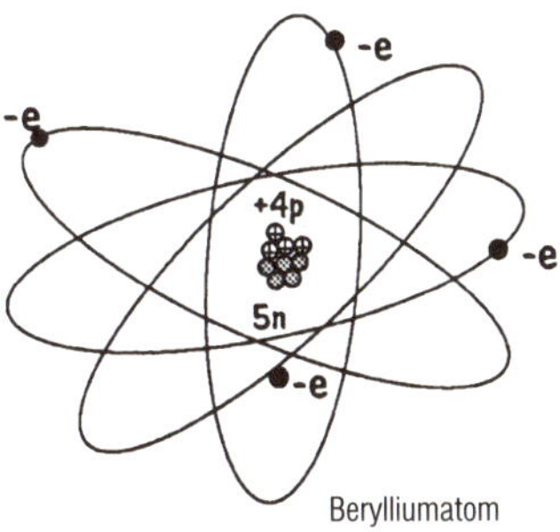

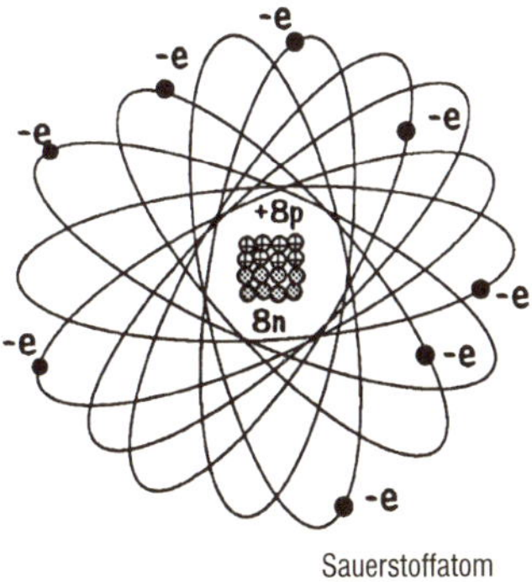

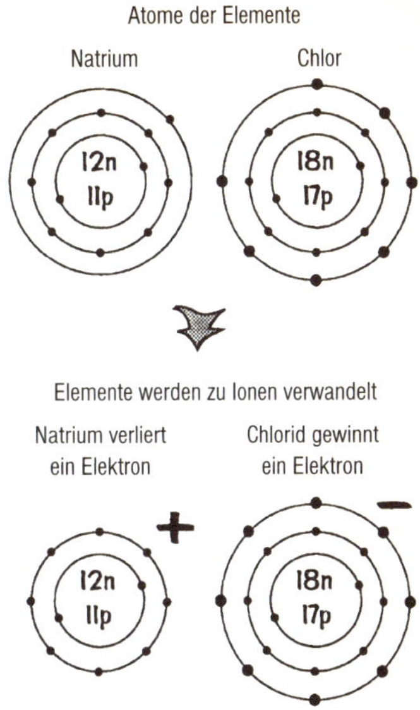

Abb. 105 Atome und Ionen. Hier sehen Sie eine Vielzahl unterschiedlicher Atome mit den ihnen zugehörigen Teilchen. Oben ist zu sehen, wie die Natrium- und Chlor-Atome zu Natrium- und Chlorid-Ionen werden. Das einzelne Elektron auf der äußeren Schale des Natrium-Atoms springt auf das Chlor-Atom über, weil dessen äußere Elektronenschale ein »Loch« aufweist. Die Beweglichkeit dieser elektrisch geladenen Ionen ist der Grund für die elektrische Leitfähigkeit.

erforderlich ist, um eine positive Ladung aus dem Unendlichen durch das Feld zu einem bestimmten Punkt zu befördern.

Leistung ist ein Begriff, der häufig im Zusammenhang mit Energie genannt wird. Leistung wird definiert durch die Geschwindigkeit, mit der Energie von einer Form in eine andere umgewandelt wird. Beispielsweise hat ein Motor Leistung, weil er chemische Energie in mechanische umwandelt.

Wenn die Partikel eines Atoms mechanisch interagieren - beispielsweise um Ionen zu bilden -, oder wenn Energie in Form einer elektromagnetischen Welle strahlt, kann eine Energieübertragung stattfinden. Elektrische und magnetische Felder sind ein wesentlicher Bestandteil der Absorption oder Emission, die die Übertragung von Energie ermöglicht.

Materie

Man unterscheidet *Materie* von Energie, weil sie Raum beansprucht und eine Masse, ein Gewicht hat. Materie besteht aus Atomen, die ihrerseits aus winzigen Teilchen bestehen. Der Kern bzw. das Zentrum des Atoms enthält positiv geladene Protonen und Neutronen. Winzige negativ geladene Teilchen, die als Elektronen bezeichnet werden, kreisen um den Atomkern wie Planeten um die Sonne. Protonen sind ungefähr 1800mal massiver als Elektronen. Der Durchmesser eines Elektrons beträgt 0,000 000 000 000 008 6614 Millimeter - das ist wirklich ungeheuer winzig! Was es diesen Kleinstteilchen ermöglicht, riesige Energiemengen zu erzeugen, ist nicht ihre Winzigkeit, sondern die hohe Geschwindigkeit (ca. 300 000 km pro Sekunde), mit der sie sich fortbewegen. Die Anzahl der Protonen, Elektronen und Neutronen, die zu einem Atom gehören, entscheidet darüber, welches *Element* (siehe Abbildung 105) entsteht. Chemische Elemente (bzw. deren Atome) verbinden sich zu Molekülen, die eine *Substanz* oder *Verbindung* (aus zwei oder mehr Elementen) aufbauen. Die organische Chemie befaßt sich mit der Erforschung kohlenstoffhaltiger Verbindungen. Unser Körper und die Nahrung, die wir zu uns nehmen, enthalten eine Vielzahl von Kohlenstoff- und Sauerstoffatomen, die sich zu vielen verschiedenen Molekularverbindungen vereinigen.

Wenn Elemente eine Verbindung eingehen, kommt es zu einer Elektronenübertragung. Wenn sich beispielsweise Natrium und Chlor zu Natriumchlorid oder Salz verbinden, dann besteht jedes Molekül aus einem Natrium-Atom und einem Chlor-Atom. Die Verbindung entsteht durch Übertragung *eines* Elektrons aus dem Natrium-Atom auf das Chlor-Atom.

Da das Elektron eine negative Ladung hat, bleibt das Natrium-Atom positiv geladen zurück, während das Chlor-Atom negativ wird. Da gegensätzliche Ladungen einander anziehen, werden die beiden Atome fest und dauerhaft aneinander gebunden.

Unter bestimmten Voraussetzungen kann diese stabile Verbindung aufgelöst werden. Doch dies zu bewirken ist normalerweise schwierig und kann erheblichen Energieaufwand erfordern - was zum Beispiel bei Metallgewinnung aus Erz der Fall ist. Bei bestimmten Verbindungen kann die Molekularbindung eines Stoffes in Wasser aufgelöst werden, wodurch eine *Lösung* entsteht. Wenn man Natriumchlorid in Wasser auflöst, werden die Natrium- und Chlor-Atome zeitweilig voneinander getrennt. Die einzelnen Atome, die ihre positive und negative elektrische Ladung beibehalten, während sie sich unabhängig voneinander in der Lösung bewegen, werden als *Ionen* bezeichnet. Chemisch reines Wasser kann keinen elektrischen Strom leiten, weil es keine Ionen enthält; eine wäßrige Salzlösung jedoch ist aufgrund der sich darin bewegenden elektrisch geladenen Ionen dazu in der Lage.

Wasser, das in natürlichen Körpern vorkommt - insbesondere das Meerwasser -, ist stark mit den Ionen der verschiedensten Metalle in gelöster Form angereichert. Die Ionen erzeugen eine Umgebung, die Elektrizität gut leitet, wodurch Heilung möglich wird.

[Für weitergehende Informationen siehe *Enzyclopaedia Britannica*, 15. Auflage, Vol. 18, 1985]

ANHANG IV

Elektrizität und Magnetismus

Elektrizität

Elektrizität entsteht durch positive und negative Ladung innerhalb des Atoms und ist im wesentlichen ein Strom von negativ geladenen Elektronen. Weil jedes Atom sowohl Protonen (+) als auch Elektronen (-) enthält, ist es schwierig, die Elektrizität von den physikalischen Eigenschaften der Materie zu trennen. Bei bestimmten Stoffen können sich Elektronen von der äußeren Elektronenschale lösen. Diese freien Elektronen sind es, die den elektrischen Strom erzeugen. Materialien wie Silber, Kupfer und Aluminium leiten die Elektrizität sehr gut, weil sie eine große Zahl freier Elektronen enthalten, die von einem Atom auf ein anderes überspringen können. Im Gegensatz dazu enthalten Isolierstoffe wie Holz oder Glas relativ wenig freie Elektronen. Unter den Materialien mit guter Leitfähigkeit gibt es bestimmte Arten von Kristallen, die ein Medium für kleinere Ströme darstellen. Freie Elektronen verhalten sich chaotisch, bis irgendeine Form von Energie die Elektronen dazu veranlaßt, sich in eine bestimmte Richtung zu bewegen. Dann werden die freien Elektronen in geordneter Form von Atom zu Atom geleitet. Der Einfluß, der die Elektronen dazu veranlaßt, sich zu bewegen, wird elektromagnetische Kraft (EMK) genannt; diese Kraft wird gewöhnlich in Volt gemessen. Der Stromfluß selbst wird in Ampere gemessen (1 Ampere entspricht der Bewegung von 6,25 x 1018 Elektronen pro Sekunde an einem festgelegten Meßpunkt.) Die EMK (V) entspricht dem Strom (I) multipliziert mit dem Widerstand (R) des Systems. Energie zur Erzeugung einer EMK kann in jeder der anschließend aufgelisteten Formen auftreten.

a) **Licht**. Bestimmte Materialien sind besonders empfindlich für Licht und erzeugen ihre eigene EMK, wenn sie einer Lichtquelle ausgesetzt werden. Sie wandeln Licht direkt in elektrischen Strom um. Diese Materialien werden als photovoltaische Zellen oder einfach als Fotozellen bezeichnet.

b) **Wärme.** Wenn zwei unterschiedliche Metalle miteinander verbunden werden und ein Ende erhitzt wird, fließt ein Strom. Dieses sogenannte Thermo-Element wird in großem Umfang in Thermostaten verwendet.

c) **Mechanische Verformung von Kristallen.** Bestimmte Kristalle können die mechanische Verformung in eine EMK umwandeln. Wenn man mit einem Hammer auf solche Kristalle schlägt oder sie in eine Richtung biegt, entsteht ein Elektronenfluß. Wird das Kristall nicht mehr verformt, so endet auch der Elektronenstrom. Kristalle mit einer geordneten molekularen Struktur, wie Germanium und Silizium, werden als Halbleiter bezeichnet; sie bilden die Grundlage der Piezoelektrizität.

d) **Chemikalien.** Wenn man zwei unterschiedliche Metalle in eine leitfähige Lösung legt, entsteht ein Ionenfluß, und ein Ionenstrom wird erzeugt. Ein Beispiel für die Anwendung dieser Theorie sind Autobatterien, die eine leitfähige Schwefelsäurelösung enthalten. Natriumchlorid und andere ionische Substanzen in wäßriger Lösung schaffen die Grundlage dafür, daß Wasser den elektrischen Strom leitet.

e) **Magnetfeld.** Man kann einen elektrischen Strom erzeugen, indem man ein magnetisches Feld verändert oder bewegt. Die Arbeitsweise von Elektromotoren beruht auf diesem Prinzip.

Eine interessante Untersuchung, die Robert O. Becker mit seinen Mitarbeitern durchführte, hat gezeigt, daß Knochen sich wie piezoelektrische Kristalle und Nerven sich wie Gleichstrom-Halbleiter verhalten. Becker ging von der Hypothese eines primitiven analogen Informationssystems aus, das in einer engen Beziehung zu den Nerven steht und auf der Weiterleitung von Gleichstrom basiert. Nach seiner Theorie kann dieses System entweder allein oder zusammen mit dem System der Nervenimpulse das Wachstum, die Heilung und andere grundlegende Prozesse im menschlichen Körper steuern. Becker ist es gelungen, die gleiche Art von regenerativem Strom zu reproduzieren, die auf natürliche Weise entsteht, wenn zum Beispiel Salamandergliedmaßen nachwachsen. Er erreichte dies durch Implantieren winziger Batterien (Silber- und Platindrähte, die durch einen Widerstand voneinander getrennt waren). Die negative Elektrode wurde an der Wunde in der Knochenmarkhöhle angebracht. Becker stellte fest, daß die umliegenden Zellen richtig regeneriert wurden, bis sie über den Einflußbereich des negativen Potentials der Platin-Elektrode hinausgewachsen waren.

Magnetismus

Magnetismus hängt mit der Richtung der Anziehung und Bewegung von Teilchen zusammen. Elektrische Phänomene und Magnetismus sind untrennbar miteinander verbunden. Die Beziehung zwischen beiden kann in vier grundlegenden Gesetzen zusammengefaßt werden, die auch als Maxwellsche Gleichungen bezeichnet werden – ein Tribut an die Leistung des britischen Physikers James Clerk Maxwell, dem es gelang, Elektrizität, Magnetismus und Optik zu einer kohärenten Theorie zu verbinden.

1. **Das Coulombsche Gesetz** der Elektrostatik besagt, daß gleiche Ladungen einander mit einer Kraft anziehen, die in dem Maße wächst, wie die beiden Ladungen sich einander nähern, und die in dem Maße abnimmt, wie das Quadrat der Entfernung zwischen ihnen wächst.

2. Jedem **Magnetpol** entspricht stets ein entgegengesetzter Pol von gleicher Stärke.

3. **Amperes Gesetz** besagt, daß ein elektrischer Strom, der durch einen Leiter fließt, stets von einem magnetischen Feld begleitet wird und daß die Stärke dieses Feldes im gleichen Maße wie die Stärke des Stroms wächst. Die Feldstärke kann durch Aufwickeln des Leiterdrahtes zu einer Spule vergrößert werden (siehe Abbildung 106). Ein Stück Eisen im Zentrum dieser Spirale macht die Spitze zum Elektromagneten. Diese Anordnung wird gewöhnlich bei Magnetspulen benutzt.

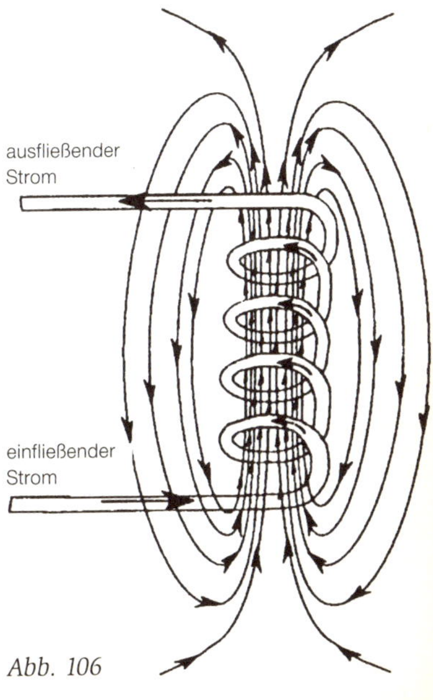

Abb. 106

4. Das **Faradaysche Gesetz** beschreibt die Induktion oder Erzeugung von Strom

mit Hilfe eines magnetischen Feldes. Außerdem besagt es, daß ein sich veränderndes Magnetfeld stets von einem elektrischen Feld begleitet wird. Dazu braucht kein Leiter vorhanden zu sein, und die Beziehung bleibt auch im leeren Raum bestehen.

In der Natur existieren nur schwache Magneten. Magnetit ist in der Lage, winzige Mengen Eisen anzuziehen. Wenn man einen künstlichen Magneten herstellen will, muß man ein Stück harten Stahl einem elektrischen Feld aussetzen. Besonders starke Magneten werden hergestellt, indem man einen Stahlstab in eine Drahtspule einführt (siehe Abbildung 106). Interessant ist die Ähnlichkeit dieser Anordnung mit der Kundalini-Kraft. Auch die Spirale des DNS-Moleküls (siehe Abbildung 23) hat eine ähnliche Form.

[Für weitergehende Informationen siehe *Encyclopaedia Britannica*, 15. Auflage Vol. 18, 1985.]

DANKSAGUNG

Es gibt viele, die mit ihrer Großzügigkeit, ihren Talenten und Leistungen zum Erstehen dieses Buches beigetragen haben. Von Anfang an war ich in der glücklichen Lage, die hingebungsvolle Unterstützung dieser Menschen zu genießen, die sie mir so freundlich und liebevoll gegeben haben.

Frau Dr. Valerie Hunt bin ich für ihre Inspiration dankbar, indem sie mir zum ersten Mal die Gelegenheit gab, meine persönliche Erfahrung mit Chakras getestet und wissenschaftlich bestätigt zu haben, sowie für die freundliche Erlaubnis, die Ergebnisse ihrer Forschungsarbeit in dieses Buch zu integrieren. Lyle Brady danke ich für seine kritische Beurteilung und wertvollen Hinweise, und Terry Oleson für seine Unterstützung; Gloria Orenstein und Karen Segal für ihre genauen Beobachtungen und dafür, daß sie ihr Wissen mit mir geteilt haben; Dr. Orville McKinley für den Beitrag seiner Kenntnisse bezüglich der Navajo-Lehren und -Zeremonien und Maria Bauer Hall für einen wichtigen Einblick in ihre Untersuchungen, die sie seit fast einem halben Jahrhundert durchführt; Grace Fogg, Michael King und Rebecca Lang für ihre freundliche und zuverlässige Hilfe, und Jaime Dunaway für sein kritisches Auge und seine enthusiastischen Ermutigungen.

An dieser Stelle möchte ich auch Charlotte Kaiser meinen Dank aussprechen für ihre Zeichnungen und Debbie West und Paulette Kelly für ihre Bereitschaft, alles Nötige zu tun, um dieses Manuskript für den Druck vorzubereiten. Ich danke meinen Mitarbeitern Stephanie Roth, Shelby Hammit und Jeanne Farrens für ihre hervorragenden Fähigkeiten und vielen Überstunden; Kristen McCall, die gut gelaunt und unermüdlich mehr als 3000 Seiten Material aus meinen Vorträgen vom Tonband auf Papier übertragen hat, und Ken Weintraub dafür, daß er mir ermöglicht hat, meine Worte so zu hören wie diejenigen, die dieses Buch lesen werden. Darüber hinaus möchte ich mich bei Robert E. Williams für seine Zeit und wunderschönen Fotos bedanken und bei Susan Rothschild, die mit Licht und Kamera wahre Wunder vollbringen kann. Karen Haskin möchte ich an dieser Stelle für ihre Großzügigkeit, ihr erstaunliches Talent und ihre exquisiten Illustrationen danken. Ich bin aus tiefstem Herzen Margie M. Smith dankbar für ihre Computerzeichnungen, ihre technische Hilfe und vor allem dafür, daß sie den Weg vor mir gegangen ist und die Sachkenntnis besaß, die diesem Buch eine Veröffentlichung ermöglichte.

Herzliche Anerkennung auch für meine redaktionellen Mitarbeiter Maria Batolotta, Susan Brown und Jeanne Farrens für ihre Hingabe, Talente und Großzügigkeit und tiefen Dank für ihre fortgesetzte Unterstützung, Zuneigung und Freundschaft. Vor allem möchte ich Jeanne Farrens danken für ihre Ihre Liebe sowohl zur Sprache als auch zum Heilen; ihre Anregungen und Hingabe an das vorliegende Werk halfen mir mehr als alles andere bei der Fertigstellung dieses Buches. Und schließlich geht mein Dank an alle, die mir während dieses Projektes liebevoll zur Seite standen, und an alle, die geduldig auf dieses Buch gewartet haben. Vielen Dank.

*

Der Verleger des Verlages Fireside in New York möchte an dieser Stelle den folgenden Personen und Institutionen für die Erlaubnis danken, Material und Illustrationen aus ihren Werken in diesem Buch abzudrucken.

Valerie V. Hunt, Ed. D. für Material aus ihrer Untersuchung *Project Report: A Study of Structural Integration from Neuromuscular Enrgy Field, and Emotional Approaches.*

HarperCollins, New York, für Passagen auf *The Great Initiates* von Edward Schuré.

HarperCollins, San Francisco, für Passagen aus *Mystery Religions in the Ancient World* von Joscelyn Godwin.

Lucis Publishing Company, New York, für Passagen aus *The Rays and Initiations* von Alice Bailey.

The Philosophical Research Society, Los Angeles, für Passagen aus *The Secret Teachings of All Ages* von Manley P. Hall.

State University of New York, Albany, N. Y., für Passagen aus *Ancient Wisdom and Modern Science,* edited by Stanislav Grof, M. D.

The Theosophical Publishing House, Wheaton, Illinois, für Passagen aus *Talks on the Path to Occultism* von Annie Besant and C. W. Leadbeater, und für Abdrucke aus *Theories of the Chakras* von Hiroshi Motoyama.

Penguin Books, New York, für Illustrationen aus dem *Book of the Hopi* von Frank Waters, mit Zeichnungen und Quellenmaterial, aufgezeichnet von Oswald White Bear Fredericks.

Timeless Books, Porthill, Idaho, für Illustrationen aus *Kundalini Yoga for the West* von Swami Sivananda Radha.

Wheelwright Museum of the American Indian, Santa Fe, New Mexico, für Illustrationen aus *Navaho Figurines Called Dolls* von Roger Kelly, R. W. Lang und Harry Walters.

GLOSSAR

Abgabechakra: Ein Chakra, das Energie aus der Vorderseite des Körpers abgibt; ein Chakra von positiver Polarität; das erste, dritte, fünfte und siebte Chakra.

Ätherische Ebene: Reich des reinen Klangs und des reinen Denkens, in dem kein Licht existiert; die spirituelle »Schablone« für die physische Welt; der Körper des fünften Chakras.

Alzheimer Krankheit: Eine Krankheit, deren Kennzeichen ein allmählicher, aber stetiger Verfall der intellektuellen Fähigkeiten infolge einer Degeneration des Stirn- und Hinterhauptlappens des Gehirns ist. Auch Gedächtnis, Sprechfähigkeit und Gang werden durch diese Krankheit häufig beeinträchtigt.

Amplitude: Das Ausmaß der Schwingungsbewegung (beispielsweise der eines Pendels), gemessen von einer Mittelposition bis zum Extremausschlag; die größte Abweichung eines Wechselstroms oder einer Welle vom Mittelwert.

Androgyn: Mit männlichen und weiblichen Eigenschaften ausgestattetes Lebewesen.

Archetyp: Das ursprüngliche Muster, von welchem alle Dinge der gleichen Art Repräsentationen sind; in der Psychologie C. G. Jungs eine ererbte Idee oder Art zu denken, die sich aus der akkumulierten Erfahrung des Menschengeschlechts herleitet und die im Unbewußten jedes Menschen zu finden ist.

Astralebene: Die Ebene oder das Reich des Bewußtseins, das die Dimensionen der Materie und des Geistes miteinander verbindet; die Ebene, auf der wir träumen; der Körper des vierten Chakras.

Atman: Eines der beiden höheren Chakras, die außerhalb des Körpers existieren.

Aufnahmechakra: Ein Chakra, in das die Energie fließt; ein Chakra von negativer Polarität; das zweite, vierte und sechste Chakra.

Aura: Eine leuchtende Strahlung, die von allen Lebewesen ausgeht; eine besondere Atmosphäre, die etwas umgibt; außerdem ein subtiler, sensorischer Stimulus.

Aurafeld: Das von aller Materie ausgestrahlte elektromagnetische Feld.

Ausbreitung (auch Fortpflanzung): Die Übertragung (insbesondere von

Klangwellen oder elektromagnetischer Strahlung) durch Luft und Wasser.

Axon: Der lange, dünne Teil einer Nervenzelle, der in der Regel Impulse vom Zellkörper aussendet. Die Impulse bewegen sich vom Dendriten zum Zellkörper und vom Zellkörper zur Synapse.

Bindegewebe: Körpergewebe, das andere Gewebe durchdringt, stützt und miteinander verbindet und das in Form von Bändern, Sehnen und Faszien (Sehnenhaut) auftritt; ein Gewebe vorwiegend mesodermalen Ursprungs, das reich ist an Interzellularsubstanz, wobei die Zellen eine nur geringe Tendenz zeigen, sich zu Zellschichten oder Zellmassen zu verbinden.

Biofeedback: Eine Technik, die unbewußte oder unwillkürliche Körperprozesse (wie Herzschlag oder Gehirnwellen) für die Sinne wahrnehmbar macht (beispielsweise mit Hilfe eines Oszilloskops), um die betreffenden Prozesse mittels bewußter geistiger Kontrolle zu beeinflussen.

Blockiertes Chakra: Ein Chakra, in dem die Energie aus irgendeinem Grund nicht ungehindert fließen kann.

Brahman: Das zweite der beiden höheren Chakras, die sich außerhalb des Körpers befinden.

Brahman-Tor: Indische Bezeichnung für das siebte Chakra, das sich auf dem obersten Punkt des Kopfes befindet.

Candidiasis: Eine Infektion, die durch den Hefepilz *Candida albicans* hervorgerufen wird und der normalerweise im Mund, in der Vagina und im Darmtrakt aller Menschen zu finden ist.

Chakra: (Sanskrit) Lichtrad; eines der (sieben) Energiezentren im Körper, die sich drehen und dadurch den Körper mit einem elektromagnetischen Aurafeld umgeben.

Chakrakörper: Ein Bereich existierenden oder potentiellen Bewußtseins, der eine bestimmte Einstellung zur Wirklichkeit beinhaltet. Es gibt sieben Haupt-Chakrakörper: den physischen, den emotionalen, den mentalen, den astralen, den ätherischen, den himmlischen und den ketherischen.

Chakra-Intensität: Die Energiemenge, die von einem bestimmten Chakra erzeugt wird.

Chakra-Oberschwingungen: Verschiedene Frequenzbereiche der gleichen Farbe oder Wellenform.

Chakra-Offenheit: Die Fähigkeit jedes Chakras, Energie in sich oder durch sich hindurch fließen zu lassen.

Channeling: Ein Begriff, der zur Beschreibung der Heilungstechnik benutzt wird, bei der ein Mensch (der Heiler) als Kanal fungiert, um

Energie verschiedener Frequenzen auf einen anderen Menschen (den Klienten) zu übertragen; das Ziel dabei ist, die Chakras des Klienten wieder in einen ausgewogenen Zustand zu bringen (Stabilisierung des elektromagnetischen Feldes), wodurch es zu Streßabbau, zur Regeneration von Gewebe und zur Heilung kommt.

Chelation: Ein Prozeß des Reinigens und Aufladens der Aura durch Einleiten von Energie in den Körper des Klienten. Dies geschieht in mehreren aufeinanderfolgenden Schritten, beginnend mit den Füßen und anschließend im Körper und im Chakrasystem aufwärts.

Dendrit: Das Ende einer Nervenzelle, das die Botschaften, Impulse oder Stimuli empfängt und sie in den Zellkörper übermittelt.

Differenzierung: Entwicklung von der Einheit zur Vielheit, vom Einfachen zum Komplizierten oder vom Gleichartigen zum Ungleichartigen; Veränderung der Zellen in bestimmten Körperteilen, so daß eine bestimmte Zelle die ihr zugedachte Funktion erfüllen kann; die Summe der Prozesse, durch welche zunächst scheinbar indifferente Zellen, Gewebe und Strukturen ihre reife Form und Funktion erlangen.

Down-Syndrom: Fachausdruck für Mongolismus. Dieser Begriff kennzeichnet eine Vielzahl angeborener leichter bis schwerer geistiger Entwicklungsstörungen.

Dynamisches Feld: Ein elektromagnetisches Feld, in dem durch eine Störung eine Wellenform (oder ein Signal) entstanden ist, die bewirkt, daß ein mit der Zeit variierendes elektrisches und magnetisches Feld entsteht.

Elektrische Ladung: Eine Elektrizitätsmenge, die durch die Zufallsbewegungen von Elektronen entsteht, die sich auf der Oberfläche eines elektrisch geladenen Körpers befinden. Elektronen haben (per Definition) eine negative Ladung; somit hat ein negativ geladener Körper einen Elektronenüberschuß; bei einem positiv geladenen Körper hingegen besteht ein Mangel an Elektronen. Bei einem elektrischen Strom, der durch eine Leitung fließt, wird die zuvor zufällige Bewegung der Elektronen zu einem geordneten Fluß.

Elektrischer Strom: Eine Bewegung von Elektronen, die man mit dem Fließen eines Flusses (oder »Stroms«) vergleichen kann. Mittels eines Leiters bewegen sich freie Elektronen in geordneter Weise von einem negativ geladenen Körper zu einem positiv geladenen.

Elektrisches Feldpotential: Die relative Spannung an einem Punkt in einem elektrischen Stromkreis oder Feld, bezogen auf einen Bezugspunkt im gleichen Stromkreis. Spannung, die ohne Stromfluß existieren kann, kann einen Stromfluß erzeugen, wenn ein Stromkreislauf geschlossen wird.

Elektrode: Ein Leiter, der zur Herstellung eines elektrischen Kontakts mit einem nichtmetallischen Teil eines Stromkreises dient.

Elektrolyt: Ein nichtmetallischer elektrischer Leiter, durch den Strom mittels Ionenbewegung transportiert wird; ein Stoff, der zu einem Ionenleiter wird, wenn man ihn in einem geeigneten Lösungsmittel löst.

Elektromagnetisches Feld: Raum um ein elektrisch geladenes Objekt, in dem ein elektrisches Feld vorhanden ist, das senkrecht zu einem Magnetfeld verläuft.

Elektromagnetismus: Magnetismus, der durch einen elektrischen Strom entsteht; ein Gebiet der Physik, das sich mit der physikalischen Beziehung zwischen Elektrizität und Magnetismus beschäftigt.

Empirisch: Ausschließliche Bezugnahme auf Erfahrungen und Beobachtungen, häufig ohne gebührende Einbeziehung von Systematik und Theorie; basierend auf Beobachtung oder Erfahrung; etwas, das durch Beobachtung oder durch Experimente verifiziert oder entkräftet werden kann.

Energie: Die Fähigkeit, eine Arbeit zu leisten bzw. die Fähigkeit, zu agieren oder aktiv zu sein; auch: eine sich nachdrücklich äußernde natürliche Kraft.

Entdifferenzierung: Die Spezialisierung einer Zelle oder anderer spezialisierender Strukturen wird rückgängig gemacht zugunsten eines allgemeineren oder primitiveren Zustandes, was oft auf eine bevorstehende größere Veränderung hindeutet.

Exogen: Äußeren Ursachen entspringend.

Faszie: Eine Bindegewebsschicht, die Körperstrukturen bedeckt oder miteinander verbindet. Sie umhüllt alle Muskeln, Organe und Knochen.

Frequenz: Die Zahl der Wiederholungen eines periodischen Prozesses in einer bestimmten Zeiteinheit wie a) die Anzahl der Richtungsänderungen eines Wechselstroms, b) die Anzahl der pro Sekunde von einem Schallkörper erzeugten Schallwellen, und c) die Anzahl der Oszillationen pro Sekunde einer elektromagnetischen Welle.

Geistfeld: Ein Konzept, demzufolge der Geist als ein elektromagnetisches Feld oder ein Energiefeld verstanden wird – im Gegensatz zu einer gehirnzentrierten Definition des Geistes.

Geschlossenes Chakra: Siehe »blockiertes Chakra«.

Glia: Stütz- und Stoffwechselgewebe des Zentralnervensystems.

Halbleiter: Ein Stoff, beispielsweise Geranium oder Silizium, dessen Leitfähigkeit bei niedrigen Temperaturen schlecht ist, aber durch winzige Beifügungen bestimmter Stoffe oder durch Einwirkung von Wärme, Licht oder Spannung verbessert werden kann. Halbleiter werden in Transistoren, Gleichrichtern usw. verwendet. Die Wirkung des

Halbleiters beruht auf seiner spezifisch kristallinischen Molekularstruktur.

Harmonikale Oberwellen: Siehe »Chakra-Oberschwingungen«.

Hedonistisch: Der Lehre anhängend, daß Vergnügen und Glück die wichtigsten Dinge im Leben sind.

Hellhören: Die Fähigkeit, Klänge jenseits der für das Ohr wahrnehmbaren Frequenzen zu hören.

Hellwissen: Die Fähigkeit, Gedanken oder Bilder zu empfangen, die mit den normalen Wahrnehmungsfähigkeiten nicht zu erfassen sind. Es handelt sich dabei um den Bereich der feinstofflichen Körperenergien, der Chakras und der Aurafelder.

Hermetische Tradition: Die Lehren oder Schriften, die Hermes Trismegistos zugeschrieben werden, einem legendären ägyptischen Weisen, dessen Werke magische, astrologische und alchemistische Lehren umfaßt.

Hertz: Eine Frequenzeinheit, die einer Schwingungsperiode pro Sekunde entspricht.

Himmlische Ebene: Das Reich des reinen Lichts, der Visualisation und der Archetypen; der Körper des sechsten Chakras.

Ischiasnerv: Nerv in der Nähe der Hüften; der Hauptnerv für den unteren Rückenbereich, der bis in die Beine reicht.

Kachina: Die spirituellen Anteile der äußerlichen physischen Lebensformen, die angerufen werden können, damit sie ihre wohltätigen Kräfte manifestieren und es auf diese Weise dem Menschen ermöglichen, seine evolutionäre Reise fortzusetzen; auch innere Formen und geachtete Geister bei den Indianern im Südwesten der USA, insbesondere bei den Hopi.

Kether: Hebräisch: »Krone«; die höchste der zehn Sephirot (»Sphären« oder »Emanationen«) der Kabbala.

Ketherische Ebene: Reich der reinen Energie, des Geistes und des Verschmelzens mit der Gottheit; der Körper des siebten Chakras.

Kinesiologie: Das Studium der Gesetze der Mechanik und Anatomie, bezogen auf die Bewegungen des Menschen.

Kinetisch: Auf die Bewegung physischer Körper sowie der Kräfte und Energien bezogen, die mit diesem verbunden sind.

Kirlian-Fotografie: Eine Methode, auf einer Fotoplatte das Bild einer angeblichen Energie-Aura aufzuzeichnen, die Tiere und Pflanzen gleichermaßen verströmen und deren spezielle Form in Übereinstimmung mit physiologischen und emotionalen Veränderungen variiert.

Kiva: Ein Zeremonialbau der Pueblo-Indianer (hauptsächlich der Hopi und Zuni).

Kundalini: Die erwachte oder schlafende »Schlangenkraft«, die sich im ersten Chakra befindet.

Magnetismus: Eine Klasse physikalischer Phänomene, von denen angenommen wird, daß sie untrennbar mit der Bewegung der Elektrizität in Verbindung stehen. Sie treten sowohl bei Magneten als auch bei elektrischem Strom auf und sind durch Kraftfelder charakterisiert.

Männliches Chakra: Ein Chakra, das Energie ausstößt oder sie durch das System leitet; ein Chakra mit positiver Polarität; ein Abgabechakra.

Medizingeschichten: Gemäß der Überlieferung der Indianer Nordamerikas werden Geschichten erzählt, um den Zuhörer mit einem heiligen inneren Wissen in Verbindung zu bringen.

Mysterien: Geheime Riten oder Lehren, die nur einer kleinen esoterischen Gruppe bekannt sind; speziell im griechischen Altertum: religiöse Zeremonien, die nur Eingeweihten enthüllt wurden; im weiteren Sinne jeder Kult vergangener Zeiten, in dem Zeremonien, ähnlich denjenigen der Eleusinischen Mysterien, gepflegt wurden.

Neuron: Eine gräuliche oder rötliche Zelle, die die grundlegende Funktionseinheit des Nervengewebes bildet.

Neurotransmitter: Ein auf natürliche Weise vom Körper produzierter chemischer Stoff, der dazu dient, die Nervenimpulse über die Synapse zu transportieren.

Offenes Chakra: Ein Chakra, durch welches die Energie ungehindert fließen kann.

Ontogenese: Die Entwicklung des Individuums von der Eizelle zum geschlechtsreifen Zustand.

Oszillation: Der Vorgang einer Variation oder Fluktuation; ein elektrischer Strom, der sich periodisch vom Maximum zum Minimum hin verändert; eine einzige Schwingung (wie bei einem schwingenden Körper) von einem Extrem zum anderen.

Perineural: Das Perineurium betreffend.

Perineurium: Nervenscheide; die Bindegewebsschicht, die ein Bündel von Nervenfasern umgibt.

Periosteum: Die Knochenhaut, die mit Ausnahme des Bereichs an den Gelenkflächen die Knochen völlig umhüllt.

Phylogenese: Die Evolution einer genetisch verwandten Gruppe von Organismen im Gegensatz zur Entwicklung des individuellen Organismus.

Piezoelektrizität: Elektrischer Strom, der durch wiederholte mechanische Verbiegung oder Deformation gewisser Kristalle - beispielsweise Germanium oder Silizium - erzeugt wird.

Polarität: Die Tendenz von Körpern mit einander entgegengesetzten magnetischen Polen, ihre Position so zu verändern, daß ihre beiden Pole sich entsprechend den Magnetpolen der Erde ausrichten; jede Tendenz, sich auf eine bestimmte Art oder in eine bestimmte Richtung zu drehen, zu wachsen, zu denken, zu fühlen usw., als sei eine magnetische Anziehung oder Abstoßung der Grund dafür; ein Zustand, der im Hinblick auf einen Bezugspunkt oder ein Bezugsobjekt positiv oder negativ ist.

Potential: Etwas, das sich entwickeln oder das real werden kann; jede der verschiedenen Funktionen, aufgrund derer die Intensität oder die Geschwindigkeit an jedem Punkt eines Feldes errechnet werden kann; insbesondere: der Grad der elektrischen Ladung, bezogen auf einen Standardwert; ein anderer Ausdruck für Spannung, die unabhängig von einem Strom vorhanden sein kann, jedoch einen Stromfluß hervorzurufen vermag, wenn ein Stromkreis geschlossen wird.

Potentielle Energie: Energie, die nicht das Ergebnis von Bewegung, sondern einer relativen Position ist, wie beispielsweise bei einer zusammengedrückten Sprungfeder. Auch gespeicherte Energie, die darauf wartet, genutzt zu werden.

Prana (auch Chi oder Ki genannt): Indische Bezeichnung der Vitalkraft bzw. der Energie im Körper, mit der man durch den Atem in Verbindung treten kann.

Primäres Aurafeld: Die innere Hülle der Aura, die durch die Drehung des ersten, dritten und fünften Chakras erzeugt wird.

Pyroelektrizität: Elektrischer Strom, der durch Aufheizen bestimmter Kristalle erzeugt wird.

Rolfing: Populärer Name für die von Ida Rolf entwickelte Strukturelle Integration, eine Methode zur Korrektur der Körperhaltung durch (manchmal recht schmerzhafte) Streckung der Muskelfaszien mittels einer Art von Tiefenmassage.

Scanning: Eine beim Heilen angewandte Methode, durch die sich der Heiler die für die eigentliche Behandlung notwendigen Informationen über den Energiefluß verschafft, indem er mit seinen Händen die Ränder der Aura des Klienten abtastet.

Schamane: Ein »Medizinmann«, der mit Hilfe von Ritualen und Zeremonien Kranke heilt, Verborgenes enthüllt und Energien zu beeinflussen vermag.

Schwann-Zellen: Zellen, die alle Nerven umhüllen, die sich nicht im Gehirn oder im Rückenmark befinden.

Schwingungen: Die periodische Bewegung eines aus dem Gleichgewicht gebrachten Körpers oder einer Welle in abwechselnd jeweils entgegengesetzter Richtung von der Nullposition.

Sekundäres Aurafeld: Die äußere Hülle der Aura, die durch Interaktion aller sieben Hauptchakras entsteht.

Sichelzellen-Anämie: Eine Krankheit, die überwiegend bei Schwarzen in den USA auftritt und die durch abnormes Hämoglobin (Hämoglobin S oder Hb S) entsteht, das sensitiv auf Sauerstoffmangel reagiert.

Siddhi-Kräfte: Kräfte, die von Menschen erworben werden, die die höheren Stufen des Yoga erreichen. *Siddhi* bedeutet in Hindi *Vollendung.* Zu den Siddhi-Kräften zählen unter anderem Hellsehen, Hellfühlen, Hellhören, Levitation, Teleportation, Bilokation und Heilen.

Spannung: Elektrisches Potential, oder Potentialdifferenz, gemessen in Volt.

Statisches Feld: Ein elektromagnetisches Feld, in dem keine Schwankungen auftreten und von dem keine Signale ausgehen.

Strukturelle Integration: Siehe Rolfing.

Supraleitfähigkeit: Ein fast vollständiges Verschwinden des elektrischen Widerstandes in verschiedenen Metallen bei Temperaturen nahe dem absoluten Nullpunkt.

Sushumna: (Sanskrit) Einer der Hauptkanäle oder Nadis (wörtl.: »Röhren, Gefäße, Adern«) des Körpers, durch welche die Vitalenergie (Lebensenergie) zirkuliert. Der Kanal erstreckt sich vom untersten Punkt der Wirbelsäule bis zum obersten Punkt des Kopfes, und der Energiefluß folgt in etwa dem Verlauf der Wirbelsäule. Um den Sushumna herum fließen die Energien der anderen beiden wichtigen Nadis, Ida und Pingala; eine entgegengesetzte, abwärtsgerichtete Kraft zur aufsteigenden Kundalini-Erfahrung.

Synapse: Die Verbindung zwischen zwei Nervenzellen oder zwischen einer Nervenzelle und einer beliebigen anderen Zelle.

Tausendblättriger Lotus: Das siebte Chakra, das auch als Diamantlotus bezeichnet wird.

Übertragung von Energie: Siehe Channeling.

Visionssuche (Vision Quest): Ein wichtiger Teil der Initiation der jungen Indianer in das Erwachsenenleben. Der Visionssucher muß während einer mehrtägigen Nachtwache fasten und beten, um auf diese Weise ein Zeichen der Gegenwart seines Schutzgeistes zu erhalten. Oft besteht dieses Zeichen in einem Traum, in dem der Schutzgeist dem Träumer in der Gestalt eines Tieres erscheint, ihn unterweist und ihn auf seiner Visionsreise geleitet.

Weibliches Chakra: Ein Chakra, das anzieht; ein Chakra von negativer Polarität; ein Aufnahmechakra; weibliche Chakras sind das zweite, vierte und sechste Chakra.

Welle: Eine Störung oder Veränderung, die Energie von einem Punkt zu einem anderen transferiert. Diese Störung kann eine elastische Verformung oder eine Veränderung des Drucks, der elektrischen oder magnetischen Feldstärke, des elektrischen Potentials oder der Temperatur verursachen.

Wellenform: In der Physik eine Serie von anhaltenden Impulsen, die durch Schwingungen, Pulsieren oder Störungen in der Luft oder in einem anderen Medium entsteht, beispielsweise bei der Übertragung von Hitze, Licht, Klängen usw.

Wellenlänge: Der Abstand zwischen den einander entsprechenden Punkten auf zwei aufeinanderfolgenden Wellen: In der Physik der in Richtung der Fortpflanzung gemessene Abstand einer Welle von einem beliebigen Punkt bis zum nächsten Punkt der gleichen Phase.

Yang: Positive, männliche Energie.

Yin: Negative, weibliche Energie.

Zirkadianer Rhythmus: Der vorherrschende Rhythmus aller Lebewesen, der etwa einem Tag (24 Stunden) entspricht.

Zweites Gesicht: Die Fähigkeit, Auren, Chakras, Energiefelder und entfernte Objekte oder Ereignisse zu sehen bzw. solche, die in der Vergangenheit oder Zukunft liegen.

ANMERKUNGEN

Kapitel 1

1 Valerie V. Hunt, *Project Report: A Study of Structural Integration from Neuromuscular, Energy Field, and Emotional Approaches.* Boulder, Colorado: Rolf Institute of Structural Integration, 1977.

2 Wilder Penfield, *The Mystery of the Mind,* Princeton, N. J.: Princeton University Press, 1977.

3 Karl Pribram, *Languages of the Brain,* Englewood Cliffs, N. J. Prentice Hall, 1977.

4 Robert O. Becker, M. D., and Gary Selden, *The Body Electric: Electromagnetism and the Foundation of Life,* New York: William Morrow, 1985.

5 Siehe W. A. Tiller: »Energie Fields and the Human Body«, *Frontiers of Consciousness,* herausgegeben von J. W. White, New York: Julian Press, 1974.

6 Die Rolf-Studie.

7 Siehe auch Harold Saxton Burr, *The Fields of Life: Our Links with the Universe,* New York: Ballantine, 1972. Dieses Buch beschreibt 30 Jahre Forschungsarbeit im Bereich der »Lebensfelder« und enthält eine vollständige Bibliografie seiner wissenschaftlichen Publikationen. Ein begeisterter Rezensent, Colin Wilson, meint, daß Burrs Buch »wahrscheinlich genauso wichtig ist wie *The Origin of Species*« (erwähnt von Jeffrey Mishlove in *The Roots of Consciousness: Psychic Liberation Through History, Science and Experience,* New York: Random House, 1975, S. 332. Schon allein wegen seiner Bibliografie ist dieses Buch wichtig). Siehe auch *The Energies of Consciousness,* herausgegeben von Stanley Krippner und Daniel Rubin, New York: Gorden and Breach Science Publishers, 1975.

8 Siehe A. S. Presman, *Electromagnetic Fields and Life,* herausgegeben von F. A. Brown, New York: Plenum Press, 1970. Dieses Buch ist eine ausführliche Studie der sowjetischen Arbeit im Bereich des Biomagnetismus. Presman ist Mitglied der biophysischen Fakultät an der Universität von Moskau. Andere empfehlenswerte Referenzen sind »Electromagnetic Fields and the Brai« von Yuri A. Kholodov in *Impact: Of Science and Society,* Vol. 24, Nr. 4, Oktober 1974. Kholodov ist einer der wichtigsten russischen Forscher im Bereich der biomagnetischen Interaktionen.

9 Siehe Frank Waters, *Book of the Hopi,* New York: Penguin Books, 1985, S. 9–11.

10 Das *Bardo Thodol* oder *Tibetan Book of the Dead,* die vedischen Texte des Hinduismus, die Hermetischen Texte (die dem ägyptischen Hohepriester Tehuty-Thoth zugeschrieben werden) und die Schriften von Iamblichus,

Plato, Apuleius und Proclus enthalten ähnliche Lehren und Beschreibungen von Zeremonien.

11 Die *Geheimlehren* von Helena Petrowna Blavatsky beinhalten eine detaillierte Beschreibung dieser uralten Arkana, die nach Angaben der Autorin eine »Elternlehre, Vater und Mutter aller Religionen und mystischen Lehren« sind. Die Geheimlehre war nach H. P. Blavatsky »die allgemein verbreitete Religion der alten und prähistorischen Welt«. In ihrer Einleitung zu Band I ihres Werkes schreibt sie weiter: »Beweise für ihre Ausbreitung, authentische Aufzeichnungen ihrer Geschichte, eine vollständige Kette von Dokumenten, die ihren Charakter und ihre Gegenwart in jedem Land zeigen, sowie die Lehren aller ihrer großen Adepten bestehen bis zum heutigen Tag in den verbotenen Krypten der im Besitz der geheimen Bruderschaften befindlichen Bibliotheken« (H. P. Blavatsky: *Die Geheimlehre*, Band 1, Verlag W. Friedrich, Leipzig 1899, Einleitung S. 18). Nach Marie Bauer Hall ist eine dieser Krypten das Bruton-Freimaurergewölbe auf dem Friedhof von Williamsburg, Virginia (siehe *Foundations Unearthed*, Veritas Press, Los Angeles, California, 1974). Frau Hall, die sich 50 Jahre lang intensiv mit diesem Thema beschäftigt hat, bestätigt auch die Existenz eines Wissens, das älter ist als jede bekannte Philosophie, das jedoch im Bruton-Gewölbe und in ähnlichen Krypten auf der ganzen Welt gehütet wird. Sie ist davon überzeugt, daß der »Schleier«, der diese Weisheit verhüllt, bereits teilweise gelüftet worden ist. (Gespräch mit der Herausgeberin am 23. 9. 1986.) Auch Frau Blavatsky schreibt über die Aufhebung dieses Schleiers in unserer Zeit: »Denn im 20. Jahrhundert unserer Ära werden die Schulgelehrten zu erkennen beginnen, daß die Geheimlehre weder erfunden noch übertrieben, sondern im Gegenteil einfach skizziert worden ist; und schließlich werden sie sehen, daß ihre Lehren noch in eine Zeit vor den *Veden* zurückreichen ... Im 20. Jahrhundert mag ein erfahrener und weit tauglicher Schüler von den Meistern der Weisheit gesandt werden, um endgültige und unwiderlegliche Beweise für die Existenz einer *Gupta-Vidya* genannten Wissenschaft zu geben sowie dafür, daß – wie die einst geheimnisvollen Quellen des Nils, so die jetzt der Welt bekanntgemachte Quelle aller Religionen und Philosophien durch viele Zeitalter den Menschen vergessen und verloren war, aber schließlich gefunden worden ist« (H. P. Blavatsky, *Die Geheimlehre*, Band I, S. 21 ff.).

12 Alice Bailey: *Die Strahlen und die Einweihungen*, Band V von: *Eine Abhandlung über die Sieben Strahlen*, Lucis, Genf 1972, in Deutschland: K. Rohm, Bietigheim 1972. S. 392. Sie fährt fort: »So heißt der *Alte Kommentar*, wenn auf den gegenwärtigen Zyklus, durch welchen die Menschheit geht, Bezug genommen wird.«

13 Wilder Penfield, a. a. O.

14 Dies war im Prinzip der Schluß, zu dem Wilhelm Reich nach jahrelangen Beobachtungen und ebenso langer klinischer Erfahrung kam. Siehe Wilhelm Reich: *Die Entdeckung des Orgons*, Band 1 (*»Die Funktion des Orgasmus«*), KiWi-Taschenbuch, Band 122. Abgesehen von Reichs Therapieansatz liegt auch anderen therapeutischen Methoden – unter anderem der Strukturellen

Integration (Rolfing), der Alexandertechnik und der Feldenkraismthode - die Beziehung zwischen Körper und Geist zugrunde. Eine detaillierte Auseinandersetzung mit der Therapie Reichs ist in dem Buch *Man in the Trap* (von Elsworth Baker, M. D., Avon, New York, 1967) zu finden. Baker wird von vielen als bedeutendster mit der von Reich entwickelten Methode arbeitender Therapeut angesehen.

15 Siehe Stanislav Grof, M. D.: *Alte Weisheit und modernes Denken*, Kösel, München 1986, Kapitel 1.

16 Siehe S. Grof, a. a. O., sowie Joscelyn Godwin, *Mystery Religions in the Ancient World*, New York, Harper und Row, 1981, S. 72 f.

17 Fritjof Capra in Grof, a. a. O., S. 131 und 133.
Dr. Fritjof Capra studierte theoretische Physik an der Universität Wien und hat an zahlreichen Universitäten weltweit Forschungen betrieben. Er arbeitet zur Zeit an der Universität von Kalifornien in Berkeley und ist Autor der Bücher *Das Tao der Physik* und *Wendezeit*, beide erschienen bei O. W. Barth/Scherz, München.

18 In der Astrologie wird das Zeichen des Wassermanns sowohl mit dem Individuum als auch mit der Individualität assoziiert. Das Schlüsselwort dieses Sternzeichens lautet »ich weiß«, und Wassermänner gelten als Verbreiter von Wissen. Nach der Entdeckung der äußeren Planeten tendiert man heute allgemein zu der Ansicht, daß das Zeichen Wassermann nicht - wie früher angenommen wurde - von Saturn beherrscht wird, sondern von Uranus, dem unberechenbaren Revolutionär, der das Universum mit seiner Energie auflädt (Jim Maynard: *Celestial Influences*, Quicksilver Productions, Ashland, Oregon, 1987).

19 Im Jahre 1781 entdeckte William Herschel (1738-1822), ein Berufsmusiker und Amateurastronom, den Planeten Uranus mit Hilfe seines selbstgebauten Teleskops. Herschel wurde über Nacht berühmt, bereits wenig später zum Mitglied der Royal Society of London gewählt und zum Astronomen des Königs George III. ernannt. Er begründete die siderische Astronomie zur systematischen Himmelsbeobachtung, stellte die Hypothese auf, daß kosmische Nebel aus Sternen zusammengesetzt sind, und entwickelte eine Theorie der stellaren Evolution.

20 Die Worte des Hopi-Ältesten, Großvater David Monongya, mündliche Überlieferung.

Kapitel 2

21 Das Prinzip der Chakras taucht erstmalig in den uralten Upanischaden der Hindus (in der *Arunopanishad*, der *Yoga-shikka-* und der *Bribadaranyaka-Upanishade)* der Veden auf. Eine spätere Beschreibung der Chakras, ihrer Farben und Kräfte ist in einem Yoga-Text mit Namen *Gorakshashatakan* zu finden, der um das 10. Jahrhundert von Pandit Goraknath geschrieben wurde. Goraknath, der allgemein als Begründer der Kahpatha-Yogis gilt, die die Disziplin des Hatha-Yoga praktizieren, wurde von den Menschen seiner Zeit als

Guru und lebender Heiliger angesehen. Eine Zusammenfassung seiner Lehren über die Chakras ist zu finden in Hiroshi Motoyamas Buch *Theories of the Chakras: Bridge to Higher Consciousness* (erschienen bei: Thesophical Publishing House, Wheaton, Illinois, 1981). Die *Yoga-shikka-Upanischade* enthält die detailliertesten Passagen über Chakras (in Kapitel 1:168 und 1:172–175).

22 Siehe Rechung Rinpoch: *Tibetan Medicine,* University of California Press, Berkeley, Kalifornien, 1976. Siehe auch W. Y. Evans-Wentz: *Das tibetanische Totenbuch,* Walter Olten 1971.

23 Siehe die *Brihadaranyaka-* und *Yoga-shikka-Upanischaden.* Außerdem: G. R. S. Mead: *Orpheus,* London 1965; in diesem Buch werden die Philosophie und die Riten der Orphiker (zu denen so berühmte Griechen wie Pythagoras und Plato zählten) beschrieben. Und: Eduard Schuré: *The Great Initiates,* New York, Harper + Row 1961. Eine ausführliche Darstellung der »feinstofflichen Körper« ist zu finden in Hiroshi Motoyama: *Chakra-Physiologie - Die subtilen Organe des Körpers und die Chakra-Maschine,* Aurum, Freiburg i. Br. 1980, Kapitel 5.

24 Manley P. Hall: *Man - Grand Symbol of the Mysteries,* The Philosophical Research Society, Los Angeles 1972, S. 124–125.

25 Manley P. Hall: *The Secret Teachings of All Ages,* The Philosophical Research Society, Los Angeles 1977, S. XL; siehe auch: Schuré, a. a. O., Kapitel 33.

26 H. P. Blavatsky: *Theosophical Glossary,* The Theosophy Company, Los Angeles 1973, S. 177. Das Wort »Kether« stammt aus der Kabbala, der mystischen Tradition des Judentums. Kether ist dort die erste der zehn Sefira.

27 G. Maspero: *The Dawn of Civilization: Egypt and Chaldea,* London 1897, S. 102–103. Zitiert nach Will Durant: *The Story of Civilization I: Our Oriental Heritage,* Simon + Schuster, New York 1954, S. 203).

28 Siehe James A. Hurtak: *The Human System: An Open-Ended Universe* in Krippner und Rubin: *Energies of Consciousness,* a. a. O.

29 Manley Hall, *The Secret Teachings of All Ages,* a. a. O.

30 Mündliche Überlieferung in der ägyptischen Priesterschaft. Auch in einem Großteil der arabischen Legenden wird die ägyptische Geschichte viele tausend Jahre zurückverfolgt. Peter Tompkins zitiert in seinem Buch *Cheops* (Knaur TB 3591) einen arabischen Historiker, Abu Zeyd el Balkhy, der wiederum eine alte Inschrift zitiert, die besagt, daß die Große Pyramide erbaut worden sei, als die »Leier in der Konstellation Krebs gestanden« habe. Demnach müßte die Große Pyramide um 71 000 v. Chr. erbaut worden sein.

31 *Hermetika,* herausgegeben und aus dem Griechischen und Lateinischen übersetzt von Walter Scott, 4 Bände, Clarendon Press, Oxford 1924–1936.

32 Schuré, a. a. O., S. 169.

33 Annie Besant und C. W. Leadbeater: *The Chakras,* The Theosophical Publishing House, Madras, India, 1927. (Erhältlich von Quest Books, Wheaton, Illinois.)

Kapitel 3

34 John Pierrakos: »The Human Energy Field«, in Krippner + Rubin: *The Energies of Consciousness,* a. a. O., Michael Faraday (1791-1867) war ein britischer Physiker, der das Phänomen der elektromagnetischen Induktion entdeckte - der Erzeugung von elektrischem Strom durch Veränderung der magnetischen Feldstärke - sowie das Phänomen der Drehung der Polarisationsebene (Schwingungsebene) eines Lichtstrahls durch ein Magnetfeld (Faraday-Effekt). James Clerk Maxwell (1831-1879) war ein schottischer Physiker, der durch seine Theorie des Elektromagnetismus bekannt wurde (Maxwellsche Gleichungen). Maxwell ist wegen seines grundlegenden wissenschaftlichen Beitrags mit Newton auf eine Stufe gestellt worden. Newtons Beschreibung des »elektromagnetischen« Lichtes findet sich in seinem Werk *Mathematical Principles of Natural Philosophy* (Erstausgabe 1729, deutsche Erstausgabe: *Mathematische Prinzipien der Naturlehre,* Berlin 1872).

35 Burr, a. a. O., S. 6.

36 Ibd., S. 5.

37 Ibd., S. 6.

38 Siehe Becker und Selden, a. a. O., Kapitel 13.

39 Hunt, a. a. O., siehe Anhang I für Diskussion und Illustration der Frequenzanalyse der Chakras bzw. Aurafarben.

40 Siehe Fußnoten 21 und 34. H. P. Blavatsky: *Die Geheimlehre,* a. a. O. enthält unter anderem Informationen über die sieben Chakras. Neuere Werke sind u. a. Walter J. Kilmers *The Human Aura,* New York: Citadel Press, 1965; Motoyama mit Rande Brown, *Science and the Evolutions of Consciousness; Chakras, Ki, and Psi,* a. a. O. (wie auch Motoyamas *Theories of the Chakras,* a. a. O.) und David Tansley, *The Raiment of Light: A Study of the Human Aura,* New York: Methuen, Arcana Division, 1987 (Deutsche Ausgabe: *Die Aura des Menschen,* Synthesis Verlag, Essen, ca. 1991).

41 Die Rolf-Studie. Siehe Anhang I.

42 »Auf der höchsten Stelle des Kopfes (das Brahmanentor) gibt es tausend Blütenblätter«. *Yoga Chudamani Upanishad,* Vers 6).

43 Siehe Anhang I.

44 Siehe Fußnote 21.

45 *Encyclopaedia Britannica,* Band 20, 1985, S. 590.

46 Siehe Elaine und Arthur Aron, *The Maharishi Effect, A Revolution Through Meditation,* Walpole, N. H.: Stillpoint Publishing, 1986.

Kapitel 4

47 Heiler aufgepaßt! Obwohl diese Begriffe beliebig austauschbar zu sein scheinen, vergessen Sie nicht, daß jeder von ihnen eine besondere Bedeutung hat. »Gleichstrom« ist wegen seiner spezifischen wissenschaftlichen Referenz wahrscheinlich kein annehmbarer Begriff. Obwohl Heiler bei ihrer Arbeit als »Kanalisierer« dienen, mag auch der Begriff des Kanalisierens (Channeln) von Energie nicht die angemessenste Beschreibung dieses Prozesses sein, weil der

Begriff Channeln zu sehr mit dem Okkultismus (Medium) in Verbindung gebracht wird. Ich persönlich bevorzuge bei der Beschreibung von Energieprozessen den Ausdruck der »Übertragung von Energie«.

48 Ob Elektronen tatsächlich durch den Körper des Heilers in den des Klienten fließen oder ob der Heiler ein Gleich- bzw. Wechselstrom-Potential produziert, das die im Körper des Klienten bereits befindlichen Elektronen dazu zwingt, in Übereinstimmung mit dem übertragenen Potential zu fließen, bleibt eine der wichtigsten offenen Fragen, für die zukünftige Forschungen auf diesem Gebiet sicher eine Antwort finden werden.

49 Becker und Selden, a. a. O., Kapitel 4.

50 Zum Drucktermin war das Audio-Aura-Korrelations-Tonband, das vordem durch die Healing Light Center Church zu beziehen war, aus dem Programm genommen worden. Ich hoffe sehr, daß Frau. Dr. Hunt dieses Tonband in der nahen Zukunft wieder zur Verfügung stellen wird.

51 Siehe Rupert Sheldrake, *Das schöpferische Universum - Die Theorie des morphogenetischen Feldes*, Meyster, München, 1984 (Goldmann TB 14014). Siehe hierzu auch Gary Zukav, *Die tanzenden Wu Li Meister*, Rowohlt TB 7910. Dieses Prinzip, das Fundament der Quantenmechanik, wurde vom deutschen Physiker Werner Heisenberg (1901–1976) formuliert; Heisenberg erhielt für die Leistung 1932 den Nobelpreis. Das Unsicherheitsprinzip (auch »Unschärferelation« genannt) besagt, daß es »im Bereich des Subatomaren unmöglich ist, gleichzeitig Position *und* Impuls eines Teilchens absolut genau zu kennen. Wir können Annäherungswerte über beide Größen ermitteln, doch je mehr wir über die eine wissen, desto weniger wissen wir über die andere« (Zukav, S. 43). Außerdem verändern alle Versuche, das Elektron zu beobachten, dasselbe. Mit anderen Worten besteht die primäre Bedeutung des Unsicherheitsprinzips darin, daß wir nichts beobachten können, ohne es zu verändern. All dies deutet darauf hin, daß es »eine Barriere der Doppeldeutigkeit« gibt, die wir nur übersteigen können, wenn wir ein hohes Maß an Ungewißheit in Kauf nehmen. Daher wurde Heisenbergs Entdeckung als »Unsicherheitsprinzip« bekannt (Zukav, S. 134 f.). Heisenbergs Arbeit hat die Entwicklung der Atom- und Nuklearphysik stark beeinflußt. Zukavs Buch, das einen Überblick über die »neue Physik« bietet, ist in einer wunderschön klaren Sprache geschrieben – es enthält z. B. keine einzige mathematische Gleichung. Zudem beleuchtet es die Ähnlichkeiten zwischen den Anschauungen der östlichen Philosophien und der Physik (insbesondere der Quantenmechanik).

52 *Prana* ist die Hindubezeichnung, und *chi* oder *ki* ist der orientalische Name für die Vital- bzw. Lebenskraft des Körpers, die uns durch den Atem zugänglich ist. Prana wirkt in Verbindung mit dem Geist, der im Sanskrit als *Manas* bezeichnet wird. *Pranayama* ist eine Yogadisziplin, deren Ziel die Regulierung des Atems ist, wodurch wir Kontakt zur Vitalenergie herstellen können. Siehe Teil II für weitere Informationen.

Kapitel 5

53 Annie Besant und Reverend Charles W. Leadbeater: *Talks on the Path to Occultism*, Theosophical Publishing House, Madras, Indian, 1926, S. 405.

54 Edward Rice: *Eastern Definitions*, Doubleday and Company, Inc., New York 1980, S. 231.

55 Siehe S. L. MacGregor-Mathers: *The Kabbalah Unveiled*, New York 1912. Eines der besten unter den Büchern, die sich mit dieser vorwiegend mündlich weitergegebenen mystischen Überlieferung beschäftigen, ist das von A. E. Waite: *The Holy Kabbalah*, Citadel Press, New Jersey, (o. J.).

56 Siehe Raoul Birnbaum, *Der heilende Buddha*, O. W. Barth/Scherz, München 1985. Der Autor zitiert aus weiteren Büchern, die sich mit diesem Thema beschäftigen: G. F. Kunz: *The Curious Lore of Precious Stones*, New York 1971 (Erstausgabe 1913); B. Bhattaccharyya: *Gem Therapy*, Calcutta 1958; und W. T. Fernie: *The Occult and Creative Powers of Precious Stones*, Blauvelt, New York 1973 (Erstausgabe 1907).

57 Siehe Joseph Campbell: *The Masks of God: Occidental Mythology*, Penguin Books, New York 1978, S. 50–51.

58 Siehe Motoyama, *Theories of the Chakras*, a. a. O., S. 28; und Manley P. Hall: *Man - Grand Symbol of the Mysteries*, a. a. O., S. 214.

59 H. P. Blavatsky: *Die Geheimlehre*, Band 1, W. Friedrich, Leipzig 1899, S. 379 f. der englischen Ausgabe. In diesem Abschnitt über den »Ursprung des Satansmythos« schreibt die Autorin weiterhin, innerhalb dieser Mysterien habe der Eingeweihte als Kandidat für das Adeptentum schreckliche Kämpfe ... zwischen sich selbst und seinen (durch Magie) personifizierten Leidenschaften erlebt, und der innere erleuchtete Mensch habe diese entweder erschlagen müssen, oder er selbst sei gefallen. Im ersteren Fall sei er zum »Drachentöter« geworden, weil er allen Versuchungen widerstanden habe, und ein »Sohn der Schlange« oder selbst eine Schlange geworden, weil er »seine alte Haut abgeworfen habe, in einem neuen Körper wiedergeboren und ein Sohn der Weisheit und der Unsterblichkeit in Ewigkeit geworden sei« (S. 380).

60 Die *Encyclopaedia Britannica*, Band 4, 1985, S. 209. Siehe Kapitel 7 für eine ausführliche Erläuterung der Yin-Yang-Thematik.

61 Siehe C. G. Jung: *Der Mensch und seine Symbole*, Walter-Verlag, Olten 1986.

62 Siehe Joseph Campbell: *Die Masken Gottes*, Sphinx-Verlag, Basel 1991. Dieses Buch ist zusammen mit den übrigen Bänden dieser Reihe: *The Masks of God: Primitive Mythology, The Masks of God: Oriental Mythology* und *The Masks of God: Creative Mythology* (deutscher Reihentitel: *Die Masken Gottes)* ein ausgezeichnetes wissenschaftliches Werk, das die Mythologien der Welt im Lichte zeitgenössischer Entdeckungen im Bereich der Archäologie, Anthropologie und Psychologie untersucht.

63 Siehe H. P. Blavatsky: *Die Geheimlehre*, a. a. O., Band II (S. 364 der englischen Ausgabe).

64 Ibd.

65 Siehe Joseph Campbell: *The Mythic Image,* Princeton University Press, Princeton 1974, Kapitel IV, S. 2 »The Serpent Guide«.

66 Siehe Campbell: *The Masks of God: Occidental Mythology,* a. a. O., S. 10 und 43.

67 Weitere Informationen über die Religion der Göttin, über ihre religiöse Praxis, ihre Symbolik und ihre historische Bedeutung finden Sie in Robert von Ranke-Graves: *Die Weiße Göttin,* Rowohlt, Reinbek, 1985; John Blofeld: Boddhisattva of Compassion: *The Mystical Tradition of Kuan Yin,* Shambalah Publications, Lansing, Michigan 1978; Merlin Stone: *When God was a Woman,* Harcourt, Brace, Jovanovich, New York; und *Ancient Mirrors of Womanhood,* Band I und II, New Sibylline Books, New York 1980; Ann Belford Ulanov: *The Feminine,* Northwestern University Press, Evanston, Illinois, 1971; siehe auch Campbell: *The Masks of God: Occidental Mythology,* a. a. O., Kapitel 1 und 2.

68 Nach mythologischer Überlieferung empfing die Jungfrau Persephone ihren Sohn, Dionysos, von ihrem Vater, Zeus. Während sie vor einer Höhle saß und webte, wo sie von ihrer Mutter, Demeter, zurückgelassen worden war, bewacht von den beiden Schlangen, die normalerweise Demeters Wagen zogen, näherte sich Zeus dem jungen Mädchen; er hatte die Gestalt einer riesigen Schlange angenommen. Die Jungfrau empfing von Zeus einen Sohn, Dionysos, den ewig-lebenden, ewig-sterbenden Gott von Brot und Wein, der in jener Höhle geboren und ernährt und noch als kleines Kind von den Titanen, die die eifersüchtige Hera ausgeschickt hatte, getötet wurde. Schließlich wurde Dionysos durch Eingreifen der Göttin Athene wieder ins Leben gerufen. Athene soll das Herz des toten Dionysos gerettet und es Zeus überbracht haben. Nach einer anderen Version dieses Mythos erweckte Zeus selbst Dionysos wieder zum Leben, indem er das Herz seines Sohnes verschlang und ihn selbst noch einmal gebar. (Campbell: *The Masks of God: Primitive Mythology,* a. a. O., S. 101.)

69 Manley P. Hall, *The Secret Teachings of All Ages,* a. a. O., S. XLV Apuleius: *Metamorphosen oder der goldene Esel,* Übersetzung aus dem Lateinischen von Rudolph Helm, Akademie-Verlag, Berlin 1959. Diese Erzählung, die Lusius Apuleius zugeschrieben wird, ist mit ziemlicher Sicherheit eine kaum verhüllte Beschreibung der Erlebnisse eines Menschen, der in die Mysterien der Isis eingeweiht wurde.

70 Eine Zusammenfassung der Mythen um Demeter und Persephone ist bei Campbell zu finden: *Masks of God - Primitive Mythology,* a. a. O., S. 183–185.

71 Siehe Anmerkung 70 in diesem Kapitel. Siehe auch Campbell: *The Masks of God - Primitive Mythology,* a. a. O., S. 424–426; dort ist die Geschichte über die Ermordung, den Tod und die Auferstehung des Osiris zu finden. Wenn wir die Mysterien der Isis und eleusinisch-orphischen Mysterien mit jenen des Christentums vergleichen (in denen die Jungfrau Maria von Gott, dem Heiligen Geist - in Form einer Taube - Gott, den Sohn, empfängt, der am Kreuz stirbt und aufersteht, um allzeit im Brot und Wein der heiligen Messe zugegen zu sein), so werden wir auch hier wieder daran erinnert, daß alle religiösen Mythen Spiegelungen der einen, gemeinsamen spirituellen Wahrheit sind.

72 Albert Pike: *Morals and Dogma of the Ancient and Accepted Scottish Rite of Freemasonry,* Charleston, West Virginia 1921, Kapitel XXIV und XXV.

73 Der Begriff *Orakel* kann sich auf den Ort, an dem eine Prophezeiung gegeben wird, und auf die Prophezeiung selbst beziehen.

74 Laut Schuré war es Orpheus, der Sohn einer Apollo-Priesterin und eines Eingeweihten der ägyptischen Mysterien, der den Sonnenkult des Apollo zu Delphi schuf. Nachdem Orpheus die Mysterien von Isis und Osiris erfahren hatte, kehrte er in seine Heimat Thrakien zurück »mit einem Initiationsnamen versehen, den er durch seine Prüfungen erworben und von seinen Lehrern als Zeichen seiner Mission erhalten hatte... Orpheus oder Arpha, was bedeutet: der durch das Licht Heilende« (Edouard Schuré: *Die großen Eingeweihten,* Scherz, München 1983, S. 23 der engl. Ausgabe). Mehr zu Orpheus und seiner Position in der Geschichte und Mythologie der Griechen finden Sie in Fabre d'Olivet: *Golden Verses of Pythagoras,* Putnam + Sons, New York 1925 (zitiert bei Schuré, a. a. O., S. 515 der engl. Ausgabe). In Thrakien und in Delphi begründete Orpheus die Mysterien des Dionysos, dessen Leben, Tod und Auferstehung mythologisch exakt dem Mythos des ägyptischen Osiris entsprechen, außerdem Tammuz-Dumusi von Babylon, Adonis von Sumer, Atys (Attis) von Phrygien, dem Mythos von Kaschmala und den kabirischen Mysterien von Samothrake, dem Mythos des Wikingergottes Odin und des Jesus Christus der Christenheit. (Siehe auch M. P. Hall: *The Secret Teachings of All Ages,* a. a. O.)

75 M. P. Hall: *The Secret Teachings of All Ages,* a. a. O., S. LXII.

76 Ibd. Siehe auch Thomas Taylor: *Iamblichus on the Mysteries,* London 1895. Eine genauere Beschreibung der Pythien von Delphi ist zu finden in der *Encyclopaedia Britannica,* Band 1, 1985, S. 484 und Band 8, S. 974–975; Schuré, a. a. O., Kapitel 32, beschreibt das Orakel aus der Sicht des Eingeweihten.

77 Siehe M. P. Hall: *The Secret Teachings of All Ages,* a. a. O., S. XXIV und XXV.

78 Joscelyn Godwin: *Mystery Religions in the Ancient World,* San Francisco 1981, Harper + Row Publishers, S. 44. Siehe auch Jeannine Parvatti: *Hygieia: A Woman's Herbal,* Bookpeople, Berkeley, Kalifornien 1978, S. IX; und Campbell: *The Mythic Image,* a. a. O., S. 284–187.

79 Die Quellen dieser Begriffe sind die *Shri-Jabala-Darshana, Cudamini, Yoga-Shikka* und die *Shandilya-Upanischaden.* Eine Zusammenfassung der Informationen, die in diesen Texten enthalten sind, finden Sie in H. Motoyamas *Chakra-Physiologie,* Aurum, Freiburg 1980, Kapitel V. *Sushumna* ist ein Nervenkanal, der dem Verlauf der Wirbelsäule folgt. Obgleich die Beschreibungen bezüglich seines Ursprungs divergieren, besteht allgemeine Übereinstimmung darüber, daß er am untersten Punkt des Steißbeins (dem ersten Chakra) beginnt und an der Wirbelsäule entlang zum obersten Punkt des Kopfes verläuft (dem Brahman-Tor), durch welches Prana (Atem) und Kundalini-Energie eintreten sollen. In der chinesischen Medizin scheint das Lenkgefäß (ein Meridian) in enger Verwandtschaft zu *Sushumna* zu stehen (Motoyama, a. a. O., S. 151).

80 Iamblichus *(De Mysterii, V),* Plato *(Phaedrus),* Proclus *(In Republicam, I),*

Plutarch *(Fragment 178* von *Stabeus)* und Apuleius *(Metamorphosen, XI)* haben uns allesamt persönliche Berichte über ihre Erlebnisse der Mysterien gegeben. Der Bericht von Apuleius ist als »eine der überzeugendsten Beschreibungen mystischer Erfahrungen, die aus der Welt des Altertums überliefert sind«, bezeichnet worden (Godwin, a. a. O., S. 77). Da Apuleius als Eingeweihter geschworen hatte, über das Erlebte Stillschweigen zu bewahren, bediente er sich der Figur des Lucius, seines fiktiven Helden, um soviel von den Mysterien der Isis (den Eleusinischen Mysterien) zu enthüllen, wie er vor seinem Gewissen glaubte verantworten zu können. Mit Ausnahme der sorgfältigen und ausführlichen Beschreibungen von Schuré *(Die großen Eingeweihten)*, deren Quelle nicht angegeben ist, und von Dudley Wright (*The Eleusynian Mysteries and Rites,* Theosophical Publishing House, London o. J.) ist der Bericht von Apuleius die umfassendste bekannte Beschreibung der Initiationsriten des Altertums. Weitere Beschreibungen der Mysterienreligionen und ihrer Initiationen sind zu finden in: G. R. S. Mead: *Orpheus,* London 1965, und *The Eleusinian and Bacchic Mysteries,* New York 1891; R. G. Wasson et al: *The Road to Eleusis; Unveiling the Secrets of the Mysteries,* Harcourt, Brace, Jovanovich, New York 1978; sowie bei Godwin und Pike. Der Bericht des Apuleius ist zu finden bei Godwin und bei Pike (Kapitel XXII und XXIV), wobei letzterer uns nicht nur eine Evolutionsgeschichte der Initiationen, sondern auch ausführliche Detailschilderungen der Vorbereitungen, der Ausrüstung und Kleidung und des Sinns der einzelnen Initiationen innerhalb der verschiedenen Kulturen liefert.

81 *Encyclopaedia Britannica,* Band 24, 1985, S. 703–709.

82 Godwin, a. a. O., S. 33.

83 Ibd., S. 35.

84 Außer den bereits zitierten Quellen siehe auch Hall: *The Secret Teachings of All Ages,* S. XLI; dort ist eine ausführliche Darstellung der Initiation in der Königskammer der Große Pyramide zu finden.

85 Pike, a. a. O., 379.

86 Mündliche Überlieferung der Navajo.

87 Über dem Eingang des Tempels zu Eleusis steht geschrieben, daß nur der eintreten darf, der »mit reinen Händen kommt, mit aufrichtiger Rede, frei von jeglicher Verunreinigung und reinen Gewissens« (Pike, a. a. O., S. 357). Über dem Eingang des Tempels zu Delphi ist eine ähnliche Warnung zu finden (»Möge sich niemand nähern, dessen Hände nicht rein sind«). Sie diente zur Abschreckung der vielen, die in diesen Worten eine Warnung vor der großen Prüfung sahen, die im Inneren des Tempels auf sie wartete.

Kapitel 6

88 Siehe Anmerkung 23. Annie Besant spricht auch über die feinstofflichen Körper des Chakrasystems (oder »Kraftzentren«) in *Talks on the Path to Occultism,* a. a. O., S. 404–410. Eine sehr ausführliche Darstellung des Chakrasystems und insbesondere der Kundalini bzw. des ersten Chakras findet sich

in *Die Schlangenkraft (Shatchakra-Nirupana)*, übersetzt von Arthur Avalon, O. W. Barth/Scherz, München 1961.

89 H. Motoyama: *Theories of the Chakras*, a. a. O., S. 213.

90 Siehe Edward Rice: *Eastern Definitions*, Doubleday & Company, Inc., New York 1980, S. 284. Die ältesten Hinweise sind in der *Prasna-*, *Brihadaranyaka-*, *Taittiriya-*, *Chandogya-* und der *Mahabharata-Upanischade* zu finden.

91 Eine vollständige Erklärung von *Pranayama* oder der Atemregulierung im Yoga ist in der *Anugita*, dem IV. Kapitel der *Mahabharata-Upanischade*, zu finden. Eine Zusammenfassung siehe *Motoyama*, a. a. O., S. 157-162.

92 Motoyama, *Theories of the Chakras*, a. a. O., S. 240-241.

93 *The Merck Manual of Diagnosis and Therapy*, 13. Ausgabe, Herausgeber Robert Berkow, Merck Sharp & Dohme Research Laboratories, Rahway, New Jersey 1977, S. 1492-1494.

Kapitel 7

94 Der »binäre« Aspekt der Chakras ist nur ein weiteres Beispiel für jenen Dualismus, der in den meisten Philosophien und Religionslehren auftaucht wie auch in gewissen Naturphänomenen, insbesondere in den Kräften der Anziehung und Abstoßung, die in der Elektrizität, im Magnetismus und in anderen Kraftfeldern zu finden sind; zu letzteren gehört auch das Chakrasystem.

95 Eine zusammenfassende Darstellung der Alchemie ihrer Geschichte, ihrer Symbolik und des alchemistischen Prozesses ist zu finden in Manley P. Hall: *The Secret Teachings of All Ages*, a. a. O., S. CLII-CLX. Interessant ist die Wortwurzel »chem«. Hall sagt hierzu: »Khem war ein alter Name für das Land Ägypten: der Begriff *Alchemie* wie auch der Begriff *Chemie* sind ständige Erinnerungen an die Bedeutung des wissenschaftlichen Erbes aus dem alten Ägypten.« Siehe auch Pike, a. a. O., S. 772-800; dort ist eine andere Zusammenfassung über die Entwicklung und den Symbolismus der Alchemie zu finden, »einer Religion, einer Philosophie und einer Wissenschaft, die sich in starkem Maße aus der Kabbala herleitet«.

96 Eine der grundlegenden Ideen der buddhistischen Philosophie ist die Dualität der Wirklichkeit: Es ist nicht möglich, einen bestimmten Aspekt zu erkennen, wenn man nicht auch sein Gegenteil erkennt. Siehe auch Walpola Rahula: *Zen and the Taming of the Bull: Toward the Definition of Buddhist Thought*, Humanities Press International, New Jersey 1978, das eine klare Beschreibung der Hauptziele des Buddhismus liefert. Siehe auch Nancy W. Ross, *Buddhism: A Way of Life and Thought*, New York: Knopf 1980, eine viel gelesene Einführung in buddhistisches Denken und buddhistische Praxis.

97 Außer den bereits zitierten Quellen siehe auch *Zen Flesh, Zen Bones*, hrsg. v. Paul Reps, Anchor, New York o. J. Diese Idee zieht sich durch Reps Sammlung von Zen-Geschichten und Koans. Abgesehen von der Literatur, basieren auch die meisten Kampfkünste Asiens darauf, daß man die Energie des Gegners nutzt, indem man sie gegen ihn wendet.

Kapitel 8

98 Das *Kamasutra,* ca. 300 n. Chr., wird häufig als indisches Handbuch der körperlichen Liebe angesehen. In Wirklichkeit handelt es sich dabei um eine anspruchsvolle Abhandlung über Liebe und Lust, die als methodische Anleitung zu den sexuellen Freuden gedacht war, wobei Musik, Parfums und lyrische Poesie zur Intensivierung des sinnlichen Erlebens eingesetzt werden. Außerdem enthält das Kamasutra eine realistische Beschreibung der Liebesbeziehungen zwischen den Geschlechtern im alten Indien (*Encyclopaedia Britannica,* Band 13, 1985, S. 26).

99 Das ägyptische Schriftzeichen für »Sünde« war eine Zielscheibe. Für die alten Ägypter bedeutete »sündigen« offenbar nichts weiter als »das Ziel verfehlen«. Das Auge eines Ochsen war das Zeichen für den Sieg über die Sünde - für das »Treffen des Ziels«.

100 James Fadiman und Robert Frager: *Personality and Personal Growth,* New York; Harper & Row, 1976, S. 398.

101 Ibd.

Kapitel 9

102 Die Fourier-Analyse, die ihren Namen von Joseph Fourier (1768-1830) - ihrem Begründer - herleitet, ist ein mathematischer Prozeß zur Analyse der Wärmeleitung in feste Körper. In unserer Studie wurden mit Hilfe eines Biomation-Transient-Recorders Nr. 802 Reproduktionen reiner Farbwellenformen angefertigt, um die Wellenform zu speichern, sie zu expandieren und zwecks Fotografie auf ein Oszilloskop zu projizieren. Die unverarbeiteten Signalstrukturen der einzelnen Farben, die sich im Verlauf der Rolfing-Behandlung manifestiert hatten, wurden mittels der Fourier-Analyse unter Verwendung eines Techtronic-7L5-Spektrum-Analyzers weiterverarbeitet. Die Fotografien dieser Frequenzspektren wurden von einem Techtronic-7603-Oszilloskop aufgenommen.

103 Terry Oleson: »The Rolf Study: An Analysis of Auras«, in *The Light Bearer,* Bd. 10, Nr. 4, April 1985.

104 Mitte der siebziger Jahre entdeckten Gehirnforscher an der Universität von Kalifornien erstmals in der Zirbeldrüse eine fotochemische Substanz mit Namen Melatonin. Später fanden sie heraus, daß Melatonin aus Serotonin erzeugt wird, einem Neurotransmitter, der ebenfalls in der Zirbeldrüse zu finden ist. Sie stellten weiter fest, daß Streß zu einem Anstieg des Serotoninspiegels führt und daß dadurch die Melatoninproduktion erhöht wird. Dieses Ansteigen des Serotoninspiegels spielt eine wichtige Rolle beim Hervorrufen höherer Bewußtseinszustände. Die Verbindung zwischen kurzzeitigem Streß und einer Verbesserung der Immunabwehr ist ebenfalls wissenschaftlich dokumentiert. (Siehe Robert O. Becker und Gary Selden: *The Body Electric,* William Morrow, New York 1985.) Es sei jedoch ausdrücklich darauf hingewiesen, daß kurzzeitiger Streß zwar die Immunabwehr und das Bewußtsein anregt, längerer Streß jedoch die gegenteilige Wirkung hat.

105 Robert E. Ornstein: *The Mind Field,* Pocket Books, New York 1976.

106 Siehe Morris Netherton und Nancy Shiffrin: *Past Lives Therapy,* William Morrow, New York 1978; dt. Ausg.: *Bericht vom Leben vor dem Leben* - Reinkarnations-Therapie, Ullstein 1987.

107 Hunt, a. a. O., S. 157 und 159.
Siehe auch Anhang I.

Kapitel 10

108 Siehe Sir James George Frazer: *The Golden Bough,* (einbändige Ausgabe), Macmmillan, New York 1975, Kapitel XXIV. Dieses Buch ist der klassische, monumentale Überblick (ursprünglich zwölf Bände, erschienen 1907–1915) über die Arten der Kulte, sexuellen Praktiken, Magie, Rituale und Feste des Menschen in der Antike.

109 Es gab offensichtlich viel Unrecht in Verbindung mit diesem Brauch. Die Entstehung der patriarchalischen Gesellschaften ist ein umfangreiches Thema, das zu behandeln den Umfang dieses Buchs bei weitem sprengen würde; ich glaube aber, daß das Patriarchat teilweise infolge der in den ihm vorausgehenden matriarchalischen Gesellschaften grassierenden Ungerechtigkeiten entstanden ist. (Die Begriffe *Patriarchat* und *Matriarchat* werden von den meisten Anthropologen kaum noch verwendet. Ich benutze diese Begriffe hier nicht, um damit von Männern bzw. von Frauen dominierte Gesellschaften zu bezeichnen, sondern meine damit die Kulturen und Epochen, in denen entweder die Verehrung einer weiblichen oder einer männlichen Gottheit vorherrschte.) Ich glaube jedoch nicht, daß das Patriarchat eine Periode war, die lediglich infolge von Rebellion entstanden ist. Zu dem betreffenden Zeitpunkt kam es zu einer Veränderung der dominierenden Schwingungen. Deshalb ist anzunehmen, daß der Wechsel zum Patriarchat in erster Linie auf einen evolutionären Entwicklungszyklus zurückzuführen ist. Als sich der Schwerpunkt des gesellschaftlichen Lebens von der Jäger- und Sammlerkultur in der Neusteinzeit zu den agrarisch-dörflichen Kulturen hin verlagerte, die sich schließlich zu einer Zivilisation der Stadtstaaten entwickelten, veränderte sich natürlicherweise auch die Form der Gottesverehrung. (Eine ausführlichere Darstellung dieser Thematik ist zu finden bei Campbell: *The Masks of God: Oriental Mythology,* a. a. O.) Einen anderen Standpunkt vertritt Gerda Lerner in *The Origins of Patriarchy.*

110 Näheres über das psychologische Profil von Krebspatienten siehe in Becker und Selden, a. a. O., S. 221–225.

111 Ibd.

112 Ibd.

113 Ibd.

114 Siehe *The Merck Manual of Diagnosis and Therapy,* a. a. O., S. 1729–1734.

115 Siehe Helen Caldicott: *Nuclear Madness,* Bantam, New York 1981; und Becker und Selden, a. a. O., S. 218–219.

116 Edward L. Schneider, M. D., »Aging«, *Encyclopaedia Britannica, Medical and Health Annual,* 1987, S. 271.

117 Ibd., S. 400.
118 Ibd.
119 Becker und Selden, a. a. O.
120 Siehe Stephen E. Straus, M. D., »The Epstein-Barr Virus«, *Encyclopaedia Britannica, Medical and Health Annual,* 1987, S. 471 und 473.
121 Ibd., S. 473.
122 Ibd.

BILDNACHWEIS

Abb. 1: *Untersuchungen im Rahmen der Rolf-Studie.*

Abb. 2: *Figurine.* Abdruck mit freundlicher Genehmigung aus: »Navaho Figurines Called Dolls« (Frontispiz, S. 6, Helene Warren Collection im Wheelwright Museum of American Indian) von Roger E. Kelly, R. W. Lang und Harry Walters, Museum of Navajo Ceremonial Arts, Santa Fe, New Mexico.

Abb. 3: *Puppe.* Abdruck mit freundlicher Genehmigung aus: »Navaho Figurines Called Dolls« (Abb. 127, S. 46, Wheelwright Museum of American Indian) von Roger E. Kelly, R. W. Lang und Harry Walters, 1972, Museum of Navajo Ceremonial Arts, Santa Fe, New Mexico.

Abb. 4: *Der Schlangenclan.* Illustration von Oswald White Bear Fredericks aus dem »Buch der Hopi« von Frank Waters. Copyright by Frank Waters. Alle Rechte vorbehalten. Abdruck mit freundlicher Genehmigung von Viking Penguin, Penguin Books USA, Inc.

Abb. 5: *Sturm über der Mesa.* Foto von M. M. Smith/Techni-Visions.

Abb. 6: *Regenbogen über der Mesa.* Foto von Robert E. Williams/Techni-Visions.

Abb. 7: *Ramses der Große.* Turin, Museum.

Abb. 8: *Die Chakras in den Händen.* Computergrafik von M. M. Smith/Techni-Visions.

Abb. 9: *Farben, die von den einzelnen Fingern ausgehen.* Computergrafik von M. M. Smith/Techni-Visions.

Abb. 10: *Die Chakras im Verhältnis zum endokrinen System des Mannes.*

Abb. 11: *Die Chakras im Verhältnis zum endokrinen System der Frau.*

Abb. 12: *Der Körper als Mikrokosmos.* Aus: Athanasius Kircher, »Oedipus Aegyptiacus«.

Abb. 13: *Entwicklungsstufen des menschlichen Embryos.*

Abb. 14: *Die Antilopen- und die Eulen-Kachina.*

Abb. 15: *Tahuti-Thoth, der Irisköpfige.*

Abb. 16: *Eine griechische Skulptur von Hermes dem Hundsköpfigen.* Aus: Bryant, »Mythologie«.

Abb. 17: *Die jungfräuliche Geburt.*

Abb. 18: *Annie Besant.* Abdruck der Fotografie mit freundlicher Genehmigung von Theosophical Publishing House, Wheaton, Ill.

Abb. 19: *Charles Leadbeater.* Abdruck der Fotografie mit freundlicher Genehmigung von Theosophical House, Wheaton, Ill.

Abb. 20: *Fluß der Energie durch die perineuralen Zellen.* Computergrafik von M. M. Smith/Techni-Visions.
Abb. 21: *Die Erzeugung des primären Aurafeldes.* Computergrafik von M. M. Smith/Techni-Visions.
Abb. 22: *Die Obertöne einer schwingenden Saite.*
Abb. 23: *DNS-Molekül.* Omnicron/Photo Researchers, Inc.
Abb. 24: *Lage der Chakras in Verhältnis zur Wirbelsäule und zur Vorderseite des Körpers.* Computergrafik von M. M. Smith/Techni-Visions.
Abb. 25: *Aufwärtsfluß der Energie durch die Chakras.* Computergrafik von M. M. Smith/Techni-Visions.
Abb. 26: *Synapse.* Omnicron/Photo Researchers, Inc.
Abb. 27: *Die Funktion einer Synapse.* Computergrafik von M. M. Smith/Techni-Visions.
Abb. 28: *Drehrichtung der Chakras.*
Abb. 29: *Pendel.*
Abb. 30: *Aurisches und sichtbares Licht.* Computergrafik nach Ergebnissen der Rolf-Studie von M. M. Smith/Techni-Visions.
Abb. 31: *Chakrapolarität.*
Abb. 32: *Additive und subtraktive Farbmischungen.*
Abb. 33: *Chakrafunktionen.*
Abb. 34: *Das Wiegen des Herzens.* Aus: »Ägyptisches Totenbuch«.
Abb. 35: *Die Chakra-Ausrichtung.*
Abb. 36: *Ausrichtungsübung.* Foto von Susan Rothschild.
Abb. 37: *Das Abtasten der Aura.* Fotos von Susan Rothschild.
Abb. 38: *Übung: Energie spüren.* Fotos von Susan Rothschild.
Abb. 39: *Skorpion.* Computergrafik von M. M. Smith/Techni-Visions.
Abb. 40: *Das Tetragrammaton.*
Abb. 41: *Das Tetragrammaton.*
Abb. 42: *Die Göttin des Weltenbergs.*
Abb. 43: *Der heilige Georg mit dem Drachen.* National Gallery of Art, Washington; Andrew W. Mellon Collection.
Abb. 44: *Cadmus kämpft gegen den Drachen.* © Musees Nationaux.
Abb. 45: *Der kaiserliche Drache.* Foto von Robert E. Williams/Techni-Visions.
Abb. 46: *Menorah.*
Abb. 47: *Der Sündenfall und die Vertreibung aus dem Paradies.* Mit freundlicher Genehmigung des Vatikan-Museums.
Abb. 48: *Die eherne Schlange des Moses.* Mit freundlicher Genehmigung des Vatikan-Museums.
Abb. 49: *Drachen, der seinen eigenen Schwanz verschlingt.* Mit freundlicher Genehmigung von Patricia Tawada. Foto von Robert E. Williams/Techni-Visions.
Abb. 50: *Die Göttin Isis.* Museum der Stadt Kairo. Foto von Robert E. Williams/Techni-Visions.
Abb. 51: *Das Orakel von Delphi.* Illustration von Karen Haskin.
Abb. 52: *Tutenchamuns Mumie.*

Abb. 53: *Kopf des jungen Dionysos.* Britisches Museum, London.
Abb. 54: *Altar des Caduceus.* Mit freundlicher Genehmigung des National Museums and Galleries on Merseyside-Liverpool Museum.
Abb. 55: *Apollo Belvedere.* Mit freundlicher Genehmigung des Vatikan-Museums.
Abb. 56: *Der Caducaeus.*
Abb. 57: *Hermes Trismegistus.* Aus:
»Historia Deorum Fatidicorum«.
Abb. 58: *Hygieia.* Mit freundlicher Genehmigung des National Museums and Galleries on Merseyside-Liverpool Museum.
Abb. 59: *Gottheit mit Anbetenden und Schlangen.*
Abb. 60: *Herr des Baumes der Wahrheit.*
Abb. 61: *Kiva.*
Abb. 62: *Hopi-Kiva* und *Mauerfragment.* Die Illustrationen basieren auf denjenigen von Thomas E. Mails aus:
»The Pueblo Children of the Earth Mother«. © 1983 by Thomas E. Mails. Mit Erlaubnis von Bantam Doublday Dell Publishing Group, New York.
Abb. 63: *Epidaurus.*
Abb. 64: *Die große Cheops-Pyramide.* Aus:
Charles Piazzi Smythe, »Life and Work at the Great Pyramid«. Edmonton & Douglas, Edinburgh 1867.
Abb. 65: *Demeter, Triptolemus und Persephone. Die griechische Triade.*
Abb. 66: *Kundalini, die schlafende Schlange.*
Abb. 67: *Die erwachte Kundalini.*
Abb. 68: *Wellenformen der roten Aurafarbe.* Mit freundlicher Genehmigung von Dr. Valerie Hunt.
Abb. 69: *Asklepios, der Gott der Heilkunst.* Das Original befindet sich in den Uffizien in Florenz.
Abb. 70: *Das Haupt der Medusa.* Abdruck mit freundlicher Genehmigung der Uffizien in Florenz.
Abb. 71: *Sonnenhaupt.* Aus: Montfoucon, »Antiquities«.
Abb. 72: *Das Yin-Yang-Symbol.*
Abb. 73: *Rot.* Aus: »Die Rolf-Studie«. Mit freundlicher Genehmigung von Dr. Valerie Hunt.
Abb. 74: *Weiß.* Aus: »Die Rolf-Studie«. Mit freundlicher Genehmigung von Dr. Valerie Hunt.
Abb. 75: *Gleichstromschub.*
Abb. 76: *Normale rote Blutzellen.* Omnikron/Photo Researchers, Inc.
Abb. 77: *Normale rote Blutzellen im Vergleich zu Sichelzellen.* Dr. Tony Brain/Science Photo Library/Photo Researchers, Inc.
Abb. 78: *Lymphozyten.* Don Fawcett/Science Source/Photo Researchers, Inc.
Abb. 79: *T-Lymphozyten.* Dr. A. Liepins/Science Photo Library/Photo Researchers, Inc.
Abb. 80: *Krebszellen.* SEM. Nina Lampen/Science Source/Photo Researchers, Inc.

Abb. 81: *Chelationsplan.*
Abb. 82: *Zellulare Abnormität beim Down-Syndrom.* Leonrad Lessin/Photo Researchers, Inc.
Abb. 83: *Blutdruck-Meridiane.* Computergrafik von M. M. Smith/Techni-Visions.
Abb. 84: *Herpes-simplex-Virus.* CDC/Science Source/Photo Researchers, Inc.
Abb. 85: *Aids-Virus.* SEM. Cecil Fox/NIH/Science Source/Photo Researchers, Inc.
Abb. 86: *HTLV-3.* CDC/Science Source/Photo Researchers, Inc.
Abb. 87: *HTLV I, I, III. Aids-Virus.* Dr. Robert Gallo/NCI/Photo Researchers, Inc.
Abb. 88: *Polio-Virus.* Omnikron/Photo Researchers, Inc.
Abb. 89: *Bakterien.* Dr. Tony Brain/Science Photo Library/Photo Researchers, Inc.
Abb. 90: *Die Zelle.* Dr. Brian Eyden/Science Photo Library/Photo Researchers, Inc.
Abb. 91: *Rote Wellenform. Fourier-Frequenz-Analyse.*
Abb. 92: *Wellenform von Orange. Fourier-Frequenz-Analyse.*
Abb. 93: *Wellenform von Gelb. Fourier-Frequenz-Analyse.*
Abb. 94: *Wellenform von Grün. Fourier-Frequenz-Analyse.*
Abb. 95: *Wellenform von Blau. Fourier-Frequenz-Analyse.*
Abb. 96: *Wellenform von Purpurviolett. Fourier-Frequenz-Analyse.*
Abb. 97: *Wellenform des Weiß. Fourier-Frequenz-Analyse.*
Abb. 98: *Fourier-Frequenz-Analyse von Creme.*
Abb. 99: *Heilige Tafel des Feuerklans.* Von Oswald White Bear Fredericks aus: Frank Waters, »The Book of Hopi«. © by Frank Waters. Alle Rechte vorbehalten. Abdruck mit Genehmigung von Viking Penguin, Penguin Books, USA, Inc.
Abb. 100: *Erste Tafel des Bärenklans.* Von Oswald White Bear Fredericks aus: Frank Waters, »The Book of Hopi«. © by Frank Waters. Alle Rechte vorbehalten. Abdruck mit Genehmigung von Viking Penguin, Penguin Books, USA, Inc.
Abb. 101: *Zweite Tafel des Feuerklans.* Von Oswald White Bear Fredericks aus: Frank Waters, »The Book of Hopi«. © by Frank Waters. Alle Rechte vorbehalten. Abdruck mit Genehmigung von Viking Penguin, Penguin Books, USA, Inc.
Abb. 102: *Dritte Tafel des Feuerklans.* Von Oswald White Bear Fredericks aus: Frank Waters, »The Book of Hopi«. © by Frank Waters. Alle Rechte vorbehalten. Abdruck mit Genehmigung von Viking Penguin, Penguin Books, USA, Inc.
Abb. 103: *Elektromagnetisches Spektrum.* Übernommen aus: Westinghouse Research Laboratories, »The Electromagnetic Spectrum«. Computergrafik von M. M. Smith/Techni-Visions.
Abb. 104: *Elektromagnetische Welle.* Computergrafik von M. M. Smith/Techni-Visions.

Abb. 105: *Atome und Ionen.* Computergrafik von M. M. Smith/Techni-Visions.
Abb. 106: *Magnetfeld einer Spule.* Computergrafik von M. M. Smith/Techni-Visions.

Tab. 1: *Chakras und ihre Komponenten.*
Tab. 2: *Epstein-Barr-Virus.* Aus: »Britannica Medical and Health Annual«, 1987, S. 472.

REGISTER

Kursiv gesetzte Seitenzahlen verweisen auf Abbildungen.

I

J

K

Ausführliche Informationen und eine Broschüre zu den Intensivseminaren und dem Ausbildungsprogramm von Rosalyn L. Bruyere erhalten Sie bei:

Wolfgang Gillessen
Kontaktstelle der HLCC
Balanstraße 365
81549 München